会計専門職のための

基礎講座

柴 健次 [編著]
Shiba Kenji

同文舘出版

執筆者一覧

柴　　健次（関西大学会計専門職大学院教授）　　　序章
富田　知嗣（関西大学会計専門職大学院准教授）　　第1章，第6章
加藤　久明（関西大学会計専門職大学院准教授）　　第2章
坂口　順也（関西大学会計専門職大学院准教授）　　第3章
松本　祥尚（関西大学会計専門職大学院教授）　　　第4章
三島　徹也（関西大学会計専門職大学院准教授）　　第5章，第6章

はしがき

　会計の学習書は実にたくさんの種類があります。ですから，学習書がない学問領域で学び始める人たちに比べれば，会計の学習者はずいぶんと恵まれているのです。しかし，選択肢が多すぎるために，自分自身の学習目標と合った適切な学習書を選択することができず，その結果として非効率な学習に陥る場合もあるのです。私たちは，会計関係の基礎的事項を一通り理解していることが求められる人々を対象として，その水準を示そうとして本書を執筆したのです。

　私たち執筆者は全員が関西大学会計専門職大学院の教員です。そこで会計専門職大学院での学習に支障をきたさないように，大学院に入学する前にここまでは学習を終えておいて欲しいという内容を具体的に示すことにしました。こうすることにより本書の意図が明確になるからです。もちろん，読者として会計専門職大学院の受験生にのみターゲットを絞り込んでいるわけではありませんが，受験生に求められる水準をクリアすることは学部での学習の成果を確認することにもなりますし，専門科目として学習した経験のない社会人にとっても会計関係の学習への道しるべとなると思います。

(1) 本書のねらい

　会計専門職大学院は，会計に関する基礎的知識を有する者（いわゆる既習者）に対して会計専門職に相応しい倫理観を持たせ，高度な専門知識や技能を習得させ，社会から求められる高度専門職を養成することを目的として設立されています。本書は，こういう目的を持つ会計専門職大学院への進学を希望する者に対して，入学前に到達すべき基礎的知識の水準すなわち既習者として認められるための実質的な条件（すなわち学習の到達水準）を示すことにより，入学前学習の動機付けを行うことにあります。

このような趣旨で生まれた本書は，したがって，会計等の基礎的事項の復習の機会を提供していることになるので，会計専門職大学院への進学希望者のみならず，高校生，大学生，社会人等の幅広い読者層にとっても役立ちうると信じます。

(2) 本書の範囲

本書がカバーする範囲は，簿記，財務会計，原価計算，管理会計，監査及び企業法の6科目です。これらの諸科目は大学の商学部や経営学部（場合によっては経済学部）で基本的に開講されている科目ばかりです。これら諸科目をきちんと習得されている場合には，本書はこれら基礎科目について復習のためのテキストと位置づけられるでしょう。そうでない場合には，本書によって未修得の事項に取組んでもらいたいと思います。会計関係の学習動機の一つに日商簿記検定試験の合格という目標があります。それ自体は否定されるべきものではなりません。しかし，たとえ2級，場合によっては1級に合格している人であっても，財務会計や管理会計を深く学習していない人も多いし，また，監査と企業法についてはまったく学習していない人もいるでしょう。そういう人々にとっても，本書は未修得事項について学習の指針を示しているのです。

また本書の特徴として，各章の末尾に関西大学会計専門職大学院の過去の入試問題を中心とする問題を多く収めているので理解力の確認ができるようになっています。また，小論文による入試を実施してきたこともあり，小論文に関しても独立の章を設け，長文から論点を抽出するといった素養を磨くコツを示し，その練習のために過去問を収録しています。これらによって，類書にない特徴が生み出されているわけです。

なお，会計専門職として一人前になるには，本書でカバーする範囲だけで十分だとはいえません。経済学，経営学の基礎のみならず，現実の社会に対する理解も必要だし，国際舞台で仕事をしていくには英語も必要でしょう。会計専門職大学院に入学する以前にこれらの知識や技能が身についていることは好ましいのですが，仮に不十分であるとしても，入学後にこれらに真剣

はしがき

に取組んでもらえれば良いのです。

　そういうわけで，少なくとも簿記，財務会計，原価計算，管理会計，監査及び企業法の基礎知識を有していると，大学院での学習が実り豊かなものになります。これらの科目の一部につき，十分な知識を有していない場合であっても，本書に取組むことによって一定水準まで理解を深めることができるはずです。

　多種多様な学習書がある会計関係の領域において，大学院で教授する側から，入学前に習得していて欲しい水準を提示する試みはそう多くはないと思います。こうした試みに賛意を示してくださり，出版までこぎつけてくださった同文舘出版株式会社の市川良之氏および秋谷克美氏（公認会計士協会）に感謝申し上げます。

　平成20年7月1日

関西大学千里山学舎にて
柴　健次

本書を読む前に

　会計の基礎を学習する前に，企業について少し確認をしましょう。すでにご承知のことばかりかもしれませんが，今一度確認することで，次からの章が読みやすくなるはずです。

　特別な企業を除けば，企業は基本的に営利目的で存在しています。つまり，社会の中で効率的にしかも永続的にお金を儲けるための組織が企業です。「お金を儲けることは悪いことですか」という名言（迷言？）がありますが，これを否定することは現在の資本主義社会を否定することになります。また，同時にこれを否定しないことが「拝金主義」を肯定することにはなりません。「社会の中で」存在し続けるためには，「社会」に否定される存在ではそれが困難になってしまいます。これでは「永続的に」お金を儲けることはできません。多くの企業は，社会的な倫理の中で，社会に受け入れられる財やサービスを効率的に提供し続け，その結果としてお金を儲けているのです。

　そのために，企業は様々な活動を行っています。財やサービスの提供に直接的に関連する活動とその活動を支援する活動に分かれます。前者は**営業活動**と呼ばれ，後者は**財務活動**，**投資活動**と呼ばれます。営業活動の中でも，その活動は様々です。販売用商品や製品製造用の原材料の仕入や商品・製品やサービスの販売，あるいは販売促進活動，販売後のアフターサービス，新製品発売のための開発や市場調査などが挙げられます。また，これらの活動のためには資金も必要ですし，多くの場合は施設も必要となります。財務活動は，資金の調達に関わる活動です。資金需要に応じて，株式や社債を発行したり償還したり，また，資金の借入をしたり返済したりする活動です。一方，投資活動は，調達した資金の運用に関わる活動です。財・サービスの販売や製造等のための営業所・社屋や工場を作ったり，営業活動や事業展開に必要な会社を取得するために株式を購入したりする活動（事業投資）がその

一つです。また，一時的に生じる余剰資金を金融商品などに投資する活動もあります。

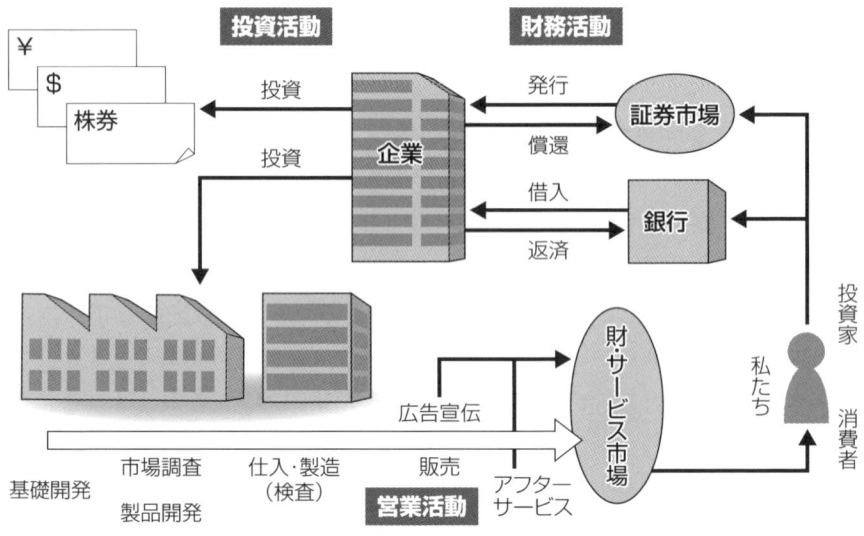

　これらの活動全般を管理する人間をトップ・マネジメントといい，社長やCEO，執行役員と呼ばれる人たちです。代表取締役，取締役（取締役会）と呼ばれることもあります。彼らは企業経営の方向性や戦略あるいは事業展開などを決定します。また，社会の中で永続的に活動するために，トップ・マネジメントの仕事をモニターする人間を監査役といいます。これらの名称は会社法上の表現であったり，社会一般の表現であったりします。各活動を行う部署やトップ・マネジメント等の関係を示した図を**組織図**といいます。

　組織図は，企業によってそれぞれ異なっ

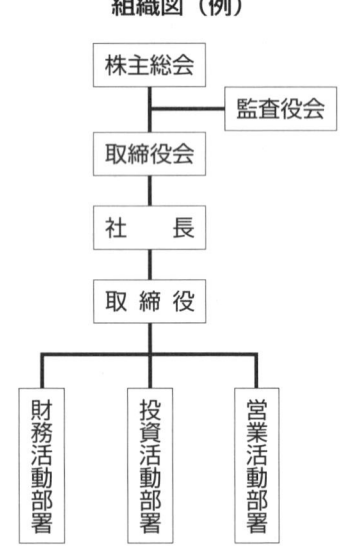

ています。それは，企業によって管理・運営の単位や方法が異なっているためです。企業の管理・運営の単位の設計（組織形態）には，大きく分けて二種類あり，一つを**職能（機能）別組織**，もう一つを**事業別組織**といいます。職能別組織は，第1次的に，製造部，資材部，人事部，経理部という職能別に部署を分類し，これらを基礎として形成された組織です。また，事業部別組織は，製品分野別，顧客別，地域別に部署を分類し，それぞれの事業部門（事業部）が，あたかも独立企業のように特定の事業に関する製造や販売，研究開発や調達等の意思決定を行う組織です。

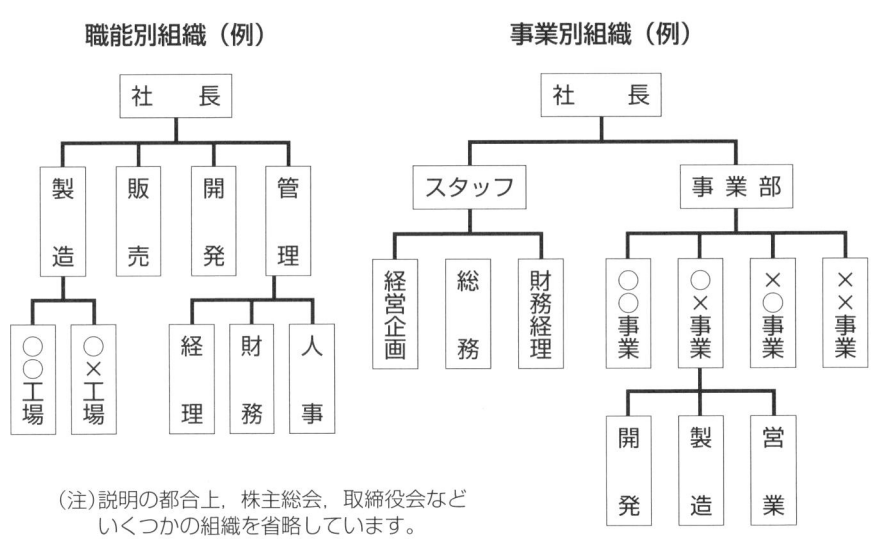

(注)説明の都合上，株主総会，取締役会などいくつかの組織を省略しています。

また，企業の経営資源は無限ではないため，それを効率的にあるいは戦略的に資源配分していく必要があります。無闇に活動を行えば，すぐさま経営は行き詰り，最悪の場合には倒産してしまいます。そこで，企業規模に応じた資金量や投資活動，あるいは自社の強みや弱みなどを分析し，さらに社会全体の流れや同業他社の動向，経済状況などの経営環境を分析し，戦略を効率的に実行するための計画を立案します。企業の経営資源の配分は，計画立案の時に行われます。そして，企業活動はその計画にあわせて実行されるのです。ですが，企業の実際の活動は計画どおりに進行するとは限りません。

ですから，企業の様々な活動は，その実施中あるいは実施後において計画とのズレなどを把握し，その活動をコントロール（統制）します。そして，計画と実際の活動結果との差異は，今後の計画の見直しや実際の活動の改善などにフィードバックされていきます。

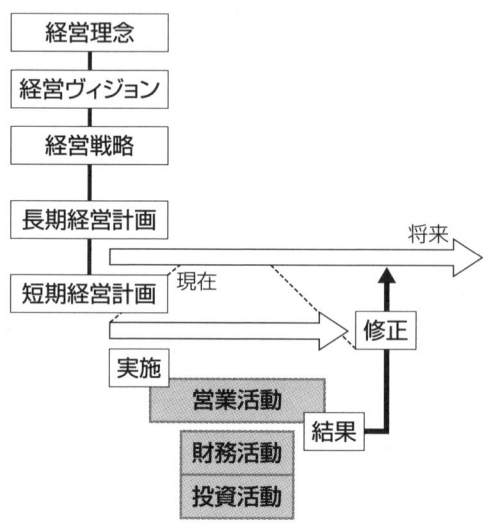

これらの企業活動のすべてに，会計は関係しています。会計がどのように関係し，どのような役割を果たしていくのか，基本的な部分を次の章から学んでいきましょう。本書を読み終えたとき，企業の活動が各章（財務会計，簿記，原価計算，管理会計，監査，企業法）のどの部分と密接に関係しているのか，自分なりに概念図を作ってみるのもよいと思います。そうすることで，自分の学習したモノが断片的にならず，総合的に理解することが可能になるはずです。

[富田　知嗣]

◆ 目　　次 ◆

はしがき　i
本書を読む前に　iv

序章　学ぶことは考えること,考えることは生きること ── 1

はじめに　1
- Ⅰ　「考えること」は「生きること」なのです　2
- Ⅱ　「学ぶこと」は「考えること」なのです　5
- Ⅲ　考えるためのいくつかの工夫　9
- Ⅳ　会計関連科目の関係を整理しておこう　14

おわりに　19

第1章　財務会計 ── 21

第1節　財務会計って何？ ……………………………………… 22
1. 会計がすること　22
2. 見せるための会計　25
3. 制度会計　28

第2節　努力と成果 ……………………………………………… 31
1. 努力と成果の関係　31
2. 会計期間に属する収益と収益に対応する費用　32
3. 現金収支の限界とその対応　35
4. 減　価　償　却　37

5　引　当　金　39
　　6　繰延資産・繰延費用　41
　　7　正常営業循環　42

第3節　投資とその成果 …… 44
　　1　投下された資本の行方　44
　　2　投資のポジションと成果　47
　　3　二種類の投資と資産評価　48
　　4　リスクからの解放　50

第4節　成果の二重構造 …… 52

第5節　会計諸基準 …… 54
　　1　会　計　公　準　54
　　2　企業会計原則・一般原則　57
　　3　概念フレームワーク　60

第2章　複式簿記 —— 65

第1節　簿記の基礎 …… 66
　　1　簿記一巡の流れ　66
　　2　財務諸表の概要　66
　　3　仕訳のルール　68
　　4　転記のルール　71
　　5　仕訳のルールと元帳の関連性　73
　　6　代表的な勘定科目　75

第2節　現金預金取引 …… 77
　　1　期中取引の仕訳　77
　　2　期末決算の仕訳　78

第3節　商品売買取引..80
　1　期中取引の仕訳　80
　2　期末決算の仕訳（その1）　82
　3　期末決算の仕訳（その2）　84

第4節　特殊商品販売取引..86
　1　未着品販売　86
　2　委託販売　89
　3　試用販売　91
　4　割賦販売　96

第5節　債権債務取引..101
　1　期中取引の仕訳　101
　2　期末決算の仕訳　104

第6節　有価証券取引..108
　1　期中取引の仕訳　108
　2　期末決算の仕訳　111

第7節　固定資産取引..115
　1　期中取引の仕訳（その1）　115
　2　期末決算の仕訳　117
　3　期中取引の仕訳（その2）　120

第8節　剰余金の処分..124
　1　法人税等の支払い　124
　2　剰余金の配当と積立　125

第9節　決算予備手続..127
　1　試算表の作成　128
　2　精算表の作成　131

第10節　決算本手続 ································· 138
1　収益・費用に属する勘定科目の元帳締切　139
2　損益勘定の元帳締切　141
3　資産・負債・純資産に属する勘定科目の元帳締切　142
4　繰越試算表の作成　145
5　財務諸表の作成　145

第3章　管理会計・原価計算 ──── 153

第1節　会計の範囲 ································· 154

第2節　管理会計と原価計算の全体像 ················ 157

第3節　原価計算の具体的内容 ······················ 162
1　個別原価計算　162
2　総合原価計算　166
3　標準原価計算　172
4　直接原価計算　180

第4節　おわりに（再び「原価計算と管理会計の全体像」）······ 185

第4章　監　　査 ──── 187

第1節　情報開示の動機 ····························· 188
1　利害対立の解消動機　189
2　情報の非対称性の解消動機　193

第2節　法律に基づく監査制度 ······················ 196
1　監査制度の種類　196
2　監査を担うべき者　198

3　信頼性を付与する方法　201

第5章　企業法 ─────────── 207

第1節　会社総論 …………………………………… 208
　1　企　業　形　態　208
　2　会社の意義　209
　3　会社の種類　211
　4　株式会社の基本制度　214

第2節　株式会社の設立 …………………………… 217
　1　設立の意義　217
　2　定款の作成　217
　3　株主の確定　220
　4　出資の履行　221
　5　機関の具備　221
　6　株式会社の成立（設立登記）　222

第3節　株　　　式 ………………………………… 223
　1　株主の権利と義務　223
　2　株式譲渡自由の原則　225
　3　株式の譲渡方法と株主名簿　228

第4節　資金調達 …………………………………… 231
　1　募集株式の発行等　231
　2　社債の発行　233
　3　株式と社債の比較　233

第5節　機　　　関 ………………………………… 235
　1　機　関　総　論　235

  2　株主総会　238
  3　取締役・取締役会・代表取締役　242
  4　取締役と会社の関係　245
  5　監査役　247
  6　会計参与・会計監査人　249
  7　委員会設置会社　251
  8　役員等の損害賠償責任　253
  9　株主による役員等の監督是正措置　256

第6節　企業の結合と再編　259
  1　事業譲渡　259
  2　合併　260
  3　会社分割　262
  4　株式移転と株式交換―完全親子会社化（持株会社化）―　263

第6章　会計専門職のセンス　267

第1節　会計専門職の仕事　268
  1　公認会計士　268
  2　税理士　269
  3　国税専門官　270
  4　認定事業再生士　271
  5　企業や公的機関内の会計専門職　271

第2節　プロフェッショナルとしてのセンス　273
  1　聞く・見るのもセンス　273
  2　話す・見せるのもセンス　274
  3　自分のものにするセンス　275
  4　雰囲気もセンス　276

第3節　会計専門職の素養 278
1　会計専門職の学習に必要なもの　278
2　会計専門職の素養とは　279
3　練習問題　281

第4節　適性にあった選択 296

公認会計士試験の出題範囲の要旨 299
索　　引 313

会計専門職のための基礎講座

序　章
学ぶことは考えること，考えることは生きること

はじめに

　簿記や会計の勉強を本格的に始めようと思っているみなさん，ある程度は勉強してきたけれどいったん立ち止まって復習しておきたいと思っているみなさん，このさい大学卒業程度の水準まで実力アップをはかりたいと思っているみなさん。この本はそういうみなさんのために用意された本です。
　そしてこの章では「考えることが重要である」ことについてお話しておこうと思います。何を学ぶにしても，他人が上手に行う方法を真似ることは重要です。とりわけ誰もが知っておく必要がある事がらを習得することは極めて重要です。それと同様に，何かを学んだ際にすぐには分からないという経験も重要なのです。このことはしばしば軽視されます。というのも，分からないからこそ考える材料がたまっていくのです。そして，なぜ分からないかを考え始めることから理解が深まります。このように，「分からなくても真似ること」と，「分からないので考えること」はともに重要なのです。
　だれでもはじめて接する事は分からないわけですから，教えられたことをまずは覚え，それをきちんと再現できるようにしようとします。これが学ぶということですが，表現を変えれば真似るということです。最初は分からずに真似ていても，そのうち学んだ事がらが蓄積してくると，それらを基礎にして未知な事がらに遭遇しても考えられるようになります。つまり真似るこ

とから始まった学習が基礎になりいつか自分自身で考えられるようになります。これを基礎にしたものがいわゆる積み上げ式の学習です。最近では大学でもこの学習法が部分的に採用され始めています。

　一方，教えられても分からない事がらを反すうしてその考えたことをためていくと，積み上げによらなくても理解の水準を一気に上げることができる場合があります。学問や職人の世界でよくあるように「コツは盗め」だとか「自分の頭で考えろ」とか言われ続けてきた人，そして森羅万象何事についてもその本質は何かを考えている人にとってはごく普通のことなのです。仮にこれを哲学式の学習法と呼んでおきましょう。哲学式の学習法などと大げさに呼んでいますが，普通に言えば「良く考える」ということにすぎないのです。しかし，最近では，「考えろと言われても，どう考えてよいかが分からない」と答えつつ自ら「考えない」人が増えているようですから，「よく考える」ということも一定の方法を備えた「学習法」として説明したほうが理解してもらいやすいのかもしれないと考えるようになりました。

　みなさんがこれから取り組もうとする会計関連諸科目では，考える際の道具として必要な概念がけっこう多いので，積み上げ式の学習が有効だと思います。例えてみれば，外国へ行っていきなり外国語に慣れるという方法ではなくて，単語と文法を制限した中で徐々に水準を上げていく外国語の習得にも似ています。こうした積み上げ式の学習を基礎にしながらも，哲学式の学習法が加味されれば，きっとみなさんの学習は着実になると思います。そのための道案内がこの章の役目なのです。

I　「考えること」は「生きること」なのです

　私は機会あるごとにこんな話をします。「生きるために必要なすべてを知り尽くして生きること」ができないのが現代人であると。自然の驚異や動植物の生態を取り上げた番組を見るたびに思います。人間の身体能力が低いと。それを補うかのように人間は考える能力を与えられたのでしょう。対自然で

序章　学ぶことは考えること，考えることは生きること

も，対動物でも人間は身体的に弱い存在であるにもかかわらず，これまで長く繁栄してきました。その理由は人間が「考える存在であること」に求められます。長い歴史が教えるように，人間にとって「考えることは生きること」なのです。

　なぜ人間が考えるようになったか。考え始めるに先立って，ことばを手に入れたからでしょうか。ではなぜ人間がことばを手に入れるようになったか。こうした問題への解答は専門家に委ねたいと思います。とはいえ，人間はいつかことばで考える動物になったわけです。その人間が考えると何が起きたのでしょうか。それは人間が自然には存在しない人工物を生み出したのです。歴史の教科書でよく見かけるように，人間は火を熾す（おこす）道具やその他無数の道具を生み出しました。それら道具だけでなく，道具以外の無数の物をも生み出しました。最大の人工物は，具体的には，都市だと思います。そして，抽象的には人間社会であると思います。

　歴史が教えるように，諸々の道具や物を生み出す技術が発展し，都市が膨張し，人間社会が複雑になってきたのです。もともと人間にとって厳しい自然の中で生きていくためには考えることが必要だったのですが，「生きるために考えた結果として生み出した人工物」が無限に増えてきたために，皮肉にも，ますます「生きるために必要なすべてを知り尽くして生きること」ができなくなってきたように思います。つまり，人間は，「自然環境のなかで生きるために考えた結果として生み出した人工物環境（すなわち技術環境）」の中でも生きるために考えなければ生きていけなくなった，というわけです。みなさんが生涯にわたり勉強することを強いられる理由は，人間が人工物環境を無限に拡大してきたこと，つまりは便利さを追求してきた結果なのです。原始に戻りたいといっても無理なのです。

　人間が織り成すこうした「思考の無限連鎖」が技術を発展させてきたのです。その技術は始めて遭遇する困難に対応するために考えた結果として生み出されます。一つの技術が完成すると，以前に遭遇した困難な状況が新たな対応を「考えなくても良い」状況に変わるのです。私たちはこうした状況変化を「便利になった」といいます。その反面，なぜ「考えなくても良い」状

況が生み出されたか，そしてそれを実現する技術について学ばなくてはなりません。また，ある技術が原因で新たな困難を生み出す可能性もあるので，依然として考えなくてはならないわけです。こうして技術や学問がどんどん発展してきたわけです。その到達点が現代という時代です。

その結果，私たち現代人は，あるときは「考える人」，あるときは「考えない人」という具合に使い分ける人になりました。何しろ，厳しい自然環境に加えて，複雑な人工物環境のすべてに自ら対応することなど無理だろうし，事実ずっと昔に自力による対応を忘れてしまったからです。すなわち，私たちは，自力で対応できる範囲を限定させ，そのごく一部の技術的・学問的課題には挑戦しますが，限られた範囲を超える課題については他人が考えた結果を受け入れるというやり方を身につけてしまったのです。社会的に見ればこういうやり方を「分業」と呼びます。そして，分業こそが人間の生活水準を高めてきたのです。それは同時に無数の専門家を生み出したのです。会計専門家もそうした無数の専門家の一つです。

ところが，分業が進んだために，私たちは「自力で環境対応を考える能力」を徐々に奪われてきています。どの分野の専門家であっても同じことが言えます。自分の専門分野については考えることもできるし意見も言えるのですが，地球全体や社会全体の話しになると確信をもって発言できなくなるのです。「それは私の専門じゃないから」と。そうすると不思議なことがおきてきます。私たちは自分の専門については考えますが，他人の専門についてはなるべくその成果を享受しようとしますから，それぞれの専門の技術や学問は発展し，それが道具やその他の物をどんどん変化させてきます。ある面では人間の生活が便利になってきているのかも知れません。

しかしながら，「いまある人工物の集合体あるいはいまの都会や人間社会が，対自然との関係で，私たちを生きやすくしてくれているのか」，または「いまある人工物の集合体あるいはいまの都会や人間社会」の中で私たちは生きやすくなったのかと問われると，その通りだと肯定する人は少ないように思います。ここで何より重要なことは，地球全体や社会全体の中での人間を考えることを専門とする人が少ないということです。逆に言えば，他人が考え

るのを待つ人が増えてきているのです。すなわち，いつの時代の「現代」も常に「考えない人」で満たされ，人間の環境対応能力の減退が社会問題化するのです。なぜそれが必要なのかは問われなくて，便利かどうかが問われることが実に多いのです。

　ですからどの分野の専門家も専門以外の分野に関しては思考停止に陥る可能性が大であり，その結果として，地球全体や社会全体について発言を控える傾向にあります。この無関心は私たちを専門の殻にどじこもらせ，生きる力を奪っていきます。これから会計という専門分野で学ぼうとする皆さんも，専門分野に精通することは当然に必要なことですが，地球や社会という環境のことも常に考えられる人であって欲しいと思います。「専門分野においてさえ考えない人」には決してならないでください。考えない専門家はもはや専門家ではありませんから。大学など高等教育機関がさかんに「考える」教育を叫ぶのも，現代社会において「考えない人」の比重が大きくなっているからだろうと思います。何より危険なのは，誰もが気付かないうちに起こるかも知れない一部「考える人」の暴走を食い止めることができなくなるということです。

　以上要するに，この本を手にした皆さんには，会計の専門家としても，現代人としても「考える人」になって欲しいということです。

Ⅱ　「学ぶこと」は「考えること」なのです

　みなさんが周りに誰も頼る人がいない状況で何らかの困難に直面したとしましょう。パスポートを盗まれて旅行先から帰国できなくなったかもしれません。登山の最中に日が暮れて山中で方角が分からなくなり下山できなくなったかもしれません。こうした時，誰でもサバイバルのため一生懸命に考えます。社会全体に広げて考えると，例えば，膨張する人口を養っていくために食料の増産が必至です。狭隘な土地に大勢の人間を住まわせるために住宅の高層化が必要です。人口が集中した大都会ではライフラインの確保が至上

命題です。こうした，都市化の進展に対応するため私たちは実に多くのことを考えなければなりません。

あらゆる分野で先人たちが考えた結果は，一定の技術や学問として後世に伝えられています。したがって，後世の人たちは，先人たちが考えたプロセスを体験し，先人たちが出した結論を真似ることによって，より確信を深め，あるいは更に別の課題に取り組むことができます。私たちは，このように先人たちが「考えたこと」を「学ぶこと」によって，もっと考えられるようになります。この学ぶというプロセスがないなら，私たちは常に「最初に考える人」でありつづけるわけです。ありとあらゆることを「最初に考える人」は哲学者でありますが，哲学者以外の圧倒的多数の「最初に考える人」は生きていくのがつらいかもしれません。

しかし，幸いなことに私たちの多くは「最初に考える人」ではありません。私たちの多くは「後から学ぶ人」なのです。「先人から学ぶことのできる人」にはおよそ3種類のタイプがあります。第一は「先人たちが考えたプロセスを追体験する人」です。彼らは「学習する人」と呼ばれます。第二は「先人たちが出した結論を踏まえてさらに考える人」です。彼らは「研究する人」と呼ばれます。第三は「学ぶことのできる機会を利用しない人」です。すなわち「学ばない人」と呼ばれます。

私たちをこの三つの分類に当てはめることもできるでしょう。私たちはいずれの側面も兼ね備えているのですが「どちらかというと学習する人」，「どちらかというと研究する人」または「どちらかというと学ばない人」のどれかであるかもしれません。この本は「どちらかというと研究する人」（すなわち著者）が「どちらかというと学習する人」（すなわち読者）のために書いた本であって，「どちらかというと学ばない人」を対象とはしていません。ただ，注意して欲しいことがあります。自分は，上の分類で「どちらかというと学習する人」だと思っている人でも，単に知識を詰め込むだけで満足する人は，先人がどのように考え，どういう結論に至ったかを追体験しようという気持ちが足りないので，案外「学ばない人」で終わる可能性もあります。毎日十時間勉強したとしても暗記に終われば，知識は増えるかもしれません

が先人から学ぶことが少ないかもしれません。学校の先生はこういうことにならないように「考えろ」というのです。

　さて，個人のタイプの話ではなくて，私たちは三つの側面を兼ね備えていること，すなわち学習する人であり，研究する人であり，学ばない人であることを，社会的に考えてみましょう。

　私たちは基本的に学習者として成長します。ここでの学習の対象は学問に限りません。親や学校の先生から教わるさまざまな約束事や，子供のころの遊び方，スポーツや芸術，ありとあらゆることが学習の対象です。なぜ先人たちがたどった道を繰り返すかというと，先人たちの経験のすべてが遺伝子情報に組み込まれないからです。私たちの大祖先がことばを獲得したプロセスを種として繰り返す必要はありませんからそれは遺伝子情報に組み込まれてきたのでしょうが，個々の人間としては後に社会生活を送るためには生まれてから徐々にことばを覚えていくというプロセスが必要です。百メートルを5秒で走るための身体構造を種として備えてはいませんが，個々の人間としては15秒から20秒なら走れるでしょう。しかし，訓練すれば10秒で走れるかもしれません。そのためには走るのが速い先輩から指導を受け，早く走ることを学習するでしょう。例としてはこれくらいにしておきましょう。

　つまり種として遺伝子情報に組み込まれたものは学習しなくてもできるかもしれません。そうでないものは個体としては学習しないとできないのです。私たちは小さいころより多くのことを学習し，先人たちに近づこうとします。これを成長といいます。いま，この本を手にされた皆さんも，会計関連の専門領域に関してはおそらく「学習する人」の立場であるわけなのです。こうした学習をせずに，いきなり会計課題を解くということは不可能ではないにしても極めて苦労の多い道のりでしょう。種として獲得してきた智恵は真似ることによって後に深く学べるようになると思います。学校はそのために存在するのです。

　私たちは成長するに従って「研究する人」にもなります。ここでいう研究者は大学教授や研究所員のみを指すわけではありません。生産，経営，政治，芸術，スポーツその他どんな世界においても，先人から一定程度まで学んだ

後は，自分自身で新しいことを考える時期が必ず来るからです。現在までの到達点を越えて一歩先をめざす技術者，過去に無いビジネスモデルを考案する経営者，この国のあり方を提言する政治家，新しいタイプの作品を生み出す映画監督，限界とされる記録を突破するアスリート等々，彼らは研究者であります。すなわち，この段階で，学習者でとどまる人と，研究者となる人に分かれてきます。

　私たちは意識していないかもしれませんが多くの場合「学ばない人」なのです。学ぶべき事がらは無限にあるのに対して学ぶための時間が有限だからです。学ぶべき対象は世界に分散しているのに生活は空間的に限定されているからです。つまり多くの対象については「諸種の制約により学ぶ機会を逸した人」かもしれません。そのため，多くの対象については，自らが考え結論を下していくというよりも，他人の結論を知識として獲得していくことで満足しています。すなわち，どんなに物事を考える人であっても，その人が対象とする領域の外にある無限の領域から見ると，ある意味で「学ばない人」でもあり「考えない人」でもあるわけです。知の世界での分業なのですから，当然のこととといえます。

　かみ砕いて説明しましょう。私たちの多くは，小学校から大学まで多くのことを学習しますが，先人たちの歩んだ道を繰り返すのではなくて多くの場合には知識として知っているのです。多くの人たちは，教養として日本と外国の主な歴史的事件を知っていますが，それを研究した人の苦悩を追体験しているわけではありません。ましてや歴史的新事実を明らかにしようとしているわけではありません。コンピュータやインターネットのヘビー・ユーザーの多くは，ユーザーとしての腕は磨くでしょうが，ICT技術の開発の苦労を追体験するわけではありません。ましてや次世代型のICTツールを開発しようとしているわけではありません。それでも，学校やメディアを通じて，多くの事柄を知っているのです。

　このように私たちは，学び方に応じて，学習する人でもあり，研究する人でもあり，学ばない人でもあるのです。私たちはあらゆることがらについて研究する人ではありえませんし，時には学習する人でさえありえません。そ

れでも何かの対象についてはその道の「研究者」です。その場合，私たちはその何かについての専門家と呼ばれるのです。「学ぶこと」は「考えること」に通じるのですが，森羅万象すべてを対象に考え続けることは不可能ですから，私たちは時としてある分野の専門家であり，別の分野では学習者であり，さらに別の分野では知識のみを有する人であり，さらに別の分野では知識のない人なのです。これはごく普通のことです。

　さてこの本を手にしておられるみなさんは，会計関連分野では「学習者」と位置づけられる人たちだと期待しています。すなわち，書かれたことを鵜呑みにするのではなくて，先人たちの思考を追体験しようという意欲を持った「学習者」であって欲しいと期待しています。書かれたことを鵜呑みにして丸暗記し，これを答案に再現できたとしても，それは記憶力の証明になるのみであって，ここで説明してきた学習ができているという証拠にはなりません。大学などの高等教育機関では「考えない人」を目覚めさせ，「学習者」に育て，さらには「研究者」に育てるために教育が行われています。

　以上要するに「学ぶこと」を通じて「考える人」に育って欲しいということです。その際，森羅万象を考え抜くことは不可能ですからおのずと専門が決まってくるのです。何か専門を持ちたいという人は先人の思考過程を追体験するように学ぶことが求められます。それを省略すると単に知識ある人で終わります。ですから「学び」そして「考える人」になってください。大学はそのための場なのです。

Ⅲ　考えるためのいくつかの工夫

(1) 社会制度の意義はその存在を否定することによって分かるということ
　自然科学の本のどこを探しても会計の説明や具体的な利益の説明はありません。あたりまえですね。では何が当たり前なのでしょうか。それは自然科学という学問分野の研究対象ではないということですね。自然科学は自然現象を対象とする学問分野ですから，会計の話は出てこない。そうですね。で

は，会計の話はどこで扱われるかというと，一般には，社会科学と呼ばれる学問分野においてです。つまり会計は社会現象なのです。社会現象は人工物から生まれるのです。地震は自然現象ですが，株式市場の暴落は社会現象なのです。株式暴落の引き金が巨大企業の減益（利益の減少）であったとします。個別経済主体による減益という現象も社会現象です。その減益という現象は，利益を測定する会計のルールによって生み出されるわけですから，社会現象の背景にある制度も社会科学で研究されます。会計はこうして社会科学の対象となるわけです。

　社会現象は人工物現象ですから，私たち人間が生み出したものです。株式会社と株式と資本市場がなければ株式暴落という現象はおきません。銀行と与信と貨幣市場がなければ金融危機という現象はおきません。土地と土地私有制と土地市場がなければ地価騰落という現象は生じません。賞味期限や消費期限の表示を求める制度がなければ偽装表示はおきません。会社による開示制度がなければ粉飾決算という現象もおきません。このようにネガティブな側面を強調すると誤解されそうなのでもう少していねいに説明します。

　株式会社と株式と資本市場は，株式暴落という現象を生み出すために考え出されたわけではありません。しかし，それらが今ある中で生きている私たちとしては株式暴落という特徴的な出来事から，それらの存在理由を考えることができます。その際に，株式会社も株式も資本市場もなかったとすればどんな社会になっているかと考える想像力を持つ必要があります。そうすると，株式と株式会社制度が効率的な資金調達を可能にしていることが分かります。私たちはある便利さを追求して社会制度をつくるのですが，その制度から派生した現象をも生み出してしまうのです。

　銀行と与信と貨幣市場も同じことです。これらがなかったらと考えてみてください。今の私たちの生活はうんと違ったものになっていたはずです。土地の私有制度もそうです。最近話題の食品の期限表示の制度もそうです。開示制度やそれと関連した会計制度及び監査制度もそうです。ありとあらゆる社会制度はそれぞれ意味をもっています。その意味を自分で考えるための方法が「その制度がなかったら」という仮定の問答なのです。上に挙げた例以

外にも，もし税金がなかったら，政府がなかったら，警察がなかったら，学校がなかったら，などです。時間あるときに友達とこうした仮定の問答をやってみてください。そののちに，これらの制度の説明を読んでみてください。すっきりと分かるはずです。

(2) 簡単な定義に疑問を投げかけることにより対象の理解を深めること

みなさんが手許にもっている会計の本を開いてみてください。たいていの入門書にははじめの方に会計の定義が書かれていると思います。学習書の定義というものは，研究上反論の余地のないほど厳密な定義であるというよりは，むしろ（後に修正されることも想定したうえでの）さしあたりの定義であることが多いのです。私がここで会計の定義を書いたとしても，すべての専門家を満足させることはできません。そこで，こうしたときに，多くの作者は社会的に権威ある辞典から定義を引用するのです。つまり，その辞書に書かれた内容は，専門家でなくても分かるように書かれていること，そして何よりも，その辞書が書かれた当時のある用語に対する社会的合意を代表していると思われることから，権威ある時点からの引用が行われるのです。ですから，私もそうしようと思います。

『広辞苑』（第二版増訂版）より，会計，会計学，簿記を引用しておきます。

> かい・けい【会計】（「会」は総勘定，「計」はかぞえるの意）
> ① 金銭・物品の出納の計算。
> ② 財産及び収入支出の管理及び運用に関する計算制度。
> ③ 予算の施行。
> ④ 財政の計算整理。
> ⑤ 俗に，飲食店などで代金を勘定して支払うこと。お会計。
> かい・けい・がく【会計学】財産及び損益に関する計算を研究の対象とする学問。
> ほ・き【簿記】(book-keeping) 企業の財産・資本・負債の出納・増減を一定の形式によって帳簿に記録・計算・整理して，その結果を明瞭にする西洋式の記帳方式。商業簿記，銀行簿記，官庁簿記，工業簿記，農業簿記などがある。

みなさんが会計に関する事前の知識がないときに始めてこれら三つの定義を見たとします。そこから分かることをできるだけ書き出しなさいと問われれば，分かったことをドンドン書いていくうちに，定義に書かれたことをすべて書いてしまうことになりますね。仮にこれらの用語について他人から説明を求められたとしましょう。広辞苑の定義をすっかり暗記しているみなさんはもはや広辞苑をみなくても覚えた定義を言えるでしょう。でもそれで会計と会計学と簿記について十分に理解できているといえるでしょうか。
　そこで私はみなさんに次のように求めたいと思います。「広辞苑で3つのことばの定義を見ましたね。そこで，思いつく限りの疑問を投げかけてください。疑問ということで分からなければ，定義に対する不満でもかまいません。連想ゲームとして取り組んでください。」とね。
　どうです。どれだけ「分からないこと」を書くことができましたか。ためしに，「分からないリスト」を作ってみましょう。

A：定義に含まれた分からない用語
　もし，それぞれの定義に含まれた以下の用語が分からなければ，広辞苑でさらに調べてみてください。広辞苑になければ専門の辞書で調べてみてください。
　「会計」に関連して：総勘定，金銭，物品，出納，財産，管理，運用，計算制度，予算，財政，計算整理，勘定。
　「会計学」に関連して：財産，損益，計算。
　「簿記」に関連して：財産，資本，負債，出納，帳簿，記帳方式，商業簿記，銀行簿記，官庁簿記，工業簿記，農業簿記。

B：定義に含まれた不十分な説明
　定義に含まれた用語のすべてが分かったとしても，辞書にはすべてを書き込むことができませんからどうしても説明不足になります。
　「会計」に関連して：五つの定義の違い。五つの定義を並べた順序。
　「会計学」に関連して：「会計」の五つの定義をカバーしていない理由。
　「簿記」に関連して：「一定の形式」や「西洋式」と書かれているその内容。商業簿記，銀行簿記，官庁簿記，工業簿記，農業簿記の違い。

さらに，いずれの定義にも「計算」が含まれていることに関して，これらをどうして「計算」と「計算学」といわないのか。「会計」と「簿記」の違いは何だろうか。「お会計」は異質な定義なのだろうか。こんなことが思い浮かぶでしょう。

C：定義から連想して分からなくなったこと

一般にはAの段階での疑問をその場で解決しようとする人はある程度いると思います。しかしBの段階での疑問を列挙する人は少なくなるでしょう。さらに，定義から連想していって疑問を提起できる人は更に少なくなります。でも，これは考えるための有効な手段なのですよ。

たとえば，Bでも指摘したように三つの関連する用語に「計算」があるのに気付いて，これらを「計算」や「計算学」と読んだら良いのでは考えるとします。しかし，数学だって計算だし，統計学だって計算だから，会計や簿記を計算と呼ぶことはダメだなと連想します。しかし，会計や簿記以外の計算をすべて列挙してみて，計算一般に通じる特徴を考えると「計算」の定義を自分でつくれそうです。ちなみに『広辞苑』では「計算」は「①はかりかぞえること。また，見積り，考慮。②【数】演算をして結果を求めだすこと。」とあります。こうしたところまでの連想ゲームは初心者でも到達できるでしょう。

ところが，そういえば資産の時価評価の導入によって（簿記や会計の）「統計化」という言い方がされる場合がありますが，同じ計算に属する簿記や会計からの統計化とは一体何を意味するのかという疑問を抱く人もいるでしょう。この連想ゲームは初心者に無理ですね。

D：定義から飛躍して分からなくなったこと

AからCまで「分からない事がら」をリストするコツを例示してきました。中には，さらに飛躍する人がいます。会計にしろ，簿記にしろ，さらには会計学にしろ，自然に存在する物ではなく，人間が考案した物であり，お互いに守ろうとする社会ルールであることと関連して，会計や簿記の意義，とりわけ制度としての会計の社会的意義は何だろうかと連想していくかもしれません。

例えば「会計」の五つの定義を眺めていて，個人ないし個人間で役に立ちそうな技術である側面と，社会にとって役立ちそうな側面の双方がありそうだということくらいは読み取れます。おおよその役立ちを連想しておくことは後の学習に多いに役立ちます。

以上，『広辞苑』の定義を手がかりに，AからDまでの「分からない事がらのリスト」を試作してみました。何もこのようにしないというわけではありません。たまたま国語辞典で意味を確認したところ，少しばかり思索にふけってみると，専門書を読む前にすでに「問題意識」ができるという例を示したのです。考える習慣のある人々は，いろいろな方法で「問題意識」を生み出しているのです。私は，そうした例として「分からない事がらのリスト」作りを提案してみたまでです。これを「広辞苑遊び」ないし「国語辞典遊び」と読んでもかまわないと思います。要は，自分自身で学ぶ対象に対する関心を高めるように工夫することなのです。それだけのことなのです。

Ⅳ 会計関連科目の関係を整理しておこう

(1) 自分なりの関係の整理

大学で開講されている科目名称や，テキスト等に採用されている書名は，それほど厳格なルールに沿って決められているわけではありません。しかし，ある名称の下に一定数の学者が集まって学問上の議論をするのが普通です。そうした集まりを学会といい，学会名称が一つの学問領域を示すものと思われます。

従来，日本学術会議に登録済みの学会を正式な学会とみなしていたわけです。しかし，登録制度がなくなり，経営関係の学会があつまって協議会を結成し互いの協力を約束しあっています。その経営関連学会協議会に参加している学会数だけで60もあります。その中に会計関連学会が10以上も含まれています。これだけの数の分類は初学者には不要に思います。

そこで，授業科目が多様化する前の一般的な大学開講科目や公認会計士試

験や税理士試験等で常識になっている科目を整理すると，簿記，財務会計，原価計算，管理会計，監査そしてこれらと密接にかかわる企業法といった分類は適切な数ではないかと思います。この本はこれら6科目の基礎的水準を示すことにしております。

ところで，学習目標をこのように6科目に絞り込んだとしても，それらの関係を整理しておくほうが便利でしょう。これら6科目はそれぞれ固有の内容を有しているので独立した科目として開講されることが多いのですが，関係性を見ると何通りかに再分類できます。

① 公認会計士試験の4科目

この本の付録として収録しました『**公認会計士試験の出題範囲の要旨**』（公認会計士・監査審査会，平成20年1月28日）によりますと，6科目は財務会計論（簿記を含む），管理会計論（原価計算を含む），監査論及び企業法の4領域に再分類されます。しかもこの4領域が公認会計士試験の短答式試験4科目に相当することから，この本は公認会計士試験における基礎科目を取り扱っていると位置づけられます。そして『出題範囲の要旨』の科目ごとの出題範囲は，この本のような基礎固めの本に対して学習目標を示してくれています。

そのうえで，財務会計論と管理会計論の異同に触れておく必要があります。これらはともに会計学の一分野であるという点で共通性があります。すでに触れたように「財産及び損益に関する計算を研究の対象とする学問」である点が同じであるからです。ただし，そうした計算を誰のために行うのかという点になると違いが出てきます。すなわち，会計情報の利用者として経営者が想定されているのが管理会計であり，会計情報の利用者として企業外部の利害関係者なかでも投資者が想定されているのが財務会計であります。それゆえ，しばしば，管理会計は内部管理会計，財務会計は外部報告会計と呼ばれたりもします。情報の利用者が誰であるかによって報告すべき内容が変わるという点を意識するとき財務会計と管理会計の区別を重視しますが，会計情報の役立ち一般について論ずるならば会計学として一括りにするのが便利

です。

　ではこれら会計と監査や企業法はどういう関係にあるのかという点を理解しておく必要があります。この場合には会計といっても財務会計が関連します。そのうえでこれら3科目は企業情報の開示制度という観点からつながってきます。会社法は決算制度を，金融商品取引法は企業内容開示制度を設けておりますが，これらは広義には企業情報の開示制度として括る事ができます。それら法律を一括して企業法と呼ぶとき，開示制度の根拠となる法律が企業法であり，その開示制度に基いて開示される会計情報に対して制度面からの制約を与えるのが会計基準等の会計規制であります。こうした会計規制が制度としての財務会計です。さらに開示情報に信頼性を付与するという役立ちを監査に求めることができます。以上のような関係付けが一般的かと思います。

② 記憶のサイクルとしての関連付け
　私は拙著『市場化の会計学』の「はしがき」で「記憶のサイクル」という文章を書きました。これは，簿記と会計（とくに財務会計）と開示の関係を示したものです。次の引用文中の「記憶の社会化」に関連する科目が監査論であり，企業法だということです。

> 　簿記は記憶の外部化であり，会計は外部化された記憶の情報化であり，開示は情報化された記憶の社会化である。このプロセスの最終目的は社会化された記憶の内部化にある。
> 　記憶の外部化は人の記憶の限界を超えて記憶の相互利用を図ろうとする意思の結果なされる共有化である。記憶の外部化すなわち共有化はそれを必要とする意思により行われる。簿記という行為もこのような外部化・共有化のための行為である。
> 　外部化された記憶の情報化は記憶の加工である。人が脳の中に蓄積されている記憶を思い出すことができるように，外部化された記憶もまた思い出すことができる。人の場合には刺激に反応して記憶が呼び戻されるのに対して，外部化された記憶を思い出すためには擬似的な刺激という目的を用意してそれにしたがった記憶の加工すなわち情報

> の生産が必要となる。会計という行為もこのような情報化・目的的利用のための行為である。
>
> 　情報化された記憶の社会化は記憶の開放である。人の場合には呼び戻した記憶を他人に伝達することを意味する。これと同様に組織についても情報化された記憶を社会に伝達することを意味する。開示という行為もこのような記憶の社会化のための行為である。
>
> 　社会化された記憶の内部化は他者の記憶の取込みである。人は社会化された他人の記憶を利用することができる。これにより意思決定のための判断材料が豊かになる。つまり社会化された記憶を意思決定に利用することにより内部化が図られる。
>
> （以下，省略）

　以上の引用文は，特に難しい内容を述べているわけではない。個人（脳）の記憶には限界があること，自身や他人の経験を将来に利用したいという要求があること（それゆえに出来事の網羅的な記録を残し，それを利用目的したがって加工すること），最後に，外部の利用者にその加工情報を伝達する，という関係を示しただけのことです。

　すなわち「会計」は基本的に利用者志向的であること，そして簿記，監査，企業法はかかる会計情報の開示を支える技術や制度であること，と整理できます。

(2) 簿記と財務諸表の関係について

　簿記が計算科目であり，財務会計（財務諸表論）が理論科目であるというのはおそらく受験雑誌の理解に過ぎないのではないでしょうか。こうした理解に左右されないで，簿記と財務諸表の関係を理解しておくことはこれからの学習にも重要なことなのです。

　簿記と財務諸表の関係を説明するにあたって，「会計情報の生産」という概念をここで足しておきたいと思います。この会計情報の生産過程を広く取れば，生産過程へのインプットが取引の帳簿への原始的記入であり，アウトプットが財務諸表の作成・報告ということになります。この全ての過程が会計という行為になります。一方，簿記と会計を区別する仕方の一つは，簿記

が取引の記録から決算までであり、会計が財務諸表の作成であるとする区分でしょう。私はこの見方は形式的過ぎると思っています。どのような財務諸表を作成するかが予めわからないと、そもそも取引の記録ができないからなのです。そこで、第二の区別の仕方は、会計情報の生産過程を抽象的に指示するのが会計の役割であり、その指示にしたがって具体的に取引データを記録し、加工するのが簿記の役割であるとする区分なのです。これら3つの見方のうち、私は最後の見方で説明することにしています。

初級簿記（仮に日商簿記検定の3級）のテキストの初めの部分では一般的に下の諸等式が説明されているのにお気づきでしょう。

資 本 等 式　　資産－負債＝資本
貸借対照表等式　　資産＝負債＋資本

初級簿記のテキストでは一般にこの2式は形式的には負債が右辺にあるか左辺にあるかの相違として説明されています。負債と資産の同質性を前提として左辺の差額即ち純資産が右辺の資本と等しい（すなわち両者に差異が生じないと仮定している）とする資本等式と、負債と資本の同質性を前提として右辺の合計（総資本）と左辺の合計（総資産）が等しいとする貸借対照表等式の違いを、入門簿記の教科書では一般に無視しています。つまり、初級の段階で会計学上の論点を持ち込まなくても、簿記の構造を説明するのには不便がないからなのです。

さらに、複式簿記の借方・貸方の要素の結合関係についても同じことがいえるでしょう。簿記の教科書によると、形式論としては、貸方要素の「資産の減少」が、借方要素の「資産の増加」とも結びつくし、「費用の発生」とも結びつくのです。すなわち、複式簿記の構造を習得させる段階としては、借方要素と貸方要素の結合関係に基づいて、適切な勘定科目に転記できる過程を説明できれば十分であるのです。これに対して、ある種の資産の減少（たとえば現金の支出）が、費用の発生を意味するのか、資産の増加を意味するのかは、会計（具体的には会計基準）が指示すればよいのです。つまり、簿記は具体的な情報処理の場でありかつ抽象的な計算装置であるのに対して、その情報処理の場で具体的な計算をどのようにさせるかを指示するのが会計

だということです。

　初級簿記では，簿記の勘定記録に基づいて，貸借対照表と損益計算書の二つの財務諸表を作成する（簿記記録から誘導するともいいます）という関係だけが教えられるのです。その際，複式簿記の特徴として，損益計算書上の利益と貸借対照表上の利益が一致すること，すなわち，利益は損益法と財産法とよばれる二つの方式で計算され，かつその金額が一致することが教えられるのです。初級簿記としてはこれで十分なのです。この本を習得し，より高度な学習に入った後に，初級簿記で課していた条件が緩和され，会計上のさまざまな議論が可能となるのですが，それはこれからのお楽しみとして取っておかれるのが良いでしょう。

　すなわち，初級簿記においては，簿記から誘導されるのは損益計算書と貸借対照表であり，資本以外の純資産項目は存在しない（すなわち純資産が資本と等しい）と仮定されているのです（もちろんこのことの意味は今わからなくても良いのです）。また，損益法と財産法の関係も形式的一致を前提としており（一致しない議論はすべて排除しているのです），さらには，借方要素と貸方要素の結合関係は一意的に決まるという前提で，まずは複式簿記の構造を習得させようとしているわけです。これはすなわち教育上の配慮なのです。

　中級簿記（仮に日商簿記検定の2級）になると，取引や帳簿組織が複雑になること，本支店合併というテーマが加わること，会社を前提とした資本の部の説明が加わること，工業簿記の初級が加わることといった変化がありますが，複式簿記が複雑になるわけではありません。複式簿記の構造は初級で習得すべき内容だからです。中級簿記やそれにからんだ財務会計の内容については第1章と第2章で学習してください。

おわりに

　この序章は勉強を楽しんでもらうために考えることや学ぶことの意味を説

明し，具体的に考えるためのヒントを与え，この本で学ぶ6科目を関連付けてみました。これらは暗記したり，無理に従うべき内容ではありません。第1章以下の導入として，学習のヒントとなればそれで目的は達成しています。

　では，楽しんで勉強してください。グッド・ラック！

第1章

財務会計

本章のねらい

　本章では，会計が何を行っているのかを確認した上で，財務会計で重要となる基礎的な考え方を学習します。詳細な部分は一度切り落とし，大きな枠組みだけを理解することが本章のねらいです。具体的には以下の内容を学習します。

　まず，会計が行っていることとして「財産の管理」と「利益の計算」について学習します。そして，見せるための会計を前提とすると，どのような機能が会計に付加されるのかを学習します。

　次に，ほとんどすべての企業は，社会の中で永続的に利益を獲得することを目的とするわけですが，この「利益」というものがどのように理解されるのかを学習します。特に，「努力とその成果」という考え方と，「投資とその成果」という考え方を学習します。

　最後に，財務会計には見せるための会計という点から生じる制度・基準等があり，基礎的な基準としてどのようなものがあるかを学習します。ここでは，会計公準，企業会計原則・一般原則，概念フレームワークを簡単に紹介します。

第1節 財務会計って何？

1 会計がすること

　会計は身近にたくさんあります。たとえば家計簿や小遣い帳，あるいは仲間で会費制の旅行に行ったときの収支報告，あるいはどこそこの県は赤字で借金だらけ，あるいは企業が出している決算書，会計にまつわる内容で巷はいっぱいです。しかも，自分自身でもほぼ毎日会計をしています。「いや，私は家計簿も小遣い帳もつけてない」と否定されるかもしれませんが，実は気づかないうちに会計をしています。欲しいモノがあるとき，将来入ってくる金額を考えてこれを買おうとか，手持ちのお金が少ないとき，あれとそれにお金を遣ったから少ないんだとか，買い物の最中に，手に持っている商品を見てだいたいいくらぐらいかなとか，考えたことがあるはずです。これらのすべての行為が会計なのです。とりあえず，お金にかかわるすべての思考や記録（記憶）が会計だと考えておきましょう。何故，お金にかかわることなのかは後ほど示します。

　ただ，話を拡げると紙面が足りなくなりますから，ここでは商売をしていることに限定して話を進めます。そこで，簡単な商売を考えてみましょう。ただ，記憶しているだけではわかりづらいので，記録をしていくものとします。

　まず，「代金の支払いは後ほどするという約束で，織田商店から1個1,000円の商品を100個購入しました。」を考えてみましょう。まず商品100個（100,000円分）を手にしたことになります。記録としてノートの左ページに「商品100個（100,000円）」と書いておくとします。また，織田商店には後ほど100,000円を支払うことになりますから，今は織田商店から貸しがあることになります。記録として別のノートの右ページに「織田商店（貸しのある方の名前）100,000円」と書いておくとします。

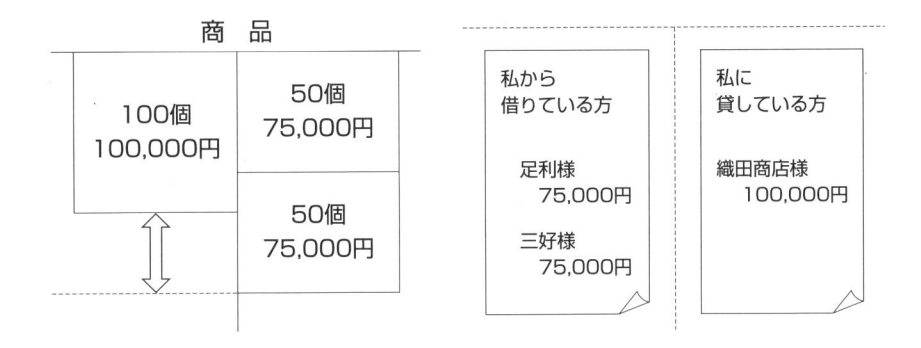

```
  商　品
┌─────────┬─────────┐
│         │ 50個    │
│ 100個   │ 75,000円│
│100,000円├─────────┤
│         │ 50個    │
│    ↕    │ 75,000円│
└─────────┴─────────┘
```

```
┌──────────────┐  ┌──────────────┐
│ 私から       │  │ 私に         │
│ 借りている方 │  │ 貸している方 │
│              │  │              │
│ 足利様       │  │ 織田商店様   │
│ 75,000円     │  │ 100,000円    │
│              │  │              │
│ 三好様       │  │              │
│ 75,000円     │  │              │
└──────────────┘  └──────────────┘
```

　次に，「代金は後ほど払ってもらうという約束で，商品1個1,500円で，足利様に50個，三好様に50個販売した。」を考えてみましょう。まず商品100個（150,000円）を手放したことになります。記録として商品仕入を記載した右ページに「商品100個（150,000円）」と書いておくとします。また，足利様と三好様には後から75,000円ずつ支払ってもらうことになりますから，今は足利様と三好様は自分に借りがあることになります。記録としてノートの左ページに「足利様（借りのある方）の名前）75,000円」「三好様75,000円」と書いておくとします（上の図を参照してください）。

　ここで気づくことがあります。商品を記録したノートには，見開きで左ページには購入分，右ページには販売分が書かれ，すべて販売されたことが示されています。さらに，右ページと左ページに記載された金額の差額がその商品を販売したことによる儲けが示されています。つまり，このノートには，商品の管理と儲けが記されているのです。また，貸しのある方と借りのある方を記録したノートには，左ページに借りのある方の，右ページには貸しのある方の名前と金額が示されています。つまり，債権と債務の相手や金額が記されているのです。これらは「利益の計算」と「財産の管理」を示していることになります。

　こうした記録は非常に重要で，この例では「利益の計算」と「財産の管理」をしていることになります。また，商売上の問題が起きて裁判になったとき，裁判の証拠になったり，自分のしたことの証明になったりもします。さらに，ひとつの事業や一種類の商品販売を終えたとき「利益の計算」を行ったり，

「財産の管理」をするよりも，定期的に「利益の計算」や「財産の管理」を行ったりした方が，その効果は高くなります。たとえば，今週の利益とか今週末の財産の状態を知った方が，現状を把握しやすくなり，管理しやすくなります。そのため，会計では，人為的に期間を区切ることがほとんどです。これを**会計期間**といい，通常は1年間を会計期間としています。そして，「利益の計算」を行い，一会計期間の経営成績を示すものを**損益計算書**と呼び，「財産の管理」を行い，会計期間終了時点の財政状態を示すものを**貸借対照表**と呼びます。また，これらの会計上の諸表を**財務諸表**と呼びます。

さらに，「所有と経営の分離」がなされている場合を考えてみましょう。財産があれば企業を所有することができますが，経営は専門家に任せた方が効率的です。そこで，所有と経営が分離され，企業のオーナーと企業の経営者が別人になります。そして，企業（出資した財産）を任せる（委託する）人と企業を任された（受託する）人との関係ができます。これを**委託受託関係**といいます。

私たちは普段でも他の人から託された物は，責任を持って管理しなければなりません。たとえば，ちょっとした用事でその場を離れる友人の傘を預かったとき，友人の傘をなくすことなく，盗まれることなく，壊すことなく，戻ってきた友人に預かった傘を返さなければならないため，その間管理責任が生じます。また，コンパの後の支払をするとき，参加した人からお金を集め，おつりを返しますが，そのお金がなくなれば問題になりますし，ちゃんと支払いをして，おつりを返さなければなりません。コンパに参加した人の支払いをきちんと代行する責任があるのです。また，参加した人に，いくらかかったのかを伝える責任もあるでしょう。傘を預かったのであれば，預かった状態で返す。コンパの支払いをまとめて（代行）したのであれば，支払いが完了したことを伝える。これによって，他の人から託されたことが解消されるのです。

もちろん，所有と経営が分離した企業でも同様です。企業を任された人（経営者）は，企業を任せた人の意図のとおり財産を管理・経営しなければなりません。これを**受託責任**といいます。経営者の受託責任が解消されるのは，

任された企業を返した時となります。しかし，企業のオーナーから見れば，任せっぱなしで長期間放置することは心配です。そこで時折，状況報告があればその心配も減ります。私たちが大事な物（ペットでもいいです）を他人に長期間預けたとき，ときどき預けた人に連絡を入れ，その物が無事であることを確認するのと同じです。そのため，経営者は任された企業の状況を定期的にその企業のオーナーに伝えます。そのとき，「ちゃんとやってます」「うまく行っています」という連絡でもよいのですが，企業（財産）を任されて経営しているのですから，前回の報告からの儲け（利益）や現在の財産の状態を伝えた方が望ましいわけです。これが，会計報告による受託責任の解消となります。

とはいえ，委託者がみていないところで経営者（受託者）が手を抜いてしまうことは，充分に考えられることです。適当に手を抜いても報酬が受け取れるならば，そんなにいいことはない，という誘惑に駆られてしまいます。そして，その誘惑に負けないとは誰も言えないのです。あるいは，委託者がみていないところで，経営者が委託者の意に反した商売を始めてしまうかもしれません。儲けは少なめでもいいからリスクの少ない事業を委託者は希望しているのに，経営者がリスクの高い事業を始めてしまうといったケースです。委託者である企業のオーナーから見れば，このような事態は避けたいことです。しかし，そのために経営者の傍にいつもいるわけにもいきません。そこで講じられる策にかかるコストを含め，企業のオーナーが傍にいないことから発生するコストを，**エージェンシーコスト**といいます。経営者をモニタリングしたり動機付けをしたりするのに，会計は利益や財産の状態を示すことで，エージェンシーコストを最小にする役割を果たしています。

2 見せるための会計

会計は，基本的には利益（収支）や財産の状態を示すわけですが，その目的や利用者によって様相が異なってきます。税金計算が目的であれば税務会計になりますし，地方公共団体であれば公会計になります。また，同じ営利

目的の企業であっても、企業の内部の人間が企業経営（Management）を目的とするならば**管理会計**（Managerial Accounting）となりますし、企業外部の人間に自社の状態を見せることを目的とするならば財務会計となります。ここでは、財務会計について話を進めます。

　文字から考えて、管理会計が企業管理のための会計であるならば、**財務会計**（Financial Accounting）は企業財務（Finance）のための会計ということになります。つまり、企業が活動のために必要な資金を調達する際、「当社はこのような財産の状態で、これだけ利益を獲得しています」ということを伝えるための会計が財務会計ということになるのです。株式という制度ができて以来、企業はごくわずかにしかいない資産家からの出資に依存しなくてもよくなりました。株式という制度のおかげで、企業は、無数にいる資産家ではない人たちや小市民たちから少しずつ資金を出資してもらい、資産家が出資するほどの大きな金額を集めて、資金調達をすることができるのです。ところが、このメリットと同時に問題も発生します。出資をお願いしなければならない人が多くなりますから、それだけ労力も多くなります。極端に言って、少数の資産家からならば、経営者の人柄だけでも出資を受けることも可能でしょうが、大勢の人から出資を受けるにはそれなりの資料と説明が必要になります。そのとき、数字で示される資料とそれに基づく説明は、非常に効果的で説得力を持ちます。会計は金額という数字で、利益や財産の状態を示すわけですから、企業の資金調達活動において、非常に有効な資料となるわけです。

　株式制度が発達してくると、株式市場（証券市場）もできてきます。そこには、現在出資している人もこれから出資しようとしている人もいます。このような人を**投資家**（投資者）と呼びます。現在出資している人は、このまま株式を持ち続けるか売却して出資額を回収しようとするかを判断します。また、これから出資しようとしている人は、すぐさま株式を購入して出資しようかもうすこし見送ろうかを判断します。あるいは将来株式を購入しようと思っている人もいます。つまり、投資家は株式市場に参加しうるすべての人間なのです。企業にとって重要なことは、企業が証券市場において資金調

達をしようとすると，現在の株主だけでなく将来の株主も，つまり投資家全員を相手にしなければならないということなのです。そして，会計が示す情報は，不特定多数の投資家に伝えられることになるわけです。これを財務会計の情報提供機能と呼びます。また，企業が自社のことを不特定多数の人々に伝えることを，**ディスクロージャー（情報開示）**といいます。企業が行うディスクロージャーの内容にはいろいろあり，会計情報もそのひとつです。会計によって自社の利益や財産の状態を伝えることになります。

　しかし，企業が独自の方法やタイミングでディスクロージャーを行うことは，投資家にとってあまり望ましいことではありません。投資家が意思決定をするとき，入手した情報の質が不均一ではどの情報を参考にしてよいのか，どの企業に投資したらよいのか判断することが困難になります。たとえば，ある企業の財産は今の値段で示され，ある企業の財産は取得時の値段で示されていると，値段の時点がことなりますから，どちらの企業の方が望ましい財産状態なのかわからなくなってしまいます。そのため，開示する方法や情報の内容が様々な法律や基準によって定められ，投資家が比較可能で均質の情報を見ることができるようになっています。このようなディスクロージャーを**制度開示**といいます。とはいえ，企業には制度的に定められた情報以外にも伝えたい情報があります。そのような情報は企業が独自に開示することになり，このようなディスクロージャーを**任意開示（自発的開示）**といいます。

　さらに，企業は無数の投資家だけと関わりがあるわけではありません。債権者や取引先，従業員や消費者といった人たちとも関わりを持っています。このような人たちを**利害関係者**と呼びます。企業はそのオーナーである株主のものですが，必ずしも株主のためだけに活動するわけにもいきません。企業は営利目的で存在しているわけですが，だからといって短期的な営利追求によって長期的に企業が立ち行かなくなるような活動はできません。企業は存在し続けることもその活動目的なのです。企業の活動は利害関係者すべてに影響しますし，その影響によっては企業の存在自体を危うくもします。ですから，企業は株主や投資家のためだけでなく，その他の利害関係者にも配

慮しなければならないだけでなく，利害関係者間の利害も調整しなければなりません。たとえば，企業のオーナーだからといって，企業の儲け全部を株主で分け合ってしまうと，それだけ財産が減ってしまい，企業の財産をあてにしていた債権者達に迷惑がかかってしまいます。また，財産が減った分だけ企業は成長の機会が奪われ，その企業に投資をしようと思っていた投資家にも迷惑がかかってしまうのです。企業の利益や財産の状態を示す会計は，こうした利害関係者間の調整に役立ちます。これを会計の**利害調整機能**といいます。

　財務会計は，企業財務のための会計であり，投資家に企業の状態を見せるための会計なのですが，企業をとりまく利害関係者に情報を開示し，利害関係者間の調整を行うための会計でもあるのです。

3　制度会計

　開示する方法や情報の内容を法律や基準に基づいて行うディスクロージャーを制度開示というわけですが，同様に，法律や基準に定められた方法に基づく会計を**制度会計**といいます。制度会計の必要性について詳しく見てみましょう。

　4人で食事に行ったことを考えてみましょう。このとき22,000円かかったとします。「一人いくらの支払いになったでしょう。」という問いに，ほとんどの人が「5,500円（＝22,000円÷4人）」と答えるはずです。もちろん，正解です。しかし，4人のうち1人が年配者で，その人が「今日はご馳走してあげよう」といった場合，質問の答えは「一人が22,000円で，残りの3人は0円」となります。また，4人のうち2人が男性で2人が女性として，4人が「女性1,000円ね」といった場合，質問の答えは「男性一人10,000円，女性一人1,000円」となります。さらに，食事にかかった22,000円が，アルコールで6,000円，ソフトドリンクで4,000円，食べ物で12,000円であり，4人のうち1人がアルコールを飲まなかったとします。このとき「酒は飲んだ人が負担する」とした場合，質問の答えは「酒を飲まなかった人は4,000円，飲ん

だ人は6,000円」（アルコール：6,000円÷3人＝2,000円，それ以外：16,000円÷4人＝4,000円）となります。このような負担になるかはわかりませんが，実際には一人の支払いが必ずしも5,500円とは限りませんし，それを不正解という人もいません。

　重要なことは，支払いの計算方法に対して，食事をした4人が了解しているということです。了解していない人がいれば，4人のうち誰かが「その計算は正しくない」「不公平だ」というはずです。つまり，計算方法や結果が重要ではなく，4人の合意に基づいて特定の計算方法が選択されたということが重要なのです。4人の合意があれば，どのような計算方法も正解ということになるのです。

　このことは4人の食事に限ったことではありません。人数がどのようになろうとも，その場に参加していた人が合意してればよいのです。また，支払いの計算方法に限らず，利益の計算であっても同じです。**利害関係者**全員が納得していれば，どんな計算方法でもいいのです。とはいえ，利益を示すたびにその計算方法を利害関係者全員に納得してもらうのは，とてもコストがかかります。このコストを負担してもかまわない時は，それでもよいのですが，毎回そのようなコストを負担するわけにもいきません。また，それでは会計情報に比較可能性もなくなり汎用性がなくなってしまいます。

　このようなコストは，社会全体が合意している方法で行うことで解消されます。4人での食事において，「割り勘ね」といえば，計算の方法を説明することなく4人が「一人5,500円」であることを認識しますし，「バラバラで支払う」といえば，追加の説明なく自分が飲食した分をそれぞれ支払うようにします。会計において，社会全体が合意していれば，毎回利害関係者全員に計算方法を追加的に納得してもらう必要がなくなるわけです。このため，「**一般に公正妥当と認められた会計基準**（**GAAP**, Generally Accepted Accounting Principle）」が定められているのです。

　もちろん，計算方法に限りません。会計で，企業の利益や財産の状態をどのように見せるかについても同様です。社会全体で合意された示し方があり，その時々でもっともわかりやすいとされる表示の方法が定められます。これ

らが会計基準であり，会計基準に則って行われる会計が**制度会計**なのです。

　そして，現在は利害関係者の意思決定に有用な情報を提供できることを趣旨として，会計基準が定められています。また，それを**意思決定有用性アプローチ**といいます。

第1章 財務会計

第2節 努力と成果

1 努力と成果の関係

　企業は，原則として営利目的で存在しています。そのため，企業活動の中心は，企業が扱う財・サービスを提供し，そこから対価の支払いを受けて利益を獲得することです。企業はその活動のために，ヒト・モノ・カネと情報を必要とし，企業が提供する財・サービスにこれらを転化するのです。また，その対価を得るために，営業努力をするのです。ヒト・モノ・カネと情報を獲得するには，そして，営業努力をするには，お金がかかります。つまり，対価を得るための努力には支出という犠牲を伴っています。また，提供した財・サービスを顧客に購入してもらって獲得した対価は，その努力の成果ということになりますし，成果によってお金を手にすることになります。そして，この努力と成果，あるいは努力に要した支出と成果による収入の差額を，儲けまたは**利益**と呼ぶのです。

　会計では，この努力・犠牲を**費用**として認識しますし，成果を**収益**として

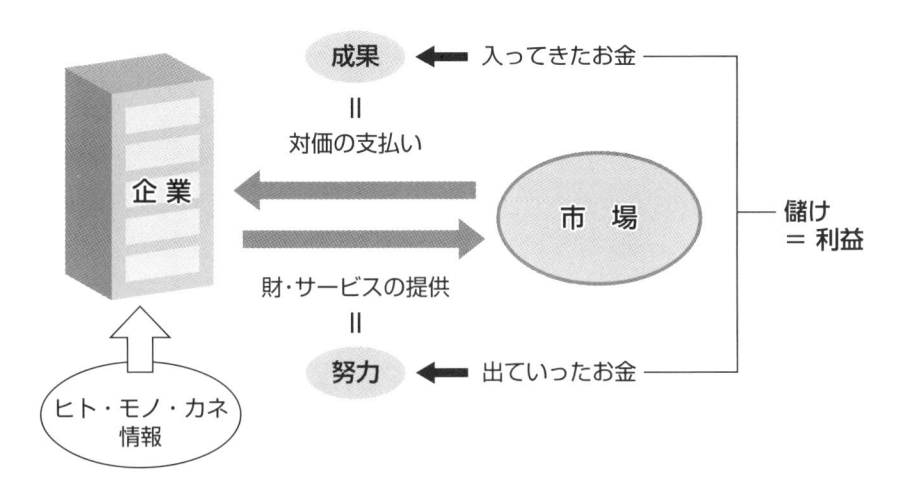

認識します。つまり，すべての費用および収益は，その支出および収入に基づいて計上されるのです。また，**利益**は，努力と成果の結果であり，収益と費用との差額として理解されます。

　もちろん，努力と成果には因果関係があります。たとえば，英語の勉強をたくさんした場合，英語の成績はあがるかもしれませんが，勉強の題材が数学である場合や英語の勉強をたくさんすることで勉強の習慣がついた影響を除けば，数学の成績が上がることはありません。英語の勉強をする努力と数学の成績に因果関係はありませんが，英語の勉強をするという努力に対して，英語の成績が上がるという成果は対応しています。企業が営業努力するというアクションと顧客から対価を得るという成果には，相当の対応関係が存在します。収益という成果に対応関係を持つ努力・犠牲が費用なのです。そして，収益と関係をもたない企業の活動から生じる犠牲は，損失とされます。そして，利益はこうした対応関係の中で表現されるのです。ですから，一会計期間に属するすべての収益とこれに対応する費用を記載し利益を表示するのです。これを，**費用収益対応の原則**と呼びます。費用収益対応の原則は，努力と成果の関係を示し，**適正な期間損益計算**を行う上で，非常に重要な原則なのです。

2　会計期間に属する収益と収益に対応する費用

　適正な期間損益計算を行うには，一会計期間に属する**収益**を定めます。そして，その収益に費用を対応させるのです。そのため，最初に一会計期間に属する収益を定める必要が生じるのです。収益は企業の努力によって得られた対価ですが，どのタイミングで対価が得られたかを考えなければなりません。二つの例で考えてみましょう。

　一つめの例は，次のような場合です。15万円で販売できると見込まれる10万円の商品を仕入れ，その商品を15万円で販売したとします。対価の15万円，言い換えれば利益の5万円（15万円−10万円）は，いつ獲得したことになるのでしょうか。15万円で売れるであろう商品が10万円で仕入れることができ

るとわかったときでしょうか。それとも，少なくとも商品が手許にないと販売できないので，商品を10万円で仕入れたときでしょうか。あるいは，商品を販売する契約をしたときでしょうか。それとも，商品を顧客に渡したときでしょうか。もしくは，販売した商品の代価15万円を受け取ったときでしょうか。

15万円で売れるであろう商品が10万円で仕入れることができるとわかったときというのは，そこにビジネスチャンスがあることがわかったときではありますが，何もしていないわけですから，そこで収益が上がったと考えるのは，かなり無理があります。では，商品を10万円で仕入れたときというのは，どうでしょうか。確かに仕入れという行為をしていますから，ビジネスチャンスを認識しただけの時よりは，15万円の販売対価が現実的になります。とはいえ，ほんとに15万円で販売できるのかわかりませんし，この商品を誰が買ってくれるのかも定かではありません。しかも，15万円で販売するための努力も必要です。ですから，15万円で販売できそうな商品をただ手にしているだけでは，かなり皮算用的な収益と言わざるを得ません。

商品を販売すると契約したときなら，販売する相手も確定し代価も明確ですから，15万円の販売対価が比較的確実な状態になります。そのため，契約時点で収益が上がったと考えることもできます。ただし，契約時点では，契約した商品を引き渡す義務があり，それを果たした後にはじめて対価を受け取ることができます。また同時に契約が破棄される可能性も残っています。つまり，販売対価の15万円を手にする可能性は，仕入れただけの時よりずっと高くはなりますが，確実であるとは言い切れません。ですから，契約した時点で収益を上げるのは危険なのです。

商品を顧客に渡したときなら，契約しただけのときより，対価を得る確率は上がります。契約を破棄される危険もありませんし，契約した商品を引き渡す義務も果たされています。また，販売した商品の代価15万円を受け取っていれば，もっとも確実になります。そのため，財またはサービスを提供し，その対価である現金および現金同等物を受け取ったとき，収益をあげてもよいことになります。ここで，現金同等物とは，売掛金を代表とする営業債権

などをいいます。そして，このような**収益**の認識基準を**実現主義**といいます。また，現金同等物ではなく現金を受け取ったときのみに，収益を認識する基準を**現金主義**といいます。掛け取引が多い現在，**実現主義**が収益認識の中心的な基準となっています。

　二つめの例は，次の場合です。3月20日に1年後6％の利息をつけて返済する約束で100万円を貸し，少し遅れて翌年4月1日に約束が果たされたとします。対価としての利息6万円（100万円×6％）は，いつ獲得したことになるのでしょうか。100万円を貸し付けた3月20日でしょうか。利息を付けて返済する約束の日の3月20日でしょうか。それとも，約束が果たされ元利合計106万円で返済された4月1日でしょうか。現金主義で考えれば，4月1日となりますし，そのとき収益を認識してもかまいません。一方，商品販売のような実現主義で，収益を認識することはできません。財またはサービスをいつ提供したのか特定できないからです。むしろ，貸付けをしている期間の時間の経過に伴って，対価が増加していくと考えた方が妥当です。つまり，1ヶ月5,000円（100万円×6％×1/12）ずつ対価が増え，1年経つと対価としての利息6万円となります。このように徐々に収益が発生すると考えて，**収益**を認識する基準を**発生主義**といいます。

　ここでは，二つの例を並列的に紹介しましたが，収益によって適用される認識基準が異なります。まず，すべての費用および収益は，その発生した期間に正しく割り当てられるよう処理しなければなりませんから，収益の認識基準は発生主義によります。ただし，売上高は，実現主義の原則に従い，商品等の販売又は役務の給付によって実現したものに限るため，売上高という収益は，発生主義ではなく実現主義によって認識されます。まとめると，すべて収益は発生主義にもとづき認識することになりますが，財またはサービスの提供による売上は実現主義が適用されることになります。

　さて，一方の費用ですが，会計期間への帰属の定まった収益に対応させることになります。対応の仕方は，二種類あります。それは，企業が営業努力するというアクションと顧客から対価を得るという成果との対応関係に依存します。

企業の主たる収益は，財またはサービスの提供による売上高です。商品を販売すれば収益（売上）になりますが，当然にその商品は仕入れなければ販売できません。つまり，商品販売（売上）という成果には，当該商品の仕入という犠牲が伴っています。また，収益の認識で説明したとおり，ただ仕入れただけで販売していないのに売上を認識するのは，皮算用ということになります。従って，売上という成果と対応関係をもつ犠牲は，販売した当該商品の仕入分だけということになります。このように販売商品を媒介として収益（売上）と明確な対応関係をもつ場合を，**個別的対応**といいます。

収　　益		
個別的対応費用	期間的対応費用	利　　益

　ところが，企業の販売努力によって生じる犠牲は販売商品の購入だけではありません。商品を販売する人たちやそれを支える人たちの人件費，企業活動を行うための土地や建物あるいは車といったものの賃借料，販売促進のための広告宣伝費さまざまな犠牲が伴います。これらの犠牲は，個別の商品販売に関係していると特定化することができません。しかし，商品販売のために活動することによって生じた犠牲であることは明らかです。そこで，その期間の売上高に貢献したと考えます。このようなやや曖昧な対応関係で，期間を媒介として収益（売上）と対応関係を持つ場合を，**期間的対応**といいます。

3　現金収支の限界とその対応

　利益は，企業の努力と成果の結果です。その努力と成果を示す費用と収益は，その支出および収入に基づいて計上されるのですが，必ずしも一会計期間の中で「収入＝収益」「支出＝費用」というわけではありません。また，「利益＝現金収支」というわけでもありません。

　たとえば，通常は20百万円の営業支出（努力）によって35百万円の営業収

入（成果）が得られるとして，考えてみましょう。このとき，通常15百万円の現金収支となります。では，土地と建物（40百万円）を購入した場合，どうなるでしょう。通常の営業収入と支出の差額の他に，土地と建物の購入代金が支出されるため，現金収支は△25百万円となります。また，30百万円の借入をしたとしましょう。通常の営業収入と支出に加えて，借入れた資金30百万円の収入が生じるため，現金収支は45百万円となります。これらの現金収支，△25百万円や45百万円は，企業の努力と成果の結果と言えるでしょうか。土地や建物の購入，資金の借入は，たしかに企業活動を行うのに必要となるでしょう。しかし，それによる収入や支出は，少なくともそれを行った会計期間の努力と成果であるとは言い切れません。つまり，現金収支では，当該会計期間におこなった企業の努力と成果を適切には示すことができないのです。

そこで，適正な期間損益計算を行うため，いくつかの工夫が必要となります。<u>すべての費用および収益は，その発生した期間に正しく割り当てられるよう処理する</u>ことになり，とくに，会計期間の定まった**収益**に対応させる**費用**への工夫が重要です。

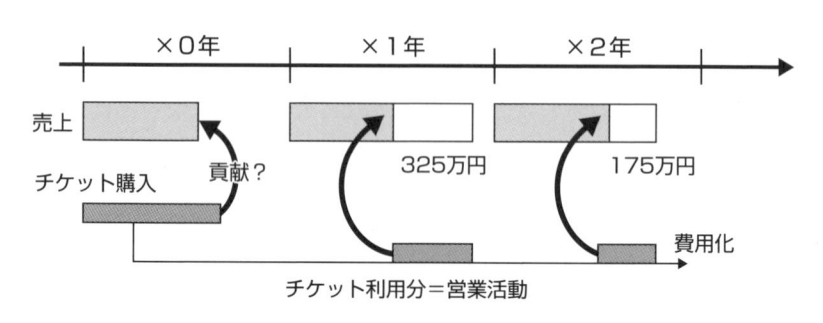

利用してこそ　売上に貢献！

例として，×0年に営業活動用として使用期限無期限の電車チケット100万円分を購入したとします。そして，×1年に65万円分を使用して325万円の売上を獲得し，×2年に35万円分を使用して175万円の売上を獲得したとします。このチケット100万円の購入支出は，成果を生み出すための犠牲で

す。しかし，チケットの購入という行為はその期間の売上に直接貢献しません。チケットの効果が出たのは325万円の売上を獲得した×1年と175万円の売上を獲得した×2年です。チケットは，営業活動を行うために必要なものですが，チケットを使用して営業活動をしてこそ初めて売上に貢献するのです。つまり，チケット購入という犠牲（支出）は×0年の売上に対応しているわけではなく，購入したチケットを使用した×1年と×2年の売上に対応しています。犠牲となった額（支出額）は費用となる金額の総額を確定し，費消したときに合理的に算定される金額を費用としてその期間の売上に対応させるのです。この場合は，購入額100万円がチケットに係わる費用の総額，×1年は使用した65万円が，×2年は使用した35万円が費用として割り当てられます。

費用は，その支出に基づき，その発生した期間に正しく割り当てられるように処理されます。つまり，費用は**発生主義**で認識します。このように支出を各期間に合理的に割り当てていくことは，適正な損益計算において不可欠であり，このような工夫を**費用配分の原則**とよびます。

この他に，適正な損益計算のために行われる費用の期間帰属に関する工夫があります。以下では代表的な3つの工夫を紹介します。

4 減価償却

さきほどのチケット購入の例を少し変えてみましょう。×0年に営業活動用として使用期限無期限の電車チケット100万円分を購入したとします。そして，×1年に45万円分を，×2年に35万円分を，×3年に20万円分を使用したとします。とすると，×1年の費用は45万円となり，年度末のチケットの残高（利用可能額）は55万円となります。そして，×2年の費用は35万円で年度末残高は20万円，×3年の費用は20万円で年度末残高は0円になります。

チケットの場合，各期の配分される額は利用度に応じて決定されます。そして，使い終われば当然残高は0円となります。

では，車両の場合はどうでしょうか。同じように×0年に100万円の車両を購入したとします。そして，この車両を×1年から×3年まで使用し，それ以後使えなくなったとしましょう。×0年に車両購入代金100万円全額が費用になるわけではないのは，チケットの場合と同じです。

　ところが，使い終わったとき，車両はチケットと違い，物理的に車両が残るために残高が0円になるわけではありません。いわゆるスクラップバリューです。スクラップバリューは，<u>売却（予定）価額から廃棄費用を除いた金額</u>になります。これを**残存価額**と呼びます。

　車両の残存価額を仮に1万円としましょう。とすると，100万円（支出額）で購入した車両が1万円（収入額）になるわけですから，正味の支出額は99万円（100万円－1万円）です。この99万円が売上獲得のために犠牲になった（あるいは貢献した）金額と考えられます。そして，99万円をチケットの場合と同様，×1年から×3年まで費用として合理的に配分すればよいということになります。

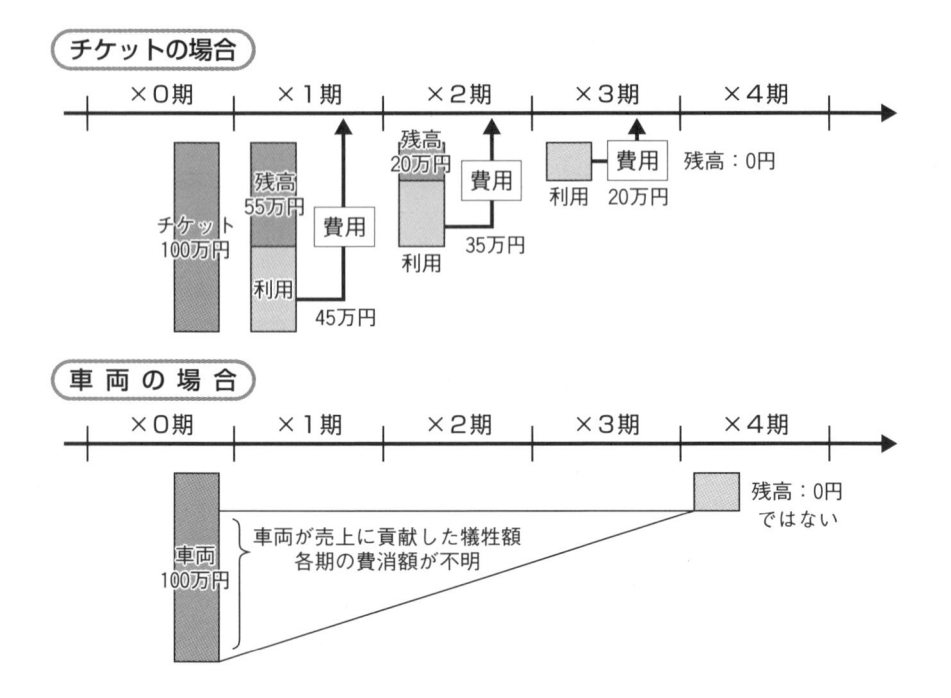

〔チケットの場合〕

〔車両の場合〕

車両には，チケットの場合と異なる点が，もう一つあります。チケットは各期間で利用した金額が明確です。利用した金額を費用として割り当てればよいわけです。しかし，車両の場合，99万円の内各期間でいくら分を利用したかわかりませんので，利用金額で割り当てるわけにいきません。そこで，利用期間（**耐用年数**）の間，計画的，規則的に一定の方法に従って配分することになります。これを**減価償却**と呼びます。

つまり，減価償却は，資産の取得時に残存価額や耐用年数を予測し，耐用年数の期間にわたって，正味の支出額（取得価額 − 残存価額）を，計画的規則的に一定の方法に従って，費用として配分していくことをいいます。ただし，残存価額や耐用年数は予測であるため，予測誤差が生じることがあります。

5 引 当 金

×1年，×2年ともに，135万円の費用を投じて，150万円の売上を獲得したとします。ただし，×1年は，優良顧客に70万円，一般顧客に50万円，要注意顧客に30万円の掛け販売の売上合計として150万円の売上，×2年は優良顧客に75万円の掛け販売，一般顧客に60万円の掛け販売，現金販売で15万円の売上合計として150万円の売上とします。×2年には要注意顧客への掛け販売をやめ，優良顧客と一般顧客への販売を増やし，残りを現金販売に切り替えています。販売先は異なりますが，どちらの年も利益は15万円（150万円 − 135万円）です。

さて，ここで×1年に行った掛け販売のうち，要注意顧客への掛け販売の30万円の中で15万円が，×2年において回収できなかったとします。そのため，×2年に損失（貸倒損失）15万円が発生します。そして，×2年の利益は0円（売上高150万円 − 費用135万円 − 貸倒損失15万円）となります。結果として，×1年の利益は15万円，×2年の利益は0円です。×2年の利益が0円となってしまった原因は，要注意顧客に30万円の掛け販売を×1年に行ってしまったことにあります。×1年と×2年で責任者が異なるならば，×2年の責任者は×1年の責任者による無謀な販売（要注意顧客への掛け販売

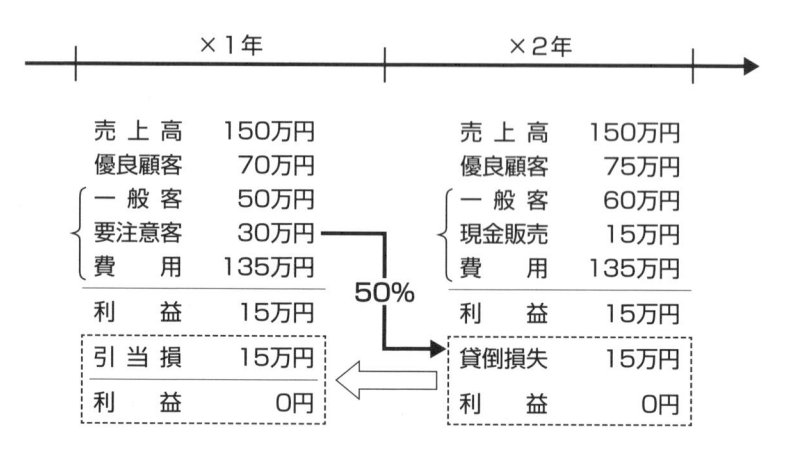

```
        ×1年              ×2年
────────┼─────────────────┼────────→
    売 上 高   150万円      売 上 高   150万円
    優良顧客    70万円      優良顧客    75万円
   ┌一 般 客    50万円     ┌一 般 客    60万円
   │要注意客    30万円     │現金販売    15万円
   │費   用   135万円      費   用   135万円
    利   益    15万円      利   益    15万円
    ┌─────────────┐      ┌─────────────┐
    │引 当 損   15万円│ ⇐  │貸倒損失    15万円│
    │利   益     0円│ 50% │利   益      0円│
    └─────────────┘      └─────────────┘
```

30万円）のおかげで，自分の責任となる×2年の利益が0円となってしまい，納得のいかない結果となります。つまり，×1年の販売活動の影響が×2年に出てしまい，×2年の販売活動の結果である利益が適正に表示されてないことになります。

もし，損益計算を再計算することができ，×1年の利益が0円，×2年の利益が15万円となるならば，それぞれの会計期間の努力と成果が適正に示されるわけです。しかし，会計では遡って過去の損益計算をやり直すということは，原則的に行いません。その結果，各年度の損益計算が適切に行われないままとなります。

そこで，再計算と同様の結果とするために，×1年に損失を予測して損益計算に反映させます。つまり，×1年に要注意顧客への売上のうち50％が回収できないと予測して，あらかじめ×1年に貸倒損失を計上しておきます。このような行為を費用・損失の引当てといいます。

具体的には，将来の特定の費用または損失（×2年に生じるであろう貸倒れ）が，当期以前の事象に起因（×1年の販売を原因と）し，その発生の可能性が高く，金額を合理的に見積もる（要注意顧客への掛け販売のうち50％）ことが可能であるならば，その費用や損失を見積もり計上し，それを**引当損（引当金繰入）**とします。このように見積もりで計上すると，その事象（貸倒れ）が発生する前ですから，引き当てた残高を**引当金**として留保しておく

ことになります。

　会計では，引当金によって，将来の費用や損失を計算し，それによって適正な損益計算を確保しています。

6　繰延資産・繰延費用

　×０年に×１年発売の新製品用の広告宣伝をして代金を支払ったとします。そして，新製品は×１年と×２年に販売されたとしましょう。代金の支払いを済ませた上，広告宣伝をすでに行っているわけですから，広告宣伝による支出は広告宣伝を行った会計期間（×０年）の費用と考えるのが通常です。しかし，この広告宣伝は×１年と×２年に販売された製品のための広告宣伝です。つまり，広告宣伝による間接効果（社名や製品名が有名になることで他の製品も売れる効果）を除けば，×０年に行った広告宣伝は，×１年や×２年の売上（成果）のための犠牲であり，×０年の売上に何ら貢献していないはずです。とすると，×０年の売上（成果）とこの広告宣伝（犠牲）は対応していないことになります。そのため，広告宣伝による支出を広告宣伝が行われた会計期間（×０年）の費用として計上すると，努力・犠牲と成果が対応した適正な損益計算が行われません。むしろ，×１年と×２年に費用を付け替えた方が売上と対応します。

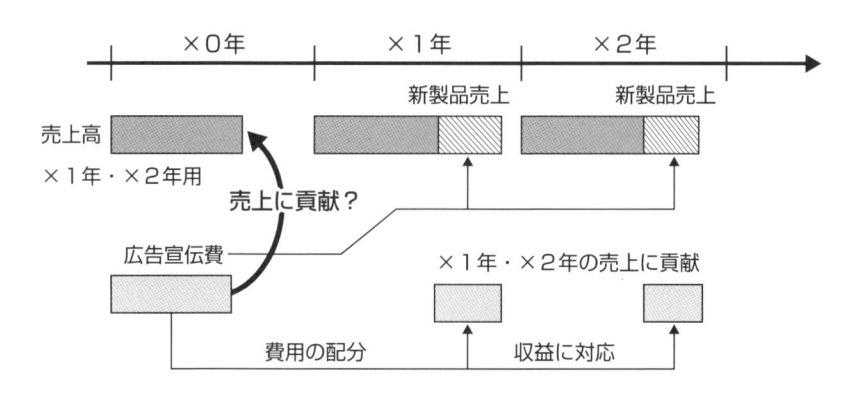

　よって，すでに代価の支払が完了し又は支払義務が確定し，これに対応す

る役務の提供を受けたにもかかわらず，その効果が将来にわたって発現されると期待される費用（将来の期間に影響する特定の費用）は，次期以後の期間に配分して処理することができます。このような処理をするために，経過的に資産として取り扱う場合の資産を**繰延資産**（繰延費用）といいます。繰り延べられた費用は，**減価償却**と同様に，効果が生じる期間に合理的に配分されます。

7 正常営業循環

　企業は，その活動のために資金を調達し，それを有効に使う努力をしています。企業は，資金を使いながらヒト・モノ・カネと情報を入手します。そして，それらを提供する財・サービスにこれらを転化し，財・サービスを販売しています。販売の結果，再び企業に資金が戻ってきます。このような一連の流れを，営業循環といいます。そして，平均的な営業循環の時間を，**正常営業循環期間**と呼びます。

　会計では，正常営業循環期間にあるものは，その動きが比較的頻繁であるため「流動」と呼び，逆に正常営業循環期間にないものは，長期に利用され，その動きが比較的固定的であるため「固定」と呼びます。具体的には，現金預金，取引先との通常の商取引によって生じた受取手形や売掛金，商品，製品，原材料，半製品，仕掛品などが**流動資産**となり，取引先との通常の商取引によって生じた支払手形や買掛金などが**流動負債**となります。また，建物，機械装置，子会社株式などが**固定資産**となり，社債や長期借入金などの長期債務が**固定負債**となります。このように正常営業循環期間によって，流動と固定の分類をする基準を，**正常営業循環基準**と呼びます。

　しかし，資産や負債には，正常営業循環基準になじまないものもあり，すべてが正常営業循環基準で分類できるわけではありません。たとえば，長期間の契約で借りている借入金（正常営業循環基準で固定負債）が，その返済の期日が間近に迫っているならば，企業にとっては短期的に支払義務が発生していることになります。そのとき，固定負債として返済期日が差し迫って

いないかのように示すことは，現実を適切に表現しないことになります。ですから，このような場合は流動負債とした方が誤解はありません。

　そこで，決算日（貸借対照表日）の翌日から1年以内に支払いが発生するかまたは資金が回収されるかという基準が追加されています。これを**一年基準**あるいは**ワン・イヤー・ルール**と呼びます。具体的には，1年以内に換金しうる資産を流動資産，1年以内に返済しなければならない負債を流動負債，逆に資金回収に1年を超えて期間を要する資産を固定資産，返済期限が1年を超えている負債を固定負債と呼びます。つまり，流動と固定の分類では，まず，企業活動の営業循環過程を重視して，正常営業循環基準が適用され，その次に，企業の支払能力を明確にするために，一年基準（ワン・イヤー・ルール）が適用されます。

　以上をまとめると，努力と成果の関係からは，利益は現金の支出や収入を基礎に，努力（犠牲）と成果（対価）が対応するように計算されます。そのため，**費用収益対応の原則**が重要です。そして，費用と収益を対応させるために二つの関係，**個別的対応**と**期間的対応**があります。また，対応のさせ方として**費用配分の原則**があります。そして，適正な**期間損益計算**のために，減価償却，引当金，繰延資産といった工夫がなされます。これらを**発生主義会計**といいます。また，その活動を明確にするため，流動固定の分類がなされています。

第3節 投資とその成果

1 投下された資本の行方

　私たちがモノを購入したとき，購入した後もそのモノの値段を気にすることがあります。自分が買った値段が他で売っている値段より安ければ得をしたと感じるでしょう。また，自分の買ったモノがしばらくして安くなっていれば残念に思います。あるいはプレミアがついていれば，それを売ってしまおうと考えるかもしれません。私たちは，何かの値段を基準に様々な値段を見て，得をしたとか損をしたと感じ，売買を判断します。では，モノの値段はどのように測定するのかを考えてみましょう。

　たとえば，50万円で購入した時計が，再び購入しようとすると55万円かかったり，中古で販売すると35万円であったり，プレミアが付いて80万円で購入したいという人が出てきたり，といろいろな値段が付きます。また，自分がその時計をしていると，とてもいい気分になったりすることもあります。これらはすべてモノの値段を測定しているわけです。モノの値段を測定するには，大きく分けて3つの方法があります。ひとつめは，そのモノを手に入れるときに出ていく（あるいは出ていった）お金で測定する方法です。ここでは，購入時の50万円や再び購入するときの55万円がこれにあたります。ふたつめは，そのモノを手放すときに入ってくるお金で測定する方法です。ここでは，中古として販売するときの35万円やプレミア付きで売却するときの80万円がこれにあたります。そしてみっつめは，そのモノを持っている人の気分（効用や満足度）で測定する方法です。これは技術的には可能であると考えられますが，測定方法は様々であまり明確ではありませんし，あまり現実的ではないかもしれません。

　会計では，出ていった（出ていく）お金や入ってくるお金で測定します。特に，購入時に支払ったお金で測定した値段を**原価**あるいは**取得原価**といい

第1章 財務会計

ます。また，今売ったとして，あるいは今再び購入しようとして，市場でついている値段を**時価**といいます。原価は過去の事実に基づきますから，値段は変わりませんが，時価はそのときどきの市場で決定しますので，値段が時々刻々変わっていきます。

そこで，値段が変わっていく場合を考えてみましょう。今，あなたが5つの株式を持っているとします。その内訳（括弧内は購入価額）は，A社株式（300千円），B社株式（400千円），C社株式（800千円），D社株式（500千円），E社株式（600千円）です。保有したまま一年が経ち，それぞれの価額（括弧内は変化額）は，500千円（＋200千円），450千円（＋50千円），550千円（△250千円），200千円（△300千円），700千円（＋100千円），合計2,400千円（△200千円）です。あなたは現在いくらの儲けと感じるでしょうか。

	購入時	現在	変化
A社株式	300千円	500千円	＋200千円
B社株式	400千円	450千円	＋50千円
C社株式	800千円	550千円	△250千円
D社株式	500千円	200千円	△300千円
E社株式	600千円	700千円	＋100千円
合　計	2,600千円	2,400千円	△200千円

まだ，一つも株式を売っていないので，儲けは0円と答える人もいるでしょう。また，時価総額が200千円減っているので，20万円の損失と答える人もいるでしょう。あるいは，損切りをするつもりの人や損が出ている銘柄だけを気にしている人は55万円の損失と答えるでしょう。そして，上昇した銘柄だけを売却する（損が出ている銘柄は塩漬けする）つもり人は35万円の利益と答えるでしょう。いずれも実際の売却ではなく評価によって生じる損失や利益ですから，これを**評価損益**といいます。そして，0円と答えた人は，会計いう**原価法**で測定している人です。たとえ時価が変化していても，実際に売却するまで利益でも損失でもないわけですから，原価で測定していることになります。また，20万円の損失と答えた人は，会計でいう**時価法**で測定している人です。あるいは，55万円の損失と答えた人は，会計でいう**低価法**

で測定している人です。基本的に売却はしていないので損失も利益もないのですが，損失だけは先に認識しておこうという考え方です。最後に，35万円の利益と答えた人は，現在の会計が持つ測定方法とは異なる考え方です。ただし，原価法で考える人が実際に利益の出ている銘柄だけを売却すれば，35万円の評価益ではなく実現した利益になります。

　さてここで，企業の活動という観点から，この時価の変化について考えてみましょう。企業は営利目的で存在しています。そのため，可能な限り利益を追求しています。このような活動の中で現金はどうでしょうか。現金は支払いのためには必要不可欠です。だからといって，多くの現金をいつも手許に置いておいても，現金はいつまで経ってもそれ自体が増えていくことはありません。ですから，企業はできるだけ多くのお金を手許においておこうとはしません。つまり，現金が必要になるまで預金や有価証券などの現金以外の形態で保有しようとします。そして，必要になったらすぐに現金に戻すのです。つまり，このような意図で保有する有価証券などの時価の変化は，即，現金保有量の増減につながってくるのです。

　たとえば，現金50万円と現金の代替物として有価証券（100万円で購入）を保有していた場合，現金が必要となればその有価証券をすぐ売却して現金に戻します。その時価が120万円ならば，売却後の現金保有量は170万円となります。そして，取得価額（100万円）と売却価額（120万円）の差額20万円は利益です。しかし，売却しなくても時価が120万円になっていたのならば，短期間ですぐに用意できる現金保有量は，現金50万円と有価証券120万円の合計170万円ということになり，現金保有量が20万円増加したことになります。このような目的で保有する有価証券を，**売買目的有価証券**と呼び，売買目的有価証券の時価変化による利益（損失）は皮算用でなく，実際の利益（損失）とされます。

　一方，現金の代わりとして保有せず，すぐに売買するつもりもなく保有する有価証券もあります。このような有価証券は，満期まで保有したり，他の会社を支配したりする目的で保有され，**満期保有目的の債券**，**子会社株式**などと呼ばれます。

2 投資のポジションと成果

　企業は，投下したキャッシュ（資金）以上に，将来にキャッシュとしてのリターン（見返り）があることを期待して活動しています。そのため，企業のすべての活動を，利益獲得のための投資活動であると考えることもできます。投資先は，ヒトであったり，モノであったり，あるいは情報であったりします。また，利殖目的であれ支配目的であれ，株式に資金を投下すると株式投資となりますし，今後の商品を開発するために資金を投下すると研究開発投資になります。そして，あるプロジェクトを開始するための投資は新規事業投資となります。

　これらの投資によって，企業は投資以上のリターンが得られる状態を作り出します。たとえば新規事業投資を行えば，具体的には工場や営業所を取得することになりますし，市場調査や商品開発を行い，実際に販売する商品などを入手することになります。また，必要な人材を雇い入れ，そのための教育・研修も施します。そして，新規事業への投資によって，将来のキャッシュ獲得へとつながります。このような状態は，将来においてキャッシュを獲得できる状態という点で，企業にとってはプラスの状態であり，プラスの財産を持っていることになります。

　一方で，企業は，このような投資活動のために，利息や配当といったなんらかの対価を支払って，資金を調達することもあります。あるいは，様々な投資活動の中で，必要な活動のために，キャッシュの支払いをしなければならないこともあります。その中には，今は支払う必要がなくても，将来において支払いをしなければならいものもあります。たとえば新規事業投資の中で，工場取得のために借入や株式発行を行うかもしれません。借入であれば，利息を支払わなければなりませんし，時期が来れば元本も返済しなければなりません。株式発行であれば，それに見合うだけの配当もしなければなりません。また，資金事業投資の中で新商品を取得すれば，その購入対価の支払いも必要となります。さらに，その新商品の販売契約を締結すれば，その商品の引渡義務も生じます。こうした事象は，投資活動に伴うキャッシュの流

出となります。つまり，将来においてキャッシュを手放す状態であるという点から，企業にとってはマイナスの状態であり，マイナスの財産を持っていることになります。

結果として，企業はプラスの財産とマイナスの財産を持つことになります。プラスの財産とマイナスの財産のバランスあるいはその状態のことを，**投資のポジション**といいます。また，プラスの財産とマイナスの財産とを相殺すると，正味の財産あるいは純財産となるわけですが，企業は投資活動を通じて，純財産を増加させていくのです。つまり，純財産の変化は投資活動の結果であり，**投資の成果**ということになります。この投資の成果が，企業の利益であったり損失であったりするわけです。

そして，会計では，プラスの財産を**資産**と呼び，マイナスの財産を**負債**と呼びます。会計では同様に，資産から負債を控除して残った分を**純資産**と呼びます。厳密には，資産は，<u>過去の取引または事象の結果として，報告主体が支配している経済的資源，またはその同等物</u>と定義され，負債は，<u>過去の取引または事象の結果として，報告主体が支配している経済的資源を放棄もしくは引き渡す義務，またはその同等物</u>と定義されます。そして，支配とは，所有権の有無にかかわらず，報告主体が経済的資源を利用し，そこから生み出される便益を享受できる状態をいい，経済的資源とは，キャッシュの獲得に貢献する便益の集合体をいいます。要するに，資産とは，企業が過去に行った投資活動によって，企業が将来においてキャッシュを獲得できる状態もしくは便益の総称のことを指します。そして，負債は，資産とは逆に，キャッシュそのものかキャッシュを獲得できる状態を失う状態の総称です。

3 二種類の投資と資産評価

企業の活動をすべて投資活動であると考えることもできるわけですが，企業が行う投資には，大きく分けて二種類あります。一つは，工場を設置する，新製品のための研究開発を行う，子会社を購入する，といった事業への投資です。このような投資は，企業が本来の目的である事業活動を遂行する上で

必要な投資です。一方，もう一つは，株式の購入や投資信託といった投資で，余剰資金からも利殖を得るための金融資産等への一時的な投資です。

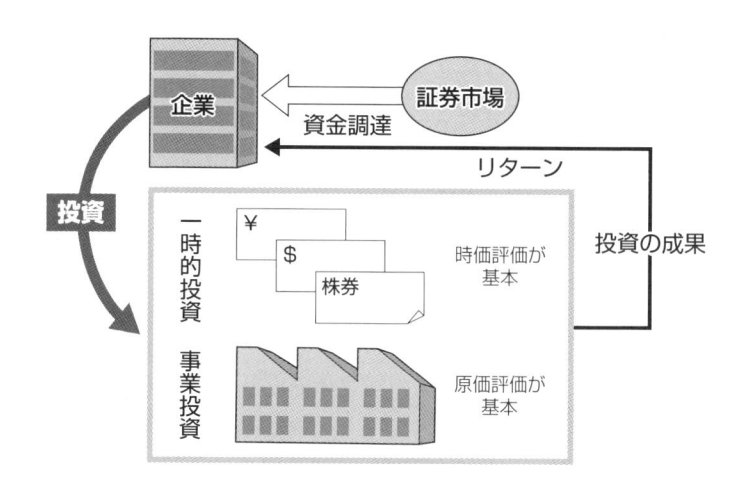

```
       ┌─────┐           ┌─────┐
       │企業 │◀──────────│証券市場│
       │     │  資金調達  └─────┘
       └─────┘                   ▲
          │    リターン          │
       投資│                 投資の成果
          ▼   ┌─────────────────┐
              │ 一  ¥  $  株券   時価評価が│
              │ 時               基本    │
              │ 的               │
              │ 投               │
              │ 資  ┌──────┐    │
              │ 事  │ 工場 │ 原価評価が│
              │ 業  │      │ 基本    │
              │ 投  └──────┘    │
              │ 資               │
              └─────────────────┘
```

　どちらの投資も共通して，投資に対するリターン（利益もしくは利殖）の獲得という目的があります。つまり，その投資によっていくらのキャッシュが企業に流入するかが，企業にとっては重要になります。**事業投資**では，そのほとんどの投資が長期スパンで判断されます。たとえば，ある街に販売用店舗の出店を検討するとしましょう。店舗を賃貸にするか自社取得するかの問題はありますが，とりあえず自社取得することとします。この場合，土地や建物等の購入に要する資金が投資額となり，その販売用店舗が商品を販売して獲得するキャッシュが投資のリターンとなります。この投資額を上回るリターン（キャッシュ・イン・フロー）が予測された時に出店計画が実施に移されます。ですから，事業投資を行う場合，投資時には必ず投資額以上に将来のキャッシュ・イン・フロー合計が予測されています。そして，長い期間をかけて，予測したリターンが実現していきながら投資額が回収されます。つまり，当初の計画では投資額以上のリターンが見積もられているわけですから，長期間で回収されるリターンよりも，調達した資金のうちどれだけが犠牲になっているのか，いくらの投資を行ったのかが重要となります。そのため，会計ではこのような投資に基づく資産は，**取得原価**を基礎として評価

します。しかし，計画どおりに現実が動かない場合もあります。単純に投資計画が甘かったことが原因となる他，市場が変化したり新技術が開発されたりして商品の売れ行きが変わったなど，計画時点では予測していなかったことが生じたために，当初の計画と実際に回収されているリターンが異なることがあります。これは，投資時とは投資のポジションが変化してしまった状態となります。特に，当初の予測と異なって，投資額以上のリターンを見込めなくなってしまった場合，いくら投資したのかだけではなく，その投資によっていくら回収できるのか，その投資の失敗をどれだけ挽回できるのかが重要となります。そこで，会計ではこのような事態になってしまった投資による資産は，将来のキャッシュ・イン・フロー合計を基礎として評価（**減損評価**）します。このことは，長期間の回収を前提とした固定資産だけでなく，棚卸資産でも同様に扱われます。すなわち，棚卸資産への投資（取得）は，通常は取得原価で評価しますが，仕入れ値以下（原価割れ）となるような棚卸資産は，将来のキャッシュ・イン・フローの近似値である時価で評価します。

　一方，金融資産等への一時的な投資では，事業投資と異なり，余剰資金を現金のままで手許においておくことを避けるための投資です。逆に言うならば，現金が必要となればすぐにその投資をやめて現金に戻すための投資です。すでに説明していますが，このような投資は常にいくらで換金できるかが重要となります。また，このような投資の対象はその性格上，常に市場が開いている（いつでも売買できる）ものとなります。そのため，会計では，投資対象が有価証券であろうと棚卸資産であろうと，このような投資による資産の評価は，換金額（キャッシュ・イン・フローの額）であり，市場で付けられている時価を基礎とします。

4 リスクからの解放

　常に，投資にはリスクがつきまといます。どれだけ確実に投資以上のリターンが見込まれていようとも，そこには必ずリスクがあります。しかし同様

に，投資には抱えていたリスクが消滅する時が必ずやって来ます。これを**リスクからの解放**と呼び，会計では，投資目的に照らして不可逆的な成果が得られた状態と説明されます。そして，投資の成果のうち，リスクから解放された分を収益や利益として認識するのです。

事業投資は，事業用資産を取得しそれを活用することで，企業が直面している市場に財・サービスを提供し，そこから対価（リターン）を得るという投資です。ですから，実際に対価であるキャッシュ（現金および現金同等物）を受け取ったとき，リスクから解放されたことになります。リスクから解放された分は**収益**または**利益**として，会計上は認識されます。また，事業投資のリスクは，対価を得ることで長時間かけてゆっくりと消滅していくため，その間に投資時点とは異なる経営環境になることもあり，投資のポジションの変化とともに投資した資産の評価が変化することがあります。このとき，取得原価を基礎とした評価額との差額である資産評価差額が発生します。この資産評価額もリスクから解放されたものであれば，同様に損益として認識しますし，リスクから解放されていないものは損益とはせずに評価換算差額として扱います。

一方，余剰資金を利用した一時的な投資は，そもそも一種の現金の保有形態であり，利殖目的の投資とはいえ現金が必要となればいつでも換金される投資です。そのため，このタイプの投資対象の時価等の変化は，すぐさまその企業の現金保有量の変化と近似することになります。つまり，このような投資は，余剰資金の一時的な投資ですから，投資対象の時価等の変化による投資のポジションの変化は，投資の成果ということになるだけでなく，高い換金性をもつものが投資対象であり，必要に応じて瞬時に現金に引き戻される投資ですから，投資対象の時価総額は現金保有量とほぼ等しいという限りにおいて，最初からリスクから解放されていることになります。したがって，このような投資対象の資産評価差額は，会計では損益と認識します。

第4節 成果の二重構造

　企業活動には，二つの見方があり，それに伴って成果の考え方が二種類あります。ひとつは，「努力と成果」という考え方であり，企業は市場に受け入れられるように財・サービスを提供する努力を行い，その結果として財・サービスが売れ，対価という成果を獲得しているという考え方です。そして，もう一つは，「投資とその成果」という考え方であり，企業は利益獲得のために様々な投資活動を行い，その結果として投資のリターンという成果を獲得しているという考え方です。会計では，この異なる二種類の成果を同時に取り扱っています。そのため，一見すると複雑で理解しづらい体系になっています。詳細はすでに述べたとおりですが，体系を理解するために，会計の中で二重構造化した成果を俯瞰してみましょう。

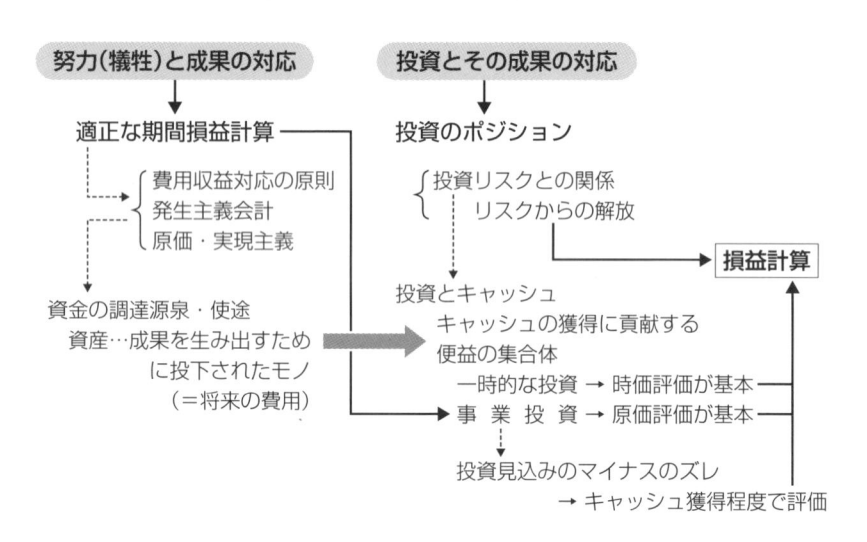

```
努力(犠牲)と成果の対応          投資とその成果の対応
        ↓                            ↓
適正な期間損益計算 ─────── 投資のポジション
    │  費用収益対応の原則      { 投資リスクとの関係
    │  発生主義会計                リスクからの解放
    │  原価・実現主義                                        ┌─────┐
    │                                                        │損益計算│
    │                                                        └─────┘
    │                          投資とキャッシュ                   ↑
    資金の調達源泉・使途      キャッシュの獲得に貢献する
    資産…成果を生み出すため    便益の集合体
      に投下されたモノ           一時的な投資 → 時価評価が基本 ──
      (＝将来の費用)    ──→  事 業 投 資 → 原価評価が基本 ──
                                投資見込みのマイナスのズレ
                                 → キャッシュ獲得程度で評価
```

　まず，「努力と成果」から損益を計算する部分です。ここでは，努力（払った犠牲）と成果が対応していなければなりません。そのため，損益計算でも，努力（払った犠牲）を示す費用とその成果である収益が対応させ，適正

な**期間損益計算**が要求されます。そこで重要となる考え方が，費用収益対応の原則となります。そして，それを支えるのが発生主義，原価・実現主義，費用配分の原則となるのです。その結果として，貸借対照表は，資金の調達源泉とその使途を示し，資産は使途を表現するために，成果を生み出すために投下された資金で評価され，将来の費用を示します。

　一方，「投資とその成果」から損益を計算する部分です。ここでは，リスクを伴う投資行動とそこから得られるリターンが対応していなければなりません。そのため，損益計算では，投資リスクとの関係から，**リスクからの解放**によって損益が判断されます。また，投資がどのような状態となっているかが明確にならなければなりません。そのため，貸借対照表は，**投資のポジション**を示している必要があります。つまり，投資とキャッシュの関係が重視され，資産はキャッシュの獲得に貢献する便益の集合体として表現され，負債はキャッシュ獲得活動に伴って発生するキャッシュの支払義務として表現されるのです。

　この二つの考え方は，投資活動の種類によって異なる形態で会計に組み込まれています。金融商品などへの一時的な投資活動では，短期的な活動であるために，現在の投資状態が重視され時価評価が基本となります。また，企業本来の活動である事業投資では，投資段階で投下された資金以上のリターンが見込まれているために，投下された資金が重視され，同時に努力と成果を表現できるように原価評価が基本となります。ただし，投資段階と異なる状況となり，投下された資金以上にリターンを見込むことができない場合は，投下された資金よりも回収されるキャッシュの方が重要となるため，時価を中心としたキャッシュ・イン・フロー合計での評価が基本となります。極端な表現をすると，一時的な投資は短期的な投資とその成果が重視され，時価評価を基本とし，事業投資は長期的な努力と成果が重視され，原価評価が基本となります。そして，一時的な投資では，時価の変動はそのまま損益計算に反映され，事業投資では，時価の変動はそのまま損益計算に反映されることはなく，費用と収益の対応状況が損益に反映されるのです。このようにして，会計では，二重の成果が表現されています。

第5節 会計諸基準

　財務会計では，利害関係者に対してその意思決定に有用な情報を開示することが，最大の課題です。そして，現在の企業活動が多岐で広範にわたっているため，利害関係者は不特定多数の人たちです。ですから，前述しましたが，財務会計には様々な制度（法律や基準）があります。この制度は，財務会計を理解する上で非常に重要となります。最後に，ここでは基本となる制度のいくつかを紹介します。

1　会計公準

　会計公準は，財務会計における制度ではありませんが，非常に重要ですので，最初に紹介します。

　会計公準は，会計における公準です。公準とは，広辞苑によると「公理のように自明ではないが，証明不可能な命題で，学問上または実践上，原理として承認されているもの」をいいます。そして，確認のとして，公理は，「証明不可能であるとともに，また証明を必要とせずに自明の真として承認され他の命題の前提となる根本命題」であり，原理は「ものの拠って立つ根本法則（いつでもまたどこでも，一定の条件のもとに成立するところの普遍的・必然的関係）」です。つまり，会計公準は，会計を行う上で，学問的にも実務的にも，常に成立しているとして承認された普遍的で必然的なものであり，基本的な大前提のことです。

　現代の会計において，「何が前提として存在しないといけないのか」ということを考えて，導出されたものが会計公準ですが，企業実体の公準，貨幣的評価の公準，継続企業の公準の三つが一般的に挙げられています。

　企業実体の公準は，会計として記録・計算を行うための主体が設定されている，という前提です。つまり，誰を主語として記録するかということを定

めておく必要がある，と言っているのです。たとえば，まったく無関係のあなたと私の行為を考えてみます。あなたが商品100,000円分を現金で仕入れた。（そして，後にそれをすべて150,000円で現金販売した。）私が商品350,000円で現金販売した。（それは，以前に120,000円で現金仕入れしたものである。）とします。ここでは，「あなた」を主語とした売上が150,000円で，利益が50,000円（あなたの売上150,000円－あなたの仕入100,000円）ですし，「私」を主語とした売上が350,000円で，利益が230,000円（私の売上350,000円－私の仕入120,000円）です。これを，主語を無視して，売上を500,000円（あなたの販売分150,000円＋私の販売分350,000円），利益を280,000円（あなたの利益50,000円＋私の利益230,000円）と，まったく別の二人を同時に扱うことには違和感が伴います。また，たとえの括弧の部分を無視して，売上は350,000円，利益は150,000円（私の売上350,000円－あなたの仕入100,000円）とすると，もっとおかしなことになってしまいます。ですから，会計には主体（主語）が明確に定められている必要があるのです。

　この企業実体の公準（主語の明確化）は，結果として，家計と企業会計を分離し，所有と経営が分離した現在において，企業をその所有者である株主とは切り離された一つの存在としてとらえ，会計を行っていくことを可能にします。

　貨幣的評価の公準（**貨幣的測定の公準**）は，会計として記録したり伝達したりする場合において，そのすべての測定尺度には貨幣額が利用される，という前提です。つまり，記録や伝達のために使用される言語を貨幣数値として定めておく，と言っているのです。通常，私たちが記録を行うとき，金額だけでなく，物量数値を使用したり，言葉だけで行ったります。たとえば，「本日，私は○○株式会社から売れ筋商品を24個入りのケースで100個購入した。代金480,000円の支払いは来月にすることとなっている。」となります。会計では，「売れ筋商品を2,400個掛け仕入した」ということではなく，「本日，480,000円の掛け仕入をした。」ことが必要となります。また，尺度の異なる物を取り扱う場合にも，貨幣数値で統一されることを意味します。たとえば，「本日，当社は株式会社××に，商品960リットル（192,000円）とその商品

ケース48個（24,000円）を掛け販売した。」という場合，「商品960リットルとその商品ケース48個の掛け販売」ではなく，「商品192,000円，商品ケース24,000円，合計216,000円の掛け販売」ということになります。

　継続企業の公準（会計期間の公準）は，企業は倒産することを前提として存在しているわけではなく，企業活動が永遠に続く継続企業として存在しているため，会計では人為的に一定の期間を区切り，会計期間を設ける，という前提です。つまり，企業はつぶれることなく存在し続けると仮定されるので，いつの活動結果なのか，どの時点の状態なのか，時を明確にしておく必要がある，といっているのです。企業が清算したり倒産したりすると，企業はそこで終了しますから，最終的にどれだけ利益を稼ぎどれだけ成長したかわかります。しかし，前述しましたが，そこに至るまで多くの場合かなりの時間を要しますので，途中でどのような状態になっているのかわかりませんし，存在していた期間全てのみを計算期間とすることは実際的ではありません。そして，たとえば，「売上が伸び，利益が増えた。」といったとき，それが起業間もない頃のことなのか，最近の出来事なのか，それとも終了時点のことなのかわかりません。企業が永遠に継続していくと考えている故に，途中経過が必要となり，また重要となります。

　会計が，企業の活動を認識・記録・伝達するためには，対象が活動であるので「○○をした」という動詞となりますが，その他に「誰が（主語）」「いつ（時・期間）」が不可欠であり，そしてそれを「何語（言語・測定尺度）」で行うのかが大前提となります。これが，会計公準です。

　会計公準は，この三つの他にも主張されます。記録・計算構造を確定する必要があるとする「勘定の公準」，貨幣的評価の公準から派生し，測定尺度はメートルやキログラムのように常に一定値である必要があるとする「貨幣価値一定の公準」，ここでとりあげた企業実体の公準，貨幣的評価の公準，継続企業の公準の三つを構造的公準としてまとめ，公正性の公準や有用性の公準を要請的公準として追加する場合などがあります。

2 企業会計原則・一般原則

　日本には，企業会計原則というものがあります。企業会計原則は，企業の会計諸基準を確立・維持する上で，昭和24年（最終改正昭和57年）にまず設定された制度です。そのため，そこには以下の三点が掲げられています
　1．企業会計原則は，企業会計の実務の中に慣習として発達したもののなかから，一般に公正妥当と認められたところ要約したものであって，必ずしも法令によって強制されないでも，すべての企業がその会計を処理するに当たって従わなければならない基準である。
　2．企業会計原則は，公認会計士が，公認会計士法及び証券取引法に基づき財務諸表の監査をなす場合において従わなければならない基準となる。
　3．企業会計原則は，将来において，商法，税法，物価統制令等の企業会計に関係ある諸法令が制定改廃される場合において尊重されなければならないものである。
　つまり，企業会計原則は日本の企業会計における基本的な原則として位置づけられています。
　企業会計原則は，一般原則，損益計算書原則，貸借対照表原則の三つの大きな原則から構成されています。時代の要請から，現代の会計諸基準の中には，企業会計原則の定めに優先して適用される会計基準もあります。しかし，少なくとも企業会計原則の一般原則は，現在にあっても重要な原則であり続けています。
　一般原則は，七つの原則から構成されています。この七つの原則をここでは簡単に紹介します。
　真実性の原則。「企業会計は，企業の財政状態及び経営成績に関して，真実な報告を提供するものでなければならない。」
　この原則は，企業会計における諸原則・諸基準の中で最も重要な原則です。表現は「真実な報告」ですが，当然のことながら，その作成過程においても真実なものでなければならないことも含みます。
　真実とは，本当のこと，歪曲や虚偽のないことを意味しますが，必ずしも

唯一絶対的なことを意味するわけではありません。特に，会計が事実と慣習と判断の産物と呼ばれるように，歴史的な事実は一つしかありませんが，事実に対する見方は時代の流れとともに変わり，事実に対する判断や認識もその時々の慣習や個人によって様々に変化します。そのため，その時において，虚偽・歪曲がないことが重要です。つまり，真実性の原則でいわれる真実は，相対的な真実を意味します。

正規の簿記の原則。「企業会計は，すべての取引につき，正規の簿記の原則に従って，正確な会計帳簿を作成しなければならない。」

この原則は，事象の記録が一定の要件を充たした会計記録によって担保されなければならないことをいっています。一定の要件とは，網羅性，検証可能性，秩序性です。網羅性は，記録すべき事象がすべて過不足なく記録されていることを要求しています。検証可能性は，記録が正当な証憑によって裏付けされていることを要求しています。秩序性は，記録が秩序正しくなされていることを要求しています。そして，これらの要件を充たした会計記録が，正確な会計帳簿となります。

正規の簿記の原則が遵守されてはじめて，真実な報告を行うための正しい記録がなされるのです。

資本取引・損益取引区分の原則。（**剰余金区分の原則**，**資本・利益区分の原則**。）「資本取引と損益取引とを明瞭に区別し，特に資本剰余金と利益剰余金とを混同してはならない。」

この原則は，拠出された資本（元本）とそれを原資とした活動によって得られた利益は区別し，同様に扱ってはいけないことをいっています。利益と資本を同じように扱ってしまうと，本来失ってはいけない資本までも不用意に失ってしまう危険性が生じます。また，利益の留保分（利益剰余金）を資本（剰余金）が混同されてしまうと，会計が行いうる利害調整もできなくなってしまいます。

「区分」の代わりに「区別」と表現される場合もあります。

明瞭性の原則。「企業会計は，財務諸表によって，利害関係者に対し必要な会計事実を明瞭に表示し，企業の状況に関する判断を誤らせないようにし

なければならない。」

　会計は，不特定多数となった利害関係者に，企業の状況を開示する役割を持っています。また，同時に利害調整を行う機能も持っています。そのため，この原則は，利害関係者が会計情報を見て適切に意思決定ができるように，利害関係者に会計情報を誤解なく明瞭に示さなければならないことをいっています。

　継続性の原則。「企業は，その処理の原則及び手続きを毎期継続して適用し，みだりにこれを変更してはならない。」

　会計処理の原則や手続きには，企業の実態を適切に表現できるように，同じ事象でも選択可能ないくつかの会計処理の原則や手続きが用意されている場合があります。しかし，いくら選択可能といっても，毎期異なる選択肢を選択してしまうと，そのたびに計算方法が異なってきてしまうため，財務諸表の期間比較が不可能になってしまいます。さらには，利益操作の温床となってしまいます。結果として，利害関係者がその意思決定において適切な判断ができなくなるばかりでなく，財務諸表を利用することすらできなくなります。この原則は，選択肢のある会計処理の原則や手続きは継続して適用し，このような事態が起こらないようにすることを要請しています。

　保守主義の原則。「企業の財政に不利な影響を及ぼす可能性がある場合には，これに備えて適当に健全な会計処理をしなければならない。」

　会計は，継続企業を前提としています。そのため，不注意に予測された利益を計上した結果，資本の社外流出（資本の食いつぶし）を生み，財政状態をかえって悪化させる，あるいは倒産させることは本意ではありません。この原則は，利益はなるべく控えめに見積り，損失は早めに見積もることで健全性を保持することを要請しています。もちろん，この原則は真実性の原則の範囲内で適用されます。

　単一性の原則。「株主総会提出のため，信用目的のため，租税目的のため等種々の目的のために異なる形式の財務諸表を作成する必要がある場合，それらの内容は，信頼しうる会計記録に基づいて作成されたものであって，政策の考慮のために事実の真実な表示をゆがめてはならない。」

財務諸表は，株主総会で利用されるもの，税金支払いの計算に利用されるもの，借入を行うためのもの，形式的には様々な様式で作成されます。それは，財務諸表の利用目的が異なるためです。この原則は，様式が異なる財務諸表であっても，それらは正規の簿記の原則に従ったすべて同一（単一）の会計記録に基づかなければならないことをいっています。会計は，目的適合した情報を提供する役割を持っています。だからこそ，この原則によって，様式が異なっても，同じ内容の真実な報告がなされることを担保しています。真実性の原則を，再度具体的に表現している原則ともいえます。

　以上が，企業会計原則・一般原則に示されている原則ですが，企業会計原則には注解で，もう一つ重要な原則を示していますので，紹介しておきます。

　重要性の原則。「企業会計は，定められた会計処理の方法に従って正確な計算を行うべきものであるが，企業会計が目的とするところは，企業の財務内容を明らかにし，企業の状況に関する利害関係者の判断を誤らせないようにすることから，重要性の乏しいものについては，本来の厳密な会計処理によらないで他の簡便な方法によることも正規の簿記の原則に従った処理として認められる。重要性の原則は，財務諸表の表示に関しても適用される。」（企業会計原則・注解1）

　この原則は，正規の簿記の原則や明瞭性の原則と関係があります。事実の記録や真実な報告において，財政状態や経営成績を適切に示しうる範囲においては，簡便的な処理を行ったとしても，正規の簿記の原則や明瞭性の原則を逸脱したことにはならない，というものです。

　重要性には，質的重要性と量的重要性があります。量的重要性では，金額が僅少で財務諸表全体への影響が軽微であるものは，重要性がないことになります。また，質的重要性では，金額が僅少であっても（僅少ではなくても）財務諸表の構成上重要であれば，重要であることになります。

3　概念フレームワーク

　国際的な流れとして，**概念フレームワーク**の整備が挙げられます。概念フ

レームワークには，会計諸基準の作成・解釈において必要となる，基本的な前提や概念，言葉の定義が記されています。

そのため，概念フレームワークは，会計情報の作成者や利用者に対し，共通の基盤を提供し，不要なコストを軽減するだけでなく，コミュニケーションを円滑にします。また，国際化の中で，会計基準の相違が何に起因しているかを明確にすることもできます。

そして，日本でも，基準化はされてはいませんが，概念フレームワークが存在します。ここでは，日本の概念フレームワークの構成を紹介します。(以下は，「財務会計の概念フレームワーク」(討議資料，2004年) からの抜粋です。)

財務報告の目的。投資家は不確実な将来キャッシュフローへの期待のもとに，みずからの意思で自己の資金を企業に投下する。その不確実な成果を予測して意思決定をする際，投資家は企業がどのように投資し，実際にどれだけの成果をあげるかについて情報を必要としている。経営者に開示が求められるのは，基本的にはこうした投資のポジションとその成果に関する情報である。投資家の意思決定に資するディスクロージャー制度の一環として，それらを測定して開示するのが，財務報告の目的である。

会計情報の質的特性。会計情報に求められる最も基本的な特性は，意思決定有用性である。会計情報が投資家の意思決定に有用であることは，意思決定目的に関連する情報であること，内的な整合性のある会計基準に従って作成された情報であること，および一定の水準で信頼できる情報であることに支えられている。

財務諸表の構成要素。投資のポジションと成果を表すため，貸借対照表においては資産・負債・純資産という三つの構成要素が，損益計算書においては収益・費用・純利益という三つの構成要素が開示される。また，これらに加えて包括利益という要素が開示されることもある。

構成要素の定義は，財務報告と財務諸表の役割に適合するかぎりで意味を持つのであり，そうした役割を果たさないものは，たとえ以下の各定義を充足しても，財務諸表の構成要素とはならない。

財務諸表における認識と測定。定義を充足した財務諸表の構成要素がどの

ようなタイミングで財務諸表に計上されるのか，すなわち，財務諸表の本体で各種構成要素を認識する契機は何かを，記述している。そのうえで，資産・負債・収益・費用のそれぞれについて主要な測定方法をとりあげている。

　財務諸表における認識とは，構成要素の定義を満たす諸項目を財務諸表の本体に計上することをいう。財務諸表における測定とは，財務諸表に計上される諸項目に貨幣額を割り当てることをいう。

　財務会計には，その性質上，様々な基準（制度）があります。基本的には，これらは体系的につくられていますし，趣旨もあります。会計の基本は「利益（収支）の計算」と「財産の管理」です。そして，財務会計はその基本部分を人に見せるという点が要となります。やみくもに会計諸基準を覚えるよりも，これらの点をしっかり頭において考えていくと，財務会計の世界が目の前に明確に広がっていきます。

◆練習問題

問題１　企業活動と会計との関係について，以下の設問に答えなさい
　設問①　企業の成果は，企業努力によるものだとすると，会計上重要となる原則を説明しなさい。
　設問②　企業の成果は，投資活動によるものだとすると，会計上重要となる概念を説明しなさい。
　設問③　時価評価は，上二つのいずれと適合するか，理由を含めて答えなさい。

問題２　貸倒引当金について，以下の設問について答えなさい。
　設問①　貸倒引当金の計上が，なぜ適正な損益計算につながるのか，その理由を答えなさい。
　設問②　貸倒引当金の計上が，保守主義の原則に適合する理由を答えなさい。
　　　　　　　　（関西大学会計専門職大学院2007年度入試問題より，一部加筆修正）

問題３　繰延資産について，下記の設問に答えなさい。
　設問①　繰延資産とは何か説明しなさい。
　設問②　繰延資産と車両のような固定資産との異同点を述べなさい。

(関西大学会計専門職大学院2006年度入試問題より,一部加筆修正)

問題4 期間損益計算について,以下の設問に答えなさい。
　設問① 収益・費用の認識について,説明しなさい。
　設問② 費用配分の原則について,その内容とともに必要性について説明しなさい。
　設問③ 資産が原価で評価される場合を示すとともに,その理由を述べなさい。

第2章

複式簿記

本章のねらい

　本章では，複式簿記による取引の記帳方法と財務諸表の作成方法について学習します。簿記一巡の流れは，取引を仕訳して元帳に転記し，決算を行って財務諸表を作成することで完結します。したがって，取引の仕訳が簿記一巡のスタートラインになるのですが，その仕訳には一定のルールがあります。まずは，そのルールを覚えることからはじめましょう。

　ルールを覚えたら，取引を仕訳の形で表現していきます。複式簿記による仕訳は，借方（左側）と貸方（右側）に勘定科目と金額をそれぞれ記録することで完成します。勘定科目は，取引の内容によって使い分けていく必要があります。取引の仕組みをしっかりと理解して，使うべき勘定科目を特定できるようにしましょう。

　取引を仕訳したら，期末に決算を行って財務諸表を作成します。代表的な財務諸表は，貸借対照表と損益計算書です。決算には，予備手続と本手続があります。予備手続では，試算表や精算表の作成を学習します。本手続では，帳簿の締切を学習します。取引を仕訳できても，決算することができなければ，簿記一巡の流れは完結しません。最後まで気を抜かずに，しっかりと学習しましょう。

第1節 簿記の基礎

1 簿記一巡の流れ

　簿記とは何か。これを正しく定義することは，それほど容易ではありません。さしあたり，取引を記録して財務諸表を作成する仕組みと理解しておくことにしましょう。つまり，簿記というシステムへの入口となるのが取引の記録であり，出口となるのが財務諸表の作成ということです。この入口と出口の間で様々な作業が行われます。この流れを図で示すと，次のようになります。

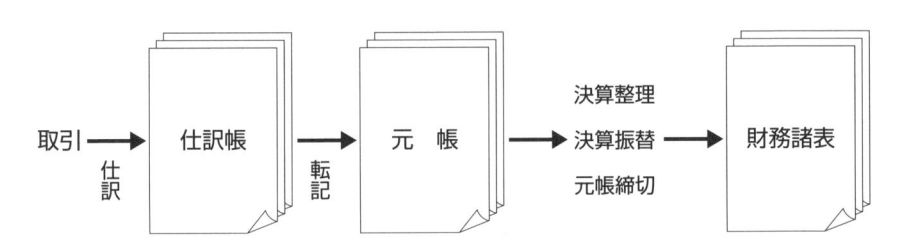

取引 → 仕訳帳 （仕訳） → 元帳 （転記） → 決算整理・決算振替・元帳締切 → 財務諸表

　まず，取引を仕訳帳に記録します。この行為を**仕訳**といいます。次に，仕訳帳に記録した内容を元帳に書き写します。この行為を**転記**といいます。その後，決算（決算整理，決算振替，元帳締切）を行って，財務諸表を作成します。仕訳帳と元帳は，財務諸表の作成に不可欠の帳簿であり，主要簿と呼ばれています。

2 財務諸表の概要

　仕訳するにしても転記するにしても，一定のルールがあります。そのルールは，最終的に作成される財務諸表を念頭においておくと，理解しやすくなります。そこで，仕訳や転記のルールを説明するに先立って，まずは財務諸

表の概要を明らかにしておくことにしましょう。

企業は，一会計期間における経済活動の結果を財務諸表にまとめて報告しなければいけません。一会計期間は，通常，4月1日から翌3月31日までの1年間で，一会計期間の開始日を期首，終了日を期末といいます。財務諸表とは，財務に関する諸々の表のことで，とりわけ貸借対照表と損益計算書は，基本財務諸表とも呼ばれています。

企業が一定時点において所有している資産，負債，純資産の有高を集めて一覧表にしたものを貸借対照表といいます。貸借対照表は，期末の財産の有高（ストック）を集計した表で，そこには企業の財政状態が示されています。それは次のような形をしています。

貸借対照表

関西商店　　　　　　平成20年3月31日

資　産	金額（円）	負債・純資産	金額（円）
現　　　　金	450,000	買　掛　金	400,000
売　掛　金	180,000	資　本　金	500,000
備　　　　品	280,000	当期純利益	10,000
	910,000		910,000

貸借対照表は，真ん中で左右に分かれています。左側には資産，右側には負債と純資産が記載されています。例えば，「現金450,000」は，平成20年3月31日現在で，現金が¥450,000あることを示しています。そして，左側の合計額と右側の合計額は必ず一致します。貸借対照表を概念的に示すと，次のようになります。

〈概念図〉　　　貸借対照表（Balance Sheet）

資　産（Asset）	負　債（Liability）
	純資産（Net Asset）

これに対して，一定期間における収益（インフロー，流入）と費用（アウトフロー，流出）を集めて一覧表にしたものを損益計算書といいます。損益計算書は，一会計期間内の財産の変動（フロー）を集計した表で，そこには

企業の経営成績が示されています。それは次のような形をしています。

損益計算書
関西商店　　平成19年4月1日から平成20年3月31日

費　　　用	金額（円）	収　　　益	金額（円）
売　上　原　価	490,000	売　　上　　高	760,000
給　　　料	260,000		
当　期　純　利　益	10,000		
	760,000		760,000

損益計算書も，真ん中で左右に分かれています。左側には費用，右側には収益が記載されています。例えば，「給料260,000」は，平成19年4月1日から平成20年3月31日までの従業員の給料が¥260,000であったことを示しています。そして，左側の合計額と右側の合計額は必ず一致します。損益計算書を概念的に示すと，次のようになります。

〈概念図〉　　損益計算書（Profit & Loss statement）

費　用（Expense）	収　益（Revenue）

まずは，この貸借対照表と損益計算書の概念図を覚えてください。簿記一巡の流れは，手続的にいえば，最終的に財務諸表を作成することを目的としていますので，仕訳のルールも転記のルールも，上の概念図のような形で貸借対照表と損益計算書ができあがるように決められています。

3　仕訳のルール

簿記には色々な種類がありますが，ここでは複式簿記を前提にして仕訳のルールを説明していきます。複式簿記とは，複式で帳簿に記録すること，つまり，一つの取引を二面的に分解して記帳することをいいます。ポイントは，「二面的に分解する」というところにありますが，**複式簿記**では，これを左側と右側に分けることで表現します。左側を「借方」，右側を「貸方」とい

い，借方は「借」，貸方は「貸」と略して表現されます。取引を二面的に分解して記録するので，貸借対照表も損益計算書も，真ん中で左右に分かれているわけです。

では，実際に仕訳をしてみましょう。例えば，銀行から現金¥1,000,000を借り入れたとします。この取引を二面的に考えてみると，一面においては¥1,000,000の借金をしたという側面，また，他面においては¥1,000,000の現金を得たという側面があります。この二面性を借方と貸方に分けて表現すると，次のような仕訳になります。

　　　　借）現　　　　金　　1,000,000　　　貸）借　入　金　　1,000,000

ここでは，次の3つの点に注意をしてください。まず第一に，借方の合計額と貸方の合計額が一致していることです。これを**貸借一致（貸借平均）の原則**といいます。

第二に，仕訳するためには，勘定科目と金額を記録しなければならないことです。この例では，「現金」と「借入金」が勘定科目で，「1,000,000」が金額を示しています。勘定科目とは，記録・計算対象の内容を示すための名称で，簿記では一定の簡潔な用語が慣習的に確立されています。主な勘定科目は，後で説明することにします。勘定科目は，その取引の内容に応じて使い分けなければいけません。

第三に，どうして「現金」を借方に記録し，「借入金」を貸方に記録したのかです。増えたら必ず借方，減ったら必ず貸方に記録するというわけではありませんし，現金と借入金を貸借逆に記録してしまうと間違いになります。この辺りが複式簿記の難しいところですが，仕組みを理解してしまえば簡単です。詳しく説明しましょう。

貸借対照表と損益計算書の概念図を見れば分かるように，すべての勘定科目は，特別なケースを除いて，資産，負債，純資産，収益，費用のいずれかに分類されます。貸借対照表では，資産は左側（借方），負債と純資産は右側（貸方）に記載されています。損益計算書では，費用は左側（借方），収益は右側（貸方）に記載されています。実は，これが仕訳のルールを示して

います。

　すなわち，資産が増加したときは借方，減少したときは貸方に記録します。負債と純資産が増加したときは貸方，減少したときは借方に記録します。費用が増加したときは借方，減少したときは貸方に記録します。収益が増加したときは貸方，減少したときは借方に記録するのです。これを要約すると，次のようになります。

仕訳ルール

（借方）			（貸方）		
資　産	↑	（増加）	資　産	↓	（減少）
負　債	↓	（減少）	負　債	↑	（増加）
純資産	↓	（減少）	純資産	↑	（増加）
費　用	↑	（発生）	費　用	↓	（取消）
収　益	↓	（取消）	収　益	↑	（実現）

＊簿記・会計上，費用の増加を「発生」，収益の増加を「実現」といい，費用と収益の減少を「取消」という。
＊「↑」と「↓」は対称的であるから，まず「↑」を覚えて，「↓」はその反対と理解すればよい。

　このように，資産，負債，純資産，収益，費用に応じて，増加と減少の振り分けが異なります。増加はすべて借方，減少はすべて貸方というわけではありませんので，この点は絶対に誤解しないでください。上述の取引は，現金（資産）が¥1,000,000増加し，同時に，借入金（負債）が¥1,000,000増加したのですから，現金を借方，借入金を貸方に記録するわけです。

　その後，この借入金を現金で返済したとしたら，次のように仕訳します。この仕訳では，借入金（負債）が¥1,000,000減少し，同時に，現金（資産）が¥1,000,000減少したことが示されています。

　　　借) 借　入　金　　1,000,000　　　貸) 現　　　　金　　1,000,000

　では，現金¥1,000,000を借り入れたときに，利息¥100,000を現金で支払ったとしたら，どうすればよいでしょうか。その場合は，次のように仕訳します。

〈仕訳例1〉
　　借）現　　　　金　　1,000,000　　　　貸）借　入　金　　1,000,000
　　借）支　払　利　息　　100,000　　　　貸）現　　　　金　　100,000

　1行目は，現金￥1,000,000を借り入れたことを示す仕訳です。2行目は，利息￥100,000を支払ったことを示す仕訳です。支払った利息を示す勘定科目は，支払利息（費用）です。支払利息という費用が発生したので，借方にそれを記録したわけです。

　仕訳例1では，現金の借入れと利息の支払いを分けて仕訳してありますが，両者をまとめて仕訳することもできます。その場合は，次のような仕訳になります。

〈仕訳例2〉
　　借）現　　　　金　　　900,000　　　　貸）借　入　金　　1,000,000
　　　　支　払　利　息　　100,000

　仕訳例1では，1行目（借入れ）によって現金が￥1,000,000増加して，2行目（利払い）によって現金が￥100,000減少したことが示されていますが，これを差し引きしてしまえば，要するに現金が￥900,000増加したわけですから，それを表現したのが仕訳例2です。仕訳例1の現金￥1,000,000（借方）と現金￥100,000（貸方）を相殺すれば，借方に現金￥900,000が残るというわけです。仕訳例1も仕訳例2も，借方の合計額と貸方の合計額は一致していることを確認してください。

4　転記のルール

　取引を仕訳帳に記録したら，仕訳で用いたすべての勘定科目について，その増減を元帳に記録していきます。これを**転記**といいます。したがって，元帳は，少なくとも勘定科目の数だけ存在することになります。すべての元帳をまとめて，総勘定元帳といいます。

　元帳は，次のような形をしています。真ん中で左右に分かれていて，「T」の字の形をしていることから，Tフォームまたは T勘定と呼ばれています。

		勘定科目				
日付	摘要	借方	日付	摘要	貸方

転記にもルールがあります。一般的なルールは次の通りです。

①仕訳帳の借方（貸方）にある勘定科目は，その元帳の借方（貸方）に転記する。
②日付，摘要，借方（貸方）の欄を記入する。
- 日付……仕訳を行った日付を記入する。
- 摘要……仕訳の相手勘定科目（反対方にある勘定科目）を記入する。相手勘定科目が2つ以上ある場合は，「諸口」と記入する。
- 借方(貸方)……転記した勘定科目の金額を記入する。

では，具体的に転記してみましょう。例えば，次のように仕訳したとします。ここでは，現金，借入金，支払利息という勘定科目を使っているので，その転記も，現金，借入金，支払利息の元帳にそれぞれ行う必要があります。転記の仕方を矢印で示してみましょう。

（4月10日）

借）現　　金　　900,000　　　貸）借　入　金　1,000,000
　　支払利息　　100,000

現　　金
4/10　借入金　　900,000

借　入　金
　　　　　　　　　　　　　4/10　諸　　口　1,000,000

支払利息
4/10　借入金　　100,000

第2章　複式簿記

　転記で注意すべきことは，金額は当該勘定科目の金額を記入するのですが，科目は相手勘定科目を記入することです。また，借入金の元帳で，相手勘定科目が「諸口」になってることにも注意してください。これは，借入金¥1,000,000の相手勘定科目が，現金¥900,000と支払利息¥100,000というように2つ以上あって，特定できないからです。

　さらに続けて，次の仕訳をしたとします。上と同じように，転記の仕方を矢印で示してみましょう。

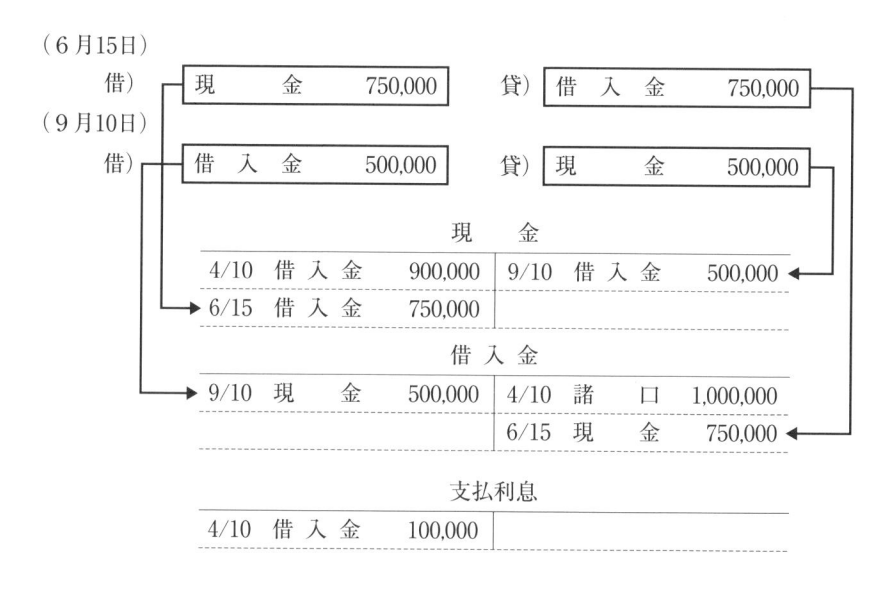

（6月15日）
借）現　　　　金　750,000　　　貸）借　入　金　750,000
（9月10日）
借）借　入　金　500,000　　　貸）現　　　　金　500,000

```
                    現         金
    4/10  借 入 金   900,000  │  9/10  借 入 金   500,000
    6/15  借 入 金   750,000  │

                    借  入  金
    9/10  現    金   500,000  │  4/10  諸    口  1,000,000
                              │  6/15  現    金    750,000

                    支 払 利 息
    4/10  借 入 金   100,000  │
```

　企業は，日々取引を行い，それを仕訳帳に記録し，元帳に転記しています。元帳への転記は日付順に上詰めで行い，空白となる行を作らないようにしてください。

5　仕訳のルールと元帳の関連性

　以上のルールで仕訳を元帳に転記していくと，元帳には一定の法則が生まれてきます。順序を逆にした説明となりますが，現金の場合，元帳の借方に転記するときは，どのような仕訳をしているでしょうか。もちろん，仕訳の

借方で現金という勘定科目を使っているはずです。では，仕訳の借方で現金を使うときは，どのような取引があったと推定できるでしょうか。現金は，資産に属する勘定科目ですから，仕訳の借方で現金を使うということは，現金が増加する取引があったと推定できます。増加の場合は，これと逆ですから，仕訳帳で貸方，元帳でも貸方に記録されることになります。

では，借入金の場合はどうでしょうか。借入金の元帳の借方に転記するときは，仕訳の借方で借入金という勘定科目を使っているはずです。借入金は，負債に属する勘定科目ですから，仕訳の借方で借入金を使うということは，借入金が減少する取引があったと推定できます。増加の場合は，これと逆ですから，仕訳帳で貸方，元帳でも貸方に記録されることになります。

このように考えてみると，勘定科目が資産，負債，純資産，収益，費用のいずれに属するのかによって，その元帳の借方と貸方で，増加と減少の記入パターンが違ってくることになります。すなわち，資産が増加したときは借方，減少したときは貸方に記録します。負債と純資産が増加したときは貸方，減少したときは借方に記録します。費用が増加したときは借方，減少したときは貸方に記録します。収益が増加したときは貸方，減少したときは借方に記録するのです。これを要約すると，次のようになります。

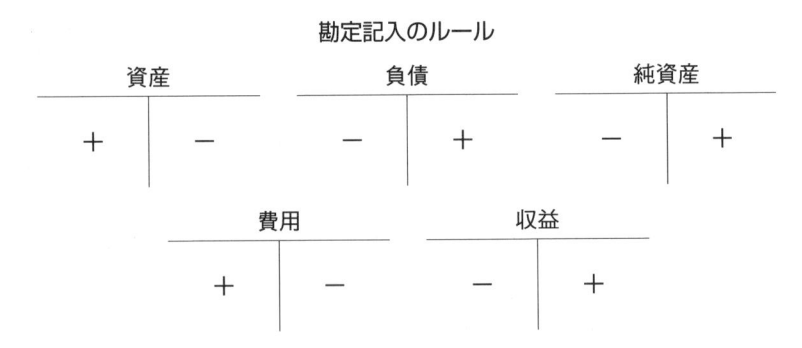

勘定記入のルール

資産		負債		純資産	
＋	－	－	＋	－	＋

費用		収益	
＋	－	－	＋

＊増加・発生・実現は「＋」，減少・取消は「－」で表記してある。
＊「＋」と「－」は対称的であるから，まず「＋」を覚えて，「－」はその反対と理解すればよい。

言うまでもなく，これは仕訳のルールと同じです。しかし，元帳の記録に係わることですから，表現を代えて，勘定記入のルールといいます。ここで

は，仕訳のルールと勘定記入のルールが相互に関連していることを知っておいてください。

6 代表的な勘定科目

　以上のように，勘定科目の属性（資産，負債，純資産，収益，費用）によって，その増減を借方に記録するのか，貸方に記録するのかは異なります。資産と費用のルールは同じで，負債と純資産と収益のルールは同じです。ですから，取引を仕訳するときには，使う勘定科目が資産，負債，純資産，収益，費用のいずれに分類されるのかを正しく覚えた上で，その取引によって当該勘定科目が増えるのか減るのかを確認して，借方と貸方に振り分けるようにするのがポイントです。以下，代表的な勘定科目を紹介しておくことにしましょう。

① 資産に属する勘定科目

現金	当座預金	受取手形	不渡手形	売掛金
貸付金	売買目的有価証券	繰越商品	貯蔵品	消耗品
未収金	立替金	前払金	仮払金	未収収益
前払費用	未決算	建物	機械	車両運搬具
備品	土地	建設仮勘定	特許権	のれん
満期保有目的債券	その他有価証券	創立費	開業費	株式交付費
社債発行費等	貸倒引当金[*]	減価償却累計額[*]		

＊貸倒引当金と減価償却累計額は，特定の資産に対するマイナス項目です。したがって，仕訳のルール・勘定記入のルールとしては，負債・純資産・収益と同じになります。
＊貸倒引当金は，債権（上例では，受取手形，不渡手形，売掛金，貸付金）に対するマイナス項目です。
＊減価償却累計額は，減価償却を行う有形固定資産（上例では，建物，機械，車両運搬具，備品）に対するマイナス項目です。

② 負債に属する勘定科目

支払手形	買掛金	借入金	社債	未払金
預り金	前受金	仮受金	未払税金	未払法人税等
未払配当金	未払費用	前受収益	退職給付引当金	修繕引当金

保証債務

③ 純資産に属する勘定科目
資本金　　　　　資本準備金　　　その他資本剰余金　利益準備金　　　任意積立金
繰越利益剰余金　有価証券評価差額金

④ 収益に属する勘定科目
売上　　　　　　未着品売上　　　積送品売上　　　試用売上　　　　割賦売上
受取手数料　　　賃貸料　　　　　有価証券売却益　有価証券評価益　保証債務取崩益
雑益　　　　　　受取利息　　　　有価証券利息　　受取配当金　　　仕入割引
固定資産売却益　社債償還益　　　保険差益　　　　貸倒引当金戻入　退職給付引当金戻入
修繕引当金戻入　償却債権取立益

⑤ 費用に属する勘定科目
仕入　　　　　　給料　　　　　　退職金　　　　　発送費　　　　　広告宣伝費
旅費交通費　　　通信費　　　　　水道光熱費　　　消耗品費　　　　修繕費
研究開発費　　　支払手数料　　　支払保険料　　　賃借料　　　　　租税公課
雑費　　　　　　棚卸減耗損　　　商品評価損　　　貸倒損失　　　　貸倒引当金繰入
退職給付費用　　修繕引当金繰入　減価償却費　　　特許権償却　　　のれん償却額
有価証券売却損　有価証券評価損　保証債務費用　　支払利息　　　　手形売却損
社債利息　　　　売上割引　　　　創立費償却　　　開業費償却　　　株式交付費償却
社債発行費等償却　固定資産売却損　固定資産除却損　社債償還損　　火災損失
法人税等

第2節 現金預金取引

1 期中取引の仕訳

　現金預金取引で使われる代表的な勘定科目は，現金勘定と当座預金勘定です。現金勘定で処理されるものは，通貨のほか，**通貨代用証券**（他人振出の小切手，送金小切手，配当金領収証，郵便為替証書，支払期日が到来した公社債の利札など）が含まれます。当座預金は，銀行預金の一種ですが，普通預金や定期預金とは異なり無利息で，その引出しには小切手を用います。小切手を作成して相手に渡すことを振出しといいます。自社が小切手を振り出したときには，当座預金勘定で処理します。ただし，他社が振り出した小切手（他人振出の小切手）を受け取った場合，その小切手は現金と同じように代金の支払手段として利用することができるので，現金勘定で処理します。

【例1】
① 　A社は，B社に対して，手数料¥50,000を小切手を振り出して支払った。
② 　手数料¥200,000を支払うにあたって，¥60,000は現金で支払い，残額は小切手を振り出した。
③ 　家賃¥100,000を現金で受け取り，直ちに当座預金に預け入れた。

【解答】

①A社	借）	支 払 手 数 料	50,000	貸）	当 座 預 金	50,000
B社	借）	現　　　　　金	50,000	貸）	受 取 手 数 料	50,000
②	借）	支 払 手 数 料	200,000	貸）	現　　　　　金	60,000
					当 座 預 金	140,000
③	借）	当 座 預 金	100,000	貸）	受 取 家 賃	100,000

　＊③は，現金の受取りと当座預金への預入れを別々に考えて，次のように仕訳することもできます。

	借）	現　　　　　金	100,000	貸）	受 取 家 賃	100,000
	借）	当 座 預 金	100,000	貸）	現　　　　　金	100,000

現金の受け払いがあった取引は，まずもって入金があったか，出金があったのかを確認し，入金があった場合は借方で現金勘定の増加，出金があった場合は貸方で現金勘定を減少を記録します。小切手の場合は，当座預金勘定で処理しますが，①のＢ社のように，他人振出の小切手を受け取ったときは，現金勘定で処理することに注意してください。

　その反対方では，色々な勘定科目が使われます。基本的には，取引の内容が分かるような勘定科目を用いるのですが，どのような取引でどのような勘定科目を使うのかは，後続の節で徐々に説明していきます。

2　期末決算の仕訳

　決算日になると，現金の実際有高と帳簿残高の照合を行います。期中に随時，この作業を行うこともありますが，いずれにせよ，現金の実際有高と帳簿残高に違いがあれば，それが判明した時点で即座に，違いを調整する仕訳を行う必要があります。

　現金の実際有高は，実際に存在している金額です。これに対して，帳簿残高は，帳簿に記録されている金額です。通常，両者は一致するはずですが，違いが生じる理由として，例えば，入金があったときに仕訳するのを忘れていたとか，あるいは，仕訳はしたけれども金額を間違えていたとか，色々なケースが考えられます。そのような場合は，帳簿残高が実際有高と一致するように調整する仕訳を行います。帳簿残高を実際有高に合わせるのは，実際に存在している金額の方が正しいからです。

　このときに使う勘定科目は，現金過不足勘定です。現金過不足勘定は，一時的な勘定科目で，資産にも負債にも属しません。不一致の事実が明らかになったときに，とりあえず，現金過不足勘定で処理しておいて原因を調査し，原因が明らかになったら現金過不足勘定を取り消して，正しい勘定科目に振り替えるように処理します。

【例２】
① 現金の実際有高と帳簿残高を確認したところ，実際有高￥80,000，帳簿残高￥100,000であることが判明した。
② 原因を調査したところ，電話代￥20,000の記帳漏れであることが明らかとなった。

【解答】
① 借）現 金 過 不 足　　20,000　　貸）現　　　　　金　　20,000
② 借）通　信　費　　　　20,000　　貸）現 金 過 不 足　　20,000

　①の仕訳によって，現金の帳簿残高￥100,000に対して￥20,000の減少が記録されるので，帳簿残高は，さしあたり実際有高￥80,000と一致することになります。その反対方は，原因調査中であることを示すため，現金過不足勘定で処理しておきます。そして，不一致の理由が明らかとなった時点で，現金過不足勘定を取り消して，正しい勘定科目に振り替えます。それが②の仕訳です。

第3節 商品売買取引

1 期中取引の仕訳

　商品売買取引で使われる代表的な勘定科目は，売上勘定，仕入勘定，売掛金勘定，買掛金勘定，受取手形勘定，支払手形勘定です。商品を販売したときは売上勘定，代金を後日受け取ることにした場合は売掛金勘定，商品を購入したときは仕入勘定，代金を後日支払うことにした場合は買掛金勘定で処理します。商品売買取引で代金の決済を後日にすることを，「代金は掛けとする」と表現します。代金の決済を後日とする場合に，約束手形や為替手形を用いることもありますが，その場合は，売掛金勘定に代えて受取手形勘定，買掛金勘定に代えて支払手形勘定で処理します。

　なお，購入の場合は，当社負担の付随費用（運賃や手数料など）を仕入勘定に含めることに注意してください。また，商品売買取引では，頻繁に「@」という記号が使われますが，これは単価という意味です。メールアドレスではありません。

【例1】
① 商品を¥100,000で仕入れ，代金は現金で支払った。
② 商品を¥100,000で仕入れ，代金は小切手を振り出して支払った。なお，運賃¥1,000（当社負担）は現金で支払った。
③ 商品を¥100,000で仕入れ，代金は小切手を振り出して支払った。なお，運賃¥1,000（先方負担）は現金で支払った。

【解答】

①	借）仕		入	100,000	貸）現		金	100,000
②	借）仕		入	101,000	貸）当	座 預	金	100,000
					現		金	1,000
③	借）仕		入	100,000	貸）当	座 預	金	100,000
	借）立	替	金	1,000	貸）現		金	1,000

商品の購入は，仕入勘定で処理します。ここでは，②と③の違いに注意してください。②の運賃は，当社負担の付随費用ですから仕入勘定に含めます。③の運賃は，先方負担のものですから，当社の付随費用ではありません。これは，当社が先方に代わって立替払いしたものであり，いずれは返済を受けるはずの債権ですから，仕入勘定には含めずに立替金勘定で処理します。

【例2】
① A社は，商品100個（@¥100）を仕入れ，代金は掛けとした。
② A社は，B社に対して，上記の商品のうち30個を@¥150で販売し，代金は掛けとした。なお，A社は，運賃¥1,000（A社負担）を現金で支払った。
③ A社は，①の代金を現金で支払った。
④ B社は，②の代金を小切手を振り出して支払った。

【解答】
①A社 借）仕　　　　入　10,000　貸）買　掛　金　10,000
②A社 借）売　掛　金　　4,500　貸）売　　　上　　4,500
　　　　　発　送　費　　1,000　　　現　　　金　　1,000
　B社 借）仕　　　　入　　4,500　貸）買　掛　金　　4,500
③A社 借）買　掛　金　10,000　貸）現　　　金　10,000
④A社 借）現　　　金　　4,500　貸）売　掛　金　　4,500
　B社 借）買　掛　金　　4,500　貸）当　座　預　金　4,500

商品の購入は仕入勘定で処理し，商品の販売は売上勘定で処理します。購入代金の決済を後日とした場合は買掛金勘定，販売代金の決済を後日とした場合は売掛金勘定で処理します。ここでは，②の運賃の処理に注意してください。A社負担で運賃が発生していますが，これはA社が運送業者に支払ったものですから，A社はこれを発送費勘定で処理します。一方，B社は，発送された商品を受け取るだけで，運賃の支払いはB社にとって関係のないことですから，これを仕入勘定に含めてはいけません。

【例3】
① A社は，B社から商品を¥10,000で仕入れる契約を結び，手付金¥4,000を現金で支払った。
② A社は，B社から商品の引き渡しを受け，代金は，すでに支払っている手付金

を差し引いて，残額を掛けとした。
【解答】
①A社 借）前 払 金 4,000 　貸）現 　 金 4,000
　B社 借）現 　 金 4,000 　貸）前 受 金 4,000
②A社 借）仕 　 入 10,000 　貸）前 払 金 4,000
　　　　　　　　　　　　　　　　買 掛 金 6,000
　B社 借）前 受 金 4,000 　貸）売 　 上 10,000
　　　　　売 掛 金 6,000

①は，先に契約だけ済ませておいて商品の引き渡しは後日とし，代金の一部を手付金として受け払いしたときの仕訳です。この場合，受け払いした手付金を仕入勘定，売上勘定で処理することはできません。購入者は実際に商品を仕入れたわけではありませんし，販売者も実際に商品を販売したわけではないからです。よって，事前に受け払いした手付金は，前払金勘定，前受金勘定で処理しておきます。そして，実際に商品の引き渡しがあった時点で，購入者は前払金勘定を仕入勘定に振り替え，販売者は前受金勘定を売上勘定に振り替えるように仕訳します。

2　期末決算の仕訳（その１）

決算日になったら，商品の在庫を確認して（これを棚卸しといいます），仕入勘定で売上原価の計算を行います。上記【例２】のA社（決算は年１回，３月31日とする）の場合で，期首商品高が10個（原価＠￥100），期末商品高が80個（原価＠￥100）であったとすると，仕入勘定と繰越商品勘定は次のようになっているはずです。なお，繰越商品勘定は，前期から繰り越した商品と，次期に繰り越す商品を記録する勘定科目です。

仕　　入
①	買 掛 金	10,000	

繰越商品
4/1	前 期 繰 越	1,000	

仕入勘定で売上原価を計算するためには，次のような決算整理仕訳を行って各勘定に転記します。仕訳の1行目の金額は期首商品高（10個@¥100），2行目の金額は期末商品高（80個@¥100）を示しています。

（3月31日）

借）仕　　　　　入	1,000	貸）繰　越　商　品	1,000
借）繰　越　商　品	8,000	貸）仕　　　　　入	8,000

仕　入

①　買　　掛　　金	10,000	3/31 繰　越　商　品	8,000
3/31 繰　越　商　品	1,000		

繰越商品

4/1 前　期　繰　越	1,000	3/31 仕　　　　　入	1,000
3/31 仕　　　　　入	8,000		

仕入勘定の借方には，当期仕入高（①買掛金¥10,000）と期首商品高（3/31繰越商品¥1,000）が記録されていて，借方合計は¥11,000となっています。一方，仕入勘定の貸方には，期末商品高（3/31繰越商品¥8,000）が記録されていて，貸方合計は¥8,000となっています。借方合計と貸方合計の差額¥3,000は，何を意味するでしょうか。¥3,000の計算式は，「当期仕入高（¥10,000）＋期首商品高（¥1,000）－期末商品高（¥8,000）」です。「当期仕入高＋期首商品高」は，A社が当期中に販売可能であった商品の総額で，「期末商品高」は当期末にA社の倉庫に残っていた商品の総額です。そうすると，前者から後者を差し引きして計算される金額は，当期中にA社の倉庫から出ていった商品の総額を示すことになります。A社の倉庫から商品が出ていくのは，盗難や紛失がなかったとすると，通常は商品を販売したときしか考えられません。したがって，決算整理仕訳を転記した後の仕入勘定の貸借差額¥3,000は，当期中に販売された商品の原価，すなわち売上原価を示すことになります。

一方，繰越商品勘定では，決算整理仕訳をする前に，借方に「4/1前期繰越¥1,000」（期首商品高）が記録されていましたが，決算整理仕訳の1行目

を転記することによって，貸方に「3/31仕入￥1,000」（期首商品高）が記録されますので，いったん貸借が相殺されてゼロになります。専門的には，これを「繰越商品勘定の前期繰越高を仕入勘定に振り替える」といいます。そして，決算整理仕訳の2行目を転記することで，借方に「3/31仕入￥8,000」（期末商品高）が記録されて，貸借差額は￥8,000となります。その金額はA社の倉庫に残っていた商品の総額で，その商品は次年度に販売可能なものですから，これを繰越商品勘定の次期繰越高として記録します。それが次年度の期首商品高になるわけです。

3 期末決算の仕訳（その2）

　上記の決算整理仕訳では，盗難や紛失がなかったと仮定していましたが，実際にはそれが生じることがあります。また，商品の価値が下がって，時価が原価を下回るような場合もあります。そのような場合は，上記の決算整理仕訳に加えて，繰越商品勘定の次期繰越高を調整する仕訳を追加する必要があります。具体的に説明しましょう。

　上記の設例では，期末商品高が80個（原価@￥100）としていましたが，これが70個（原価@￥100，時価@￥90）であったとします。帳簿上は80個あるはずなのに，実際には70個しかないとすると，盗難や紛失によるものが10個あったと考えられます。現金過不足の場合と同じく，帳簿残高と実際有高が違う場合，当然のことながら実際有高の方が正しいわけですから，繰越商品勘定の次期繰越高が70個（原価@￥100）となるように調整する仕訳を，上記の決算整理仕訳に追加して行います。

　（3月31日）
　　　借）棚卸減耗損　　　1,000　　　貸）繰越商品　　　1,000

　この仕訳によって，繰越商品勘定に10個（原価@￥100）の減少が記録されますから，その結果として，繰越商品勘定の次期繰越高は70個（原価@￥100）となります。このとき，借方では，棚卸減耗損勘定を用います。つ

まり，盗難や紛失による商品数量の減少は，費用として処理されるわけです。

さらに，次期に繰り越す商品70個は価値が下落しており，原価@￥100に対して時価@￥90となっています。そこで，繰越商品の次期繰越高が70個（原価@￥100）ではなく，70個（時価@￥90）となるように調整する仕訳をさらに追加します。

（3月31日）
　　借）商品評価損　　　　700　　　貸）繰　越　商　品　　　700

この仕訳によって，繰越商品勘定に70個（下落分@￥10）の減少が記録されますから，その結果として，繰越商品勘定の次期繰越高は70個（時価@￥90）となります。このとき，借方では，商品評価損勘定を用います。つまり，時価の下落による商品価値の減少は，費用として処理されるわけです。

以上の決算整理仕訳を繰越商品勘定に転記すると，次のようになります。繰越商品勘定の借方合計￥9,000に対して，貸方合計￥2,700ですから，貸借差額は￥6,300です。それが繰越商品勘定の次期繰越高となるわけですが，その金額が上で説明した70個（時価@￥90）と一致していることを確認してください。

繰越商品

4/1	前 期 繰 越	1,000	3/31	仕　　　　入	1,000
3/31	仕　　　　入	8,000	3/31	棚 卸 減 耗 損	1,000
			3/31	商 品 評 価 損	700

第4節 特殊商品販売取引

1 未着品販売

(1) 期中取引の仕訳

　遠隔地の取引先から商品を仕入れる場合，商品が到着する前に貨物代表証券を受け取ることがあります。発注した商品が到着したときには，その貨物代表証券を呈示することで，該当する商品を受け取ることができます。この貨物代表証券は，第三者に販売することもできます。これを**未着品販売**といいます。要は，貨物代表証券を呈示した人が，該当する商品を受け取ることができるのです。

　商品を発注して貨物代表証券を受け取ったときは，仕入勘定に代えて未着品勘定で処理します。仕入勘定と未着品勘定を使い分けるのは，手元にある商品かどうかを区別するためです。ですから，実際に商品を受け取ったときには，未着品勘定を仕入勘定に振り替えることになります。また，貨物代表証券を販売したときには，売上勘定に代えて未着品売上勘定で処理します。売上勘定と未着品売上勘定を使い分けるのは，これが特殊な販売形態であることを分かるようにするためです。

【例1】
① 商品4個（@¥100,000）を発注して貨物代表証券を受け取り，代金は掛けとした。
② 上記の貨物代表証券（商品1個分）を¥150,000で販売し，代金は掛けとした。
③ 発注した商品のうち2個が到着したので，貨物代表証券を呈示して商品を受け取った。

【解答】
①	借)	未 着 品	400,000	貸)	買 掛 金	400,000
②	借)	売 掛 金	150,000	貸)	未 着 品 売 上	150,000
	借)	仕 入	100,000	貸)	未 着 品	100,000
③	借)	仕 入	200,000	貸)	未 着 品	200,000

①では，商品4個（原価@¥100,000）の貨物代表証券を受け取っているので，これを未着品勘定で処理します。②の1行目では，商品1個分の貨物代表証券を売価@¥150,000で販売しているので，その分だけ売上を計上します。このとき，商品はまだ到着していませんが，この販売によって売上原価が発生するので，決算日に仕入勘定で売上原価を計算する都合上，販売した貨物代表証券を仕入勘定に振り替えておきます。それが②の2行目の仕訳です。③では，貨物代表証券と引き換えに，商品2個（原価@¥100,000）を受け取っていますから，行使した貨物代表証券を仕入勘定に振り替えます。

(2) 期末決算の仕訳

決算日になったら，仕入勘定で売上原価を計算するための決算整理仕訳を行います。【例1】に続けてその仕訳をすると，次のようになります。

【例2】
④ 決算日を迎えたので，仕入勘定で売上原価を計算する仕訳を行う。未着品勘定と繰越商品勘定の期首残高はゼロである。

【解答】
④	借)	仕 入	0	貸)	繰 越 商 品	0
	借)	繰 越 商 品	200,000	貸)	仕 入	200,000

＊念のため，すべての仕訳を示してありますが，金額がゼロのものは仕訳不要です。

この仕訳を理解するために，①から④の仕訳を仕入勘定，繰越商品勘定，未着品勘定に転記してみましょう。そうすると，次のようになります。

			仕		入					
②	未	着	品		100,000	④	繰	越	商 品	200,000
③	未	着	品		200,000					
④	繰	越	商	品	0					

			繰越商品					
4/1	前 期 繰 越	0	④	仕	入	0
④	仕	入	200,000			

			未 着 品				
4/1	前 期 繰 越	0	②	仕	入	100,000
①	買 掛 金	400,000	③	仕	入	200,000

　取引の内容からすると，販売した貨物代表証券は¥100,000（1個@原価¥100,000）ですから，売上原価は¥100,000であることが容易に理解できます。よって，仕入勘定の貸借差額がその金額になっていればよいのですが，借方合計¥300,000，貸方合計¥200,000ですから，貸借差額は¥100,000となり，売上原価と一致することが確認できます。

　次に，繰越商品勘定について，貨物代表証券と引き換えに¥200,000（2個@原価¥100,000）の商品を受け取っていて，その商品はまだ販売されていないので，繰越商品勘定の次期繰越高がその金額になっていることを確認してみましょう。借方合計¥200,000，貸方合計¥0ですから，貸借差額は¥200,000となり，次期繰越高と一致しています。

　また，未着品勘定について，まだ使っていない貨物代表証券が¥100,000（1個@原価¥100,000）ありますから，未着品勘定の次期繰越高がその金額になっていることを確認してみましょう。借方合計¥400,000，貸方合計¥300,000ですから，貸借差額は¥100,000となり，次期繰越高と一致しています。以上のことから，決算整理仕訳は正しく行われたと理解することができます。

2 委託販売

(1) 期中取引の仕訳

　自社の商品の販売を他社に依頼し，手数料を支払う形態を**委託販売**といいます。委託販売を行う場合，自社（委託者）は他社（受託者）にいったん商品を送って，他社（受託者）がその商品を販売したら，その旨を自社（委託者）に知らせるという仕組みになっています。

　委託者が受託者に商品を送ったときは，その商品を積送品勘定で処理します。正確にいえば，手元にあった商品を送るわけですから，仕入勘定を積送品勘定に振り替えるような仕訳となります。仕入勘定と積送品勘定を使い分けるのは，手元にある商品かどうかを区別するためです。ですから，販売されずに受託者から商品が返送されてきたときには，積送品勘定を再び仕入勘定に振り戻すような仕訳を行います。また，受託者から販売した旨の通知を受けたときには，売上勘定に代えて積送品売上勘定で処理します。売上勘定と積送品売上勘定を使い分けるのは，これが特殊な販売形態であることを分かるようにするためです。

【例1】
① 商品4個（@¥100,000）を仕入れ，代金は掛けとした。
② 上記の商品すべてを委託販売のために積送した。
③ 受託者から，商品3個を@¥150,000で販売した旨，連絡を受けた。代金は，受託者に対する販売手数料¥5,000を差し引いて，後日受け取ることにした。

【解答】
① 　借）仕　　　　入　　400,000　　貸）買　掛　金　400,000
② 　借）積　送　品　　　400,000　　貸）仕　　　入　400,000
③ 　借）売　掛　金　　　445,000　　貸）積送品売上　450,000
　　　　 支払手数料　　　　5,000
　 　借）仕　　　　入　　300,000　　貸）積　送　品　300,000

　①は商品を仕入れたときの仕訳で，②は商品を積送したときの仕訳です。商品を積送することで，手元から商品がいったんなくなるので，①の仕入勘定を積送品勘定に振り替えるように仕訳します。③の1行目では，商品3個

が売価@¥150,000で販売された旨の通知を受けているので，¥450,000の売上を計上します。実際に販売して代金を回収するのは受託者ですから，委託者は受託者からその金額を受け取りますが，受託者に対して販売手数料¥5,000を支払いますので，これを差し引いた¥445,000を委託者は後日受け取ることになります。委託者は，この販売手数料を費用として処理します。このとき，委託者は，受託者から商品の返送を受けたわけではありませんが，この販売によって売上原価が発生するので，決算日に仕入勘定で売上原価を計算する都合上，受託者に販売してもらった商品3個（原価@¥100,000）を仕入勘定に振り替えておきます。それが③の2行目の仕訳です。

(2) 期末決算の仕訳

決算日になったら，仕入勘定で売上原価を計算するための決算整理仕訳を行います。【例1】に続けてその仕訳をすると，次のようになります。

【例2】
④ 決算日を迎えたので，仕入勘定で売上原価を計算する仕訳を行う。積送品勘定と繰越商品勘定の期首残高はゼロである。

【解答】
④	借）仕　　　　入	0	貸）繰　越　商　品	0
	借）繰　越　商　品	0	貸）仕　　　　入	0

＊念のため，すべての仕訳を示してありますが，金額がゼロのものは仕訳不要です。

この仕訳を理解するために，①から④の仕訳を仕入勘定，繰越商品勘定，積送品勘定に転記してみましょう。そうすると，次のようになります。

仕　入

①	買　掛　金	400,000	②	積　送　品	400,000
③	積　送　品	300,000	④	繰　越　商　品	0
④	繰　越　商　品	0			

繰越商品

4/1	前　期　繰　越	0	④	仕　　　　入	0
④	仕　　　　入	0			

積　送　品

4/1	前　期　繰　越	0	③	仕	入	300,000
②	仕	入	400,000			

　取引の内容からすると，受託者に販売してもらった商品は￥300,000（3個＠原価￥100,000）ですから，売上原価は￥300,000であることが容易に理解できます。よって，仕入勘定の貸借差額がその金額になっていればよいのですが，借方合計￥700,000，貸方合計￥400,000ですから，貸借差額は￥300,000となり，売上原価と一致することが確認できます。

　次に，繰越商品勘定について，商品はすべて受託者に積送していて在庫はゼロですから，繰越商品勘定の次期繰越高がその金額になっていることを確認してみましょう。借方合計￥0，貸方合計￥0ですから，貸借差額は￥0となり，次期繰越高と一致しています。

　また，積送品勘定について，まだ受託者が販売していない商品が￥100,000（1個＠原価￥100,000）ありますから，積送品勘定の次期繰越高がその金額になっていることを確認してみましょう。借方合計￥400,000，貸方合計￥300,000ですから，貸借差額は￥100,000となり，次期繰越高と一致しています。以上のことから，決算整理仕訳は正しく行われたと理解することができます。

3　試用販売

(1) 期中取引の仕訳

　一定の試用期間を設けて商品を送り，相手がその商品の買取意思を示したときにはじめて，売買契約が成立する形態を**試用販売**といいます。試用販売の処理方法には，手元商品区分法と対照勘定法があります。いずれの方法によっても，相手に商品を送っただけでは，売上を計上することはできません。売買が成立するのは，あくまでも相手先が買取意思を示したときですから，そのときに売上を計上します。

　手元商品区分法の場合，商品を送ったときは，その商品を試用品勘定で処

理します。正確にいえば，手元にあった商品を送るわけですから，仕入勘定を試用品勘定に振り替えるような仕訳となります。仕入勘定と試用品勘定を使い分けるのは，手元にある商品かどうかを区別するためです。ですから，相手が買取意思を示さずに商品が返送されてきたときには，試用品勘定を再び仕入勘定に振り戻すような仕訳を行います。また，試用者から買取意思が示されたときには，売上勘定に代えて試用売上勘定で処理します。売上勘定と試用売上勘定を使い分けるのは，これが特殊な販売形態であることを分かるようにするためです。

【例１：手元商品区分法】
① 商品４個（＠¥100,000）を仕入れ，代金は掛けとした。
② 上記の商品すべてを試用販売のために試送した。売価は＠¥150,000である。
③ 試用者から，試送した商品３個を買い取る旨，連絡を受けた。残りの１個はまだ返送されていない。

【解答】
①	借）仕　　　　入	400,000	貸）買　掛　金	400,000
②	借）試　用　品	400,000	貸）仕　　　　入	400,000
③	借）売　掛　金	450,000	貸）試　用　売　上	450,000
	借）仕　　　　入	300,000	貸）試　用　品	300,000

①は商品を仕入れたときの仕訳で，②は商品を試送したときの仕訳です。商品を試送することで，手元から商品がいったんなくなるので，①の仕入勘定を試送品勘定に振り替えるように仕訳します。③の１行目では，相手が買取意思を示したことで，商品３個（売価＠¥150,000）の売買契約が成立するので，¥450,000の売上を計上します。このとき，商品の返送を受けたわけではありませんが，販売が成立したことによって売上原価が発生するので，決算日に仕入勘定で売上原価を計算する都合上，販売が成立した商品３個（原価＠¥100,000）を仕入勘定に振り替えておきます。それが③の２行目の仕訳です。

次に，対照勘定法の場合，商品を送ったときは，試用販売勘定と試用仮売上勘定で処理します。この勘定科目は，試用販売のために商品を送っている

ことを忘れないようにするための**備忘記録**です。一般的な文面でその旨をメモ書きして残しておけばよいのですが，帳簿上で残しておくとすると，やはり仕訳しなければならず，そのために考案された処理方法です。よって，試用販売勘定と試用仮売上勘定は，あくまでも備忘記録を仕訳の形式で表現したにすぎないものですから，それが財務諸表の本体に記載されることはありません。

手元商品区分法の試用品勘定は，仕入勘定からの振替によるので原価で記録されますが，試用販売勘定と試用仮売上勘定は，売上の仮勘定ですから売価で記録されます。そして，試用者から買取意思が示されたときには，試用販売勘定と試用仮売上勘定の備忘記録を取り消すように仕訳します。

【例2：対照勘定法】
① 商品4個（@￥100,000）を仕入れ，代金は掛けとした。
② 上記の商品すべてを試用販売のために試送した。売価は@￥150,000である。
③ 試用者から，試送した商品3個を買い取る旨，連絡を受けた。残りの1個はまだ返送されていない。

【解答】
① 借）仕　　　　入　　400,000　　貸）買　掛　金　　400,000
② 借）試　用　販　売　　600,000　　貸）試　用　仮　売　上　　600,000
③ 借）売　　掛　　金　　450,000　　貸）試　用　売　上　　450,000
　　借）試　用　仮　売　上　　450,000　　貸）試　用　販　売　　450,000

①は商品を仕入れたときの仕訳で，②は商品を試送したときの仕訳です。②の時点では，まだ販売が成立していないので，対照勘定を用いて商品4個（売価@￥150,000）の仮売上を計上します。③の時点になると，商品3個（売価@￥150,000）の販売が成立するので，1行目で本売上を計上します。同時に，2行目で②と反対の仕訳を行い，商品3個（売価@￥150,000）の備忘記録を取り消します。

(2) 期末決算の仕訳

決算日になったら，仕入勘定で売上原価を計算するための決算整理仕訳を

行います。その仕訳は，期中に手元商品区分法で処理していたか，対照勘定法で処理していたかによって異なります。

手元商品区分法の場合は，次のようになります。

【例3：手元商品区分法】
④ 決算日を迎えたので，仕入勘定で売上原価を計算する仕訳を行う。試用品勘定と繰越商品勘定の期首残高はゼロである。
【解答】
④ 借）仕　　　　　入　　　　0　　貸）繰　越　商　品　　　　0
　　借）繰　越　商　品　　　　0　　貸）仕　　　　　入　　　　0
＊念のため，すべての仕訳を示してありますが，金額がゼロのものは仕訳不要です。

この仕訳を理解するために，①から④の仕訳を仕入勘定，繰越商品勘定，試用品勘定に転記してみましょう。そうすると，次のようになります。

仕　　入

①	買　掛　金	400,000	②	試　用　品	400,000
③	試　用　品	300,000	④	繰　越　商　品	0
④	繰　越　商　品	0			

繰越商品

4/1	前　期　繰　越	0	④	仕　　入	0
④	仕　　入	0			

試　用　品

4/1	前　期　繰　越	0	③	仕　　入	300,000
②	仕　　入	400,000			

取引の内容からすると，販売が成立した商品は¥300,000（3個＠原価¥100,000）ですから，売上原価は¥300,000であることが容易に理解できます。よって，仕入勘定の貸借差額がその金額になっていればよいのですが，借方合計¥700,000，貸方合計¥400,000ですから，貸借差額は¥300,000となり，売上原価と一致することが確認できます。

次に，繰越商品勘定について，試送した商品は返送されておらず在庫はゼロですから，繰越商品勘定の次期繰越高がその金額になっていることを確認

してみましょう。借方合計￥0，貸方合計￥0ですから，貸借差額は￥0となり，次期繰越高と一致しています。

また，試用品勘定について，まだ相手が買取意思を示していない商品が￥100,000（1個@原価￥100,000）ありますから，試用品勘定の次期繰越高がその金額になっていることを確認してみましょう。借方合計￥400,000，貸方合計￥300,000ですから，貸借差額は￥100,000となり，次期繰越高と一致しています。以上のことから，決算整理仕訳は正しく行われたと理解することができます。

対照勘定法の場合は，次のようになります。

【例4：対照勘定法】
④ 決算日を迎えたので，仕入勘定で売上原価を計算する仕訳を行う。試用販売勘定，試用仮売上勘定，繰越商品勘定，試用品勘定の期首残高はゼロである。
【解答】
④	借）仕　　入	0	貸）繰 越 商 品	0
	借）繰 越 商 品	0	貸）仕　　入	0
	借）仕　　入	0	貸）試 用 品	0
	借）試 用 品	100,000	貸）仕　　入	100,000

＊念のため，すべての仕訳を示してありますが，金額がゼロのものは仕訳不要です。

この仕訳を理解するために，①から④の仕訳を仕入勘定，繰越商品勘定，試用品勘定に転記してみましょう。そうすると，次のようになります。

仕　入
①	買　掛　金	400,000	④	繰 越 商 品	0
④	繰 越 商 品	0	④	試 用 品	100,000
④	試 用 品	0			

繰越商品
4/1	前 期 繰 越	0	④	仕　　入	0
④	仕　　入	0			

		試 用 品		
4/1	前期繰越	0	④ 仕　　　入	0
④	仕　　入	100,000		

　手元商品区分法で説明したように，売上原価は¥300,000（3個@原価¥100,000）ですから，仕入勘定の貸借差額がその金額になっていることを確認してみましょう。借方合計¥400,000，貸方合計¥100,000ですから，貸借差額は¥300,000となり，売上原価と一致することが確認できます。

　次に，繰越商品勘定について，期末の商品の在庫はゼロですから，繰越商品勘定の次期繰越高がその金額になっていることを確認してみましょう。借方合計¥0，貸方合計¥0ですから，貸借差額は¥0となり，次期繰越高と一致しています。

　また，試用品勘定について，まだ相手が買取意思を示していない商品は¥100,000（1個@原価¥100,000）ですから，試用品勘定の次期繰越高がその金額になっていることを確認してみましょう。借方合計¥100,000，貸方合計¥0ですから，貸借差額は¥100,000となり，次期繰越高と一致しています。以上のことから，決算整理仕訳は正しく行われたと理解することができます。

4 割賦販売

(1) 期中取引の仕訳

　商品を販売して，その代金を一定期間に分割して受け取る形態を**割賦販売**といいます。割賦販売の処理方法には，販売基準法と回収基準法があります。売上を計上するタイミングと，その金額の違いに注意してください。

　販売基準法の場合は，商品を引き渡したときに，販売代金のすべてを売上として計上します。これは，一般の商品売買と同様の処理方法です。ただし，特殊な販売形態であることを分かるようにするため，売上勘定に代えて割賦売上勘定で処理します。

【例1:販売基準法】
① 商品1個(@¥100,000)を仕入れ,代金は掛けとした。
② 上記の商品を¥150,000で販売し,代金は10ヵ月の月賦払いとした。
③ 購入者から1回分の分割払い金¥15,000を現金で受け取った。
【解答】
①	借)仕 入	100,000	貸)買 掛 金	100,000
②	借)売 掛 金	150,000	貸)割 賦 売 上	150,000
③	借)現 金	15,000	貸)売 掛 金	15,000

①は商品を仕入れたときの仕訳で,②は商品を販売したときの仕訳です。②では,一般の商品売買と同じく,全額(1個@売価¥150,000)の売上を計上します。そして,代金を回収したときに,その回収額を売掛金勘定の減少として記録します。それが③の仕訳です。

次に,回収基準法の場合は,その具体的な処理方法として,対照勘定法と未実現利益控除法があります。ここでは,対照勘定法について説明します。回収基準法(対照勘定法)の場合は,販売基準法と異なり,販売代金の分割金を回収したときに,その回収額だけを売上として計上します。また,対照勘定法ですから,試用販売のときと同じく,対照勘定を用いて割賦販売していることの**備忘記録**をしておきます。この備忘記録は,割賦販売勘定と割賦仮売上勘定で処理します。

【例2:回収基準法(対照勘定法)】
① 商品1個(@¥100,000)を仕入れ,代金は掛けとした。
② 上記の商品を¥150,000で販売し,代金は10ヵ月の月賦払いとした。
③ 購入者から1回分の分割払い金¥15,000を現金で受け取った。
【解答】
①	借)仕 入	100,000	貸)買 掛 金	100,000
②	借)割 賦 販 売	150,000	貸)割 賦 仮 売 上	150,000
③	借)現 金	15,000	貸)割 賦 売 上	15,000
	借)割 賦 仮 売 上	15,000	貸)割 賦 販 売	15,000

①は商品を仕入れたときの仕訳で,②は商品を販売したときの仕訳です。

②の時点では，試用販売の場合と同じく，対照勘定を用いて商品1個（売価＠¥150,000）の仮売上を計上します。そして，③の時点で，分割払い金¥15,000を回収しているので，1行目でその回収額だけを本売上として計上します。同時に，2行目で②と反対の仕訳を行い，¥15,000分だけ備忘記録を取り消します。

(2) 期末決算の仕訳

　決算日になったら，仕入勘定で売上原価を計算するための決算整理仕訳を行います。その仕訳は，期中に販売基準法で処理していたか，回収基準法（対照勘定法）で処理していたかによって異なります。
　販売基準法の場合は，次のようになります。

【例3：販売基準法】
④　決算日を迎えたので，仕入勘定で売上原価を計算する仕訳を行う。繰越商品勘定の期首残高はゼロである。
【解答】
④　借）仕　　　　入　　　　0　　貸）繰　越　商　品　　　　0
　　借）繰　越　商　品　　　0　　貸）仕　　　　入　　　　　0
＊念のため，すべての仕訳を示してありますが，金額がゼロのものは仕訳不要です。

　この仕訳を理解するために，①から④の仕訳を仕入勘定と繰越商品勘定に転記してみましょう。そうすると，次のようになります。

仕　　入

①	買　掛　金	100,000	④	繰 越 商 品	0
④	繰 越 商 品	0			

繰越商品

4/1	前 期 繰 越	0	④	仕　　入	0
④	仕　　入	0			

　これは，一般の商品売買の場合と同じですが，念のため説明しておきましょう。取引の内容からすると，販売した商品は¥100,000（1個＠原価¥100,000）ですから，売上原価は¥100,000であることが容易に理解できま

す。よって，仕入勘定の貸借差額がその金額になっていればよいのですが，借方合計￥100,000，貸方合計￥0ですから，貸借差額は￥100,000となり，売上原価と一致することが確認できます。

次に，繰越商品勘定について，商品の期末の在庫はゼロですから，繰越商品勘定の次期繰越高がその金額になっていることを確認してみましょう。借方合計￥0，貸方合計￥0ですから，貸借差額は￥0となり，次期繰越高と一致しています。以上のことから，決算整理仕訳は正しく行われたと理解することができます。

回収基準法（対照勘定法）の場合は，次のようになります。

【例4：回収基準法（対照勘定法）】
④ 決算日を迎えたので，仕入勘定で売上原価を計算する仕訳を行う。割賦販売勘定，割賦仮売上勘定，繰越商品勘定，割賦品勘定の期首残高はゼロである。
【解答】
④	借）仕　　　　入	0	貸）繰　越　商　品	0
	借）繰　越　商　品	0	貸）仕　　　　入	0
	借）仕　　　　入	0	貸）割　　賦　　品	0
	借）割　　賦　　品	90,000	貸）仕　　　　入	90,000

＊念のため，すべての仕訳を示してありますが，金額がゼロのものは仕訳不要です。

この仕訳を理解するために，①から④の仕訳を仕入勘定，繰越商品勘定，割賦品勘定に転記してみましょう。そうすると，次のようになります。

仕　入

①	買　掛　金	100,000	④	繰　越　商　品	0
④	繰　越　商　品	0	④	割　賦　品	90,000
④	割　賦　品	0			

繰越商品

| 4/1 | 前　期　繰　越 | 0 | ④ | 仕　　　入 | 0 |
| ④ | 仕　　　入 | 0 | | | |

	割 賦 品	
4/1 前期繰越	0	④ 仕　　　入	0
④ 仕　　　入	90,000		

　販売基準法の場合，売上原価は￥100,000でしたが，対照勘定法の場合は違います。販売基準法では，￥150,000（1個＠売価￥150,000）の売上を計上していますが，その金額は割賦販売による売上の全額に相当します。したがって，それに対応する売上原価も，原価の全額である￥100,000（1個＠原価￥100,000）となっていたわけです。これに対して，回収基準法（対照勘定法）では，￥15,000の売上しか計上しておらず，その金額は売上総額の10分の1に相当します。ですから，それに対応する売上原価も，原価総額の10分の1としなければいけません。よって，売上原価は￥10,000（原価総額￥100,000×1/10）となります。仕入勘定の貸借差額がその金額になっていることを確認してみましょう。借方合計￥100,000，貸方合計￥90,000ですから，貸借差額は￥10,000となり，売上原価と一致することが確認できます。

　次に，繰越商品勘定について，期末の商品の在庫はゼロですから，繰越商品勘定の次期繰越高がその金額になっていることを確認してみましょう。借方合計￥0，貸方合計￥0ですから，貸借差額は￥0となり，次期繰越高と一致しています。

　また，割賦品勘定について，まだ回収していない商品の原価は￥90,000（原価総額￥100,000×9/10）ですから，割賦品勘定の次期繰越高がその金額になっていることを確認してみましょう。借方合計￥90,000，貸方合計￥0ですから，貸借差額は￥90,000となり，次期繰越高と一致しています。以上のことから，決算整理仕訳は正しく行われたと理解することができます。

第5節 債権債務取引

1 期中取引の仕訳

　債権債務取引は，金銭の借入や貸付に係る取引です。これには色々な取引がありますが，代表例としては，金銭を貸し付けたときの貸付金勘定，金銭を借り入れたときの借入金勘定があります。そのほか，商品売買取引で代金の決済を後日としたときの売掛金勘定と買掛金勘定，それを約束手形や為替手形によって行ったときの受取手形勘定と支払手形勘定，商品売買取引以外で代金の決済を後日としたときの未収金勘定と未払金勘定などがありますが，これも取引が成立すると同時に即金で決済しているわけではないので，債権債務取引の例です。未収金勘定と未払金勘定は，後述の有価証券取引と固定資産取引で出てきますので，ここでは金銭の借入と貸付に係る取引と，手形を用いた取引について説明していきます。

【例1】
① 銀行から現金¥1,000,000を借り入れた。
② 取引先A社に対して現金¥800,000を貸し付けた。
③ 取引先B社の依頼を受けて，同社の借入金¥500,000について連帯保証人となることを承諾した。
④ 取引先B社の借入金について，同社が返済を完了した旨，連絡を受けた。
【解答】
① 借）現　　　　金　1,000,000　　貸）借　入　金　1,000,000
② 借）貸　付　金　　800,000　　貸）現　　　　金　　800,000
③ 借）債務保証見返　500,000　　貸）保　証　債　務　500,000
④ 借）保　証　債　務　500,000　　貸）債務保証見返　500,000

　①と②は，金銭の貸借に係る取引です。①では，銀行から金銭を借り入れているので，貸方で借入金勘定の増加を記録します。②では，A社に対して金銭を貸し付けているので，借方で貸付金勘定の増加を記録します。

③は，連帯保証人となったときの仕訳です。B社の借入金の連帯保証人となることで，即座にその代理返済を求められるわけではありません。しかし，B社が支払不能に陥ると，当社は連帯保証人としての責を全うしなければいけませんので，その時点でB社の借入金を代理返済することになります。このように，特定の事象が発生するまで債務として顕在化しないものを**偶発債務**といいます。偶発債務は，いずれ債務となる可能性を秘めているものですから，連帯保証人となった時点で，その可能性があることを**備忘記録**しておきます。それが，債務保証見返勘定と保証債務勘定です。備忘記録ですから，これは対照勘定です。そして，連帯保証人としての責を解除されたときには，その反対仕訳をして備忘記録を取り消します。それが④の仕訳です。

【例2】
① A社に対して商品を¥100,000で販売し，代金として約束手形を受け取った。
② 上記の約束手形が満期日となり，取引銀行を通じて手形代金を請求したが，支払いを拒絶されたので，A社に対して手形代金の支払いを請求した。なお，支払拒絶証書の作成費用として現金¥5,000を支払った。
③ A社から，上記の手形代金と支払拒絶証書の作成費用について償還を受けた。

【解答】
① 借）受 取 手 形　100,000　　貸）売　　　　上　100,000
② 借）不 渡 手 形　105,000　　貸）受 取 手 形　100,000
　　　　　　　　　　　　　　　　　　現　　　　金　　5,000
③ 借）現　　　　金　105,000　　貸）不 渡 手 形　105,000

①は，商品を販売して，代金として約束手形を受け取ったときの仕訳です。**約束手形**は，取引銀行に呈示することによって，振出人が指定する銀行口座から手形代金を入手できることを示す証書です。したがって，約束手形を受け取ったときには，受取手形勘定で処理します。もちろん，受取手形という手形が現実的に存在するわけではありません。受取手形勘定は，代金をまだ回収していないという点で，売掛金勘定や未収金勘定と同じ性質をもっていますが，債権の内容を区別して分かりやすくするために，簿記上で使われる勘定科目です。手形による債権は受取手形勘定，手形による債務は支払手形勘定で処理します。約束手形には満期日が記載されていて，振出人は満期日

までその支払いを猶予されています。

　次に，②は，振出人が手形代金の支払いを拒絶したときの仕訳です。満期日になったら，受取人は振出人に対して手形代金の支払いを請求することができますが，振出人がその支払いに応じてくれない場合があります。これを**手形の不渡り**といいます。その場合には，支払いの請求（これを償還請求といいます）を行うための公文書を作成して，受取手形勘定を不渡手形勘定に振り替えます。公文書の作成にコストがかかる場合は，そのコストも含めて支払いの請求を行いますので，これを不渡手形勘定に含めます。それが②の仕訳です。そして，後日，振出人が償還請求に応じた場合は，不渡手形勘定を取り消します。それが③の仕訳です。

【例3】
① A社から商品を¥100,000で仕入れ，代金は掛けとした。
② B社に対して商品を¥100,000で販売し，代金として約束手形を受け取った。
③ A社に対する買掛金の支払いとして，B社から受け取った約束手形を裏書譲渡した。これに伴う偶発債務は対照勘定で処理する。
④ 裏書譲渡した約束手形が無事に決済された旨，連絡を受けた。

【解答】
① 借）仕　　　　入　　100,000　　貸）買　　掛　　金　　100,000
② 借）受　取　手　形　100,000　　貸）売　　　　上　　100,000
③ 借）買　　掛　　金　100,000　　貸）受　取　手　形　100,000
　 借）裏書義務見返　100,000　　貸）裏　書　義　務　100,000
④ 借）裏　書　義　務　100,000　　貸）裏書義務見返　100,000

　これは，①で発生したA社に対する買掛金を返済するために，②でB社から受け取った約束手形を譲渡するという取引です。すでに説明したように，約束手形は，振出人の指定口座から手形代金を入手できるというものですが，他社にそれを譲渡して，手形代金の受け取りをその会社に譲ることもできます。その場合は，手形の裏面に譲渡した旨を記載して相手に渡すことから，これを**手形の裏書譲渡**といいます。それが③の仕訳です。

　③の1行目では，B社から受け取った約束手形を裏書譲渡することによって，当社はB社に対する手形債権を放棄することになりますから，貸方で受

取手形勘定の減少を記録します。同時に，この裏書譲渡によってA社に対する買掛金は消滅することになりますから，借方で買掛金勘定の減少を記録します。このとき，【例2】で説明したように，裏書譲渡した約束手形が満期日までに無事に決済されず，不渡りになることもあります。つまり，A社がB社に対して手形代金の支払いを請求したときに，B社が支払いを拒絶する可能性があるわけです。その場合，もともとこの約束手形を裏書譲渡したのは当社ですから，当社はA社に対して手形代金の支払いを補償しなければいけません。裏書譲渡人は，手形代金が決済されるまで，その責を負うわけです。これは，【例1】で説明したのと同じく，当社にとって**偶発債務**に当たりますから，対照勘定をもって**備忘記録**しておきます。それが③の2行目で，裏書義務見返勘定と裏書義務勘定で処理します。そして，手形代金が無事に決済され，裏書譲渡人としての責を解除されたときには，その反対仕訳をして備忘記録を取り消します。それが④の仕訳です。

2 期末決算の仕訳

(1) 貸倒引当金の設定

債権については，その相手先が支払不能に陥るなどして，代金を回収できないことがあります。代金を回収できなかった債権は，貸倒損失勘定を用いて費用として処理されます。具体的には，次のような仕訳になります。

【例4−1】
① 3月1日，商品を¥100,000で販売し，代金は掛けとした。
② 4月30日，得意先が倒産して，上記の売掛金が回収不能になった。
【解答】
①3/1 借）売　掛　金　100,000　　貸）売　　　　上　100,000
②4/30 借）貸　倒　損　失　100,000　　貸）売　掛　金　100,000

ここで大切なことは，**費用と収益の対応**関係です。4月30日に費用（貸倒損失）が発生した原因は，3月1日に発生した売掛金が回収不能になったことにあります。そして，3月1日に売掛金が発生した原因は，同日に商品を

販売して収益(売上)を計上していることにあります。そうすると、3月31日を決算日として、決算日までを当期、決算日以降を次期とするとき、費用と収益は同一の会計期間内でマッチングしているでしょうか。収益を計上しているのは当期ですから、それに対応する費用も当期に計上しなければいけません。しかし、費用は次期に計上されているので、費用と収益の対応関係に期ズレが生じています。そこで、決算日に次のような仕訳をします。

【例4－2】
① 3月1日、商品を¥100,000で販売し、代金は掛けとした。
② 3月31日、決算日を迎えたので、上記の売掛金について必要な決算整理仕訳を行う。上記の売掛金は、回収不能になる可能性が100%である。
③ 4月30日、得意先が倒産して、上記の売掛金が回収不能になった。
【解答】
①3/1　借)売　掛　金　100,000　　貸)売　　　　上　100,000
②3/31　借)貸倒引当金繰入　100,000　　貸)貸倒引当金　100,000
③4/30　借)貸倒引当金　100,000　　貸)売　掛　金　100,000

100%の貸倒れが見込まれる状況で商品の販売を掛けで行うことは、通常は考えられないことですが、この設例では、理解を促すために極端にしてあります。一般的には、債権に対して3%程度の貸倒率を設定するのが通常です。貸倒引当金繰入は費用に属する勘定科目で、貸倒引当金は債権の評価勘定です。

【例4－1】では、費用と収益の対応関係に期ズレが生じていたのですが、【例4－2】で決算日に貸倒引当金を設定することで、その期ズレが解消されています。なぜなら、費用(貸倒引当金繰入)と収益(売上)が、同一の会計期間(当期)に計上されているからです。そして、4月30日に貸倒れが生じたときは、3月31日に計上した貸倒引当金を取り崩す処理をしているので、当期に計上した収益に対応する費用が、次期に計上されない結果となっています。このように、費用と収益を対応させて損益計算を行うことを、**適正な期間損益計算**といいます。

(2) 利息の見越と繰延

利息（支払利息，受取利息）は，費用または収益に属する勘定科目ですから，これについても，決算日を越えて発生しているときは会計期間に配分して，適正な期間損益計算を行うようにしなければいけません。一定期間の継続的な契約から生じる損益について，未収・未払の損益を当期の損益計算に含めることを見越計上，既収・既払の損益を当期の損益計算から除外して次期に繰り延べることを繰延計上といいます。**費用の見越**計上は未払費用勘定，**収益の見越**計上は未収収益勘定，**費用の繰延**計上は前払費用勘定，**収益の繰延**計上は前受収益勘定で処理します。

【例5】
① 1月1日，現金¥1,000,000を借り入れた。借入期間は1年，利率は年3％，利息は契約開始日（1月1日）に現金で支払う契約とした。
② 3月31日，決算日を迎えたので，上記の利息について必要な決算整理仕訳を行う。

【解答】
（借主の仕訳）
①1/1 　借） 現　　　　金　　970,000 　　貸） 借　入　金　　1,000,000
　　　　　　支　払　利　息　　 30,000
②3/31 借） 前　払　費　用　　 22,500 　　貸） 支　払　利　息　　 22,500
（貸主の仕訳）
①1/1 　借） 貸　　付　　金　1,000,000 　　貸） 現　　　　金　　970,000
　　　　　　　　　　　　　　　　　　　　　　　受　取　利　息　　 30,000
②3/31 借） 受　取　利　息　　 22,500 　　貸） 前　受　収　益　　 22,500

借入期間は1年ですから，利息¥30,000も1年間にわたって発生していることになります。そうすると，利息¥30,000は，決算日をまたがって次のように配分することができます。すなわち，1月1日（契約開始日）から3月31日（当期末）の分として¥30,000×（3ヵ月／12ヵ月）=¥7,500，4月1日（次期首）から12月31日（契約終了日）の部分として¥30,000×（9ヵ月／12ヵ月）=¥22,500です。

このように配分すると，当期の損益として計上すべき金額は¥7,500で，次期の損益として計上すべき金額は¥22,500であることが理解できます。そ

こで，1月1日に計上した損益¥30,000から，¥22,500を取り除く仕訳を3月31日に行います。この仕訳によって，借主が損益計算書に計上する支払利息は¥7,500，貸主が損益計算書に計上する受取利息は¥7,500となり，借主・貸主ともに，適正な期間損益計算を行ったことになります。前払費用と前受収益は，貸借対照表に計上されることに注意してください。

【例6】
① 1月1日，現金¥1,000,000を借り入れた。借入期間は1年，利率は年3％，利息は契約終了日（12月31日）に現金で支払う契約とした。
② 3月31日，決算日を迎えたので，上記の利息について必要な決算整理仕訳を行う。

【解答】
（借主の仕訳）
①1/1　借）現　　　　金　1,000,000　　貸）借　入　金　1,000,000
②3/31　借）支　払　利　息　　7,500　　貸）未　払　費　用　　7,500
（貸主の仕訳）
①1/1　借）貸　付　金　1,000,000　　貸）現　　　　金　1,000,000
②3/31　借）未　収　収　益　　7,500　　貸）受　取　利　息　　7,500

【例5】と同じく，利息¥30,000は1年間にわたって発生しています。しかし，【例5】では，利息の支払いが契約開始日となっていますが，【例6】では，それが契約終了日となっている点に違いがあります。つまり，【例6】では，利息の支払いが契約終了日まで猶予されているわけです。猶予されていても，1月1日（契約開始日）から3月31日（当期末）の分¥7,500は，時の経過に伴って発生していると認められるものですから，これを当期の損益計算に含めなければいけません。そこで，3月31日に損益¥7,500を計上する仕訳を行います。この仕訳によって，【例5】と同じく，借主が損益計算書に計上する支払利息は¥7,500，貸主が損益計算書に計上する受取利息は¥7,500となり，借主・貸主ともに，適正な期間損益計算を行ったことになります。このように，現金収支の事実に係わりなく，発生の事実に基づいて適正な期間損益計算を行う会計システムを，**発生主義会計**といいます。未払費用と未収収益は，貸借対照表に計上されることに注意してください。

第6節 有価証券取引

1 期中取引の仕訳

　有価証券は，株式や社債などを指します。株式は，株式会社の所有権を示す証券ですから，発行者に被投資額の返済義務はなく，返済期限もありません。これに対して，社債には返済期限があって，発行者は満期日までに被投資額を返済する義務があります。したがって，株式の発行者は被投資額を資本金勘定で処理し，社債の発行者は被投資額を社債勘定で処理します。前者は純資産に属する勘定科目で，後者は負債に属する勘定科目です。株式と社債で勘定科目の属性を区別するのは，返済義務の有無という点で両者に違いがあるからです。

　一方，有価証券の購入者にとっては，株式と社債は共に財産的な価値を有していますから，その投資額を資産に属する勘定科目で処理します。ただし，勘定科目は，それをどのような目的で保有しているのかによって使い分けます。早いうちに売却してしまう目的で保有する有価証券は売買目的有価証券勘定，満期まで持ち続ける目的で保有する社債は満期保有目的債券勘定，その会社と一定の関係を継続する目的で保有する株式は子会社関連会社株式勘定，それ以外の有価証券はその他有価証券勘定で処理します。

　このように，有価証券の発行者は，返済義務の有無によって勘定科目を区別します。また，有価証券の購入者は，その保有目的によって勘定科目を区別する点に注意してください。

【例1】
① 売買目的で1株あたり¥50,000の株式100株を購入し，代金は後日支払うことにした。なお，株式の購入に伴う手数料¥10,000は，現金で支払った。
② 上記の株式のすべてを1株あたり¥51,000で売却し，代金は後日受け取ることにした。なお，株式の売却に伴う手数料¥10,000は，現金で支払った。

【解答】
① 借）売買目的有価証券　5,010,000　　貸）未　払　金　5,000,000
　　　　　　　　　　　　　　　　　　　　　　現　　　金　　 10,000
② 借）未　収　金　　　　5,100,000　　貸）売買目的有価証券　5,010,000
　　　　　　　　　　　　　　　　　　　　　　有価証券売却益　　 90,000
　　借）支払手数料　　　　　10,000　　貸）現　　　金　　 10,000

　①は，株式を購入したときの仕訳です。購入者は，売買目的で株式を購入しているので，売買目的有価証券勘定で処理します。株式の購入に伴い，当社負担の手数料を支払ったときは，これを売買目的有価証券勘定に含めます。商品売買取引において，商品の購入者が当社負担の運賃を仕入勘定に含めるのと同じです。

　②は，株式を売却したときの仕訳です。¥5,010,000で購入した株式を¥5,100,000で売却しているので，貸方で売買目的有価証券勘定の減少を記録し，¥90,000の有価証券売却益を計上します。株式の売却に伴い，当社負担の手数料を支払ったときは，これを費用（支払手数料勘定）として処理します。商品売買取引において，商品の販売者が当社負担の運賃を費用（発送費勘定）として処理するのと同じです。

　なお，有価証券を売買して代金の決済を後日としたときは，未収金勘定，未払金勘定で処理します。商品を売買したときは売掛金勘定，買掛金勘定で処理しますが，商品売買取引以外の場合は未収金勘定，未払金勘定で処理することに注意してください。

【例2】
① 売買目的で1株あたり¥50,000の株式100株を購入し，代金は現金で支払った。
② 上記の株式のすべてを1株あたり¥51,000で売却し，代金は現金で受け取った。
③ 満期まで保有する目的で，額面金額¥1,000,000の社債を¥970,000で購入し，代金は現金で支払った。
④ 上記の社債の利払い日となったので，額面に対して3％の約定利息を現金で受け取った。

【解答】
(購入者の仕訳)

①	借)	売買目的有価証券	5,000,000	貸)	現　　　　　金	5,000,000
②	借)	現　　　　　金	5,100,000	貸)	売買目的有価証券	5,000,000
					有価証券売却益	100,000
③	借)	満期保有目的債券	970,000	貸)	現　　　　　金	970,000
④	借)	現　　　　　金	30,000	貸)	有 価 証 券 利 息	30,000

(発行者の仕訳)

①	借)	現　　　　　金	5,000,000	貸)	資　本　金	5,000,000
②	借)	仕　訳　な　し		貸)		
③	借)	現　　　　　金	970,000	貸)	社　　　債	970,000
④	借)	社　債　利　息	30,000	貸)	現　　　　　金	30,000

①は，株式を購入したときの仕訳です。購入者は，売買目的で株式を購入しているので，売買目的有価証券勘定で処理します。反対に，発行者は，株式を発行しているので，資本金勘定で処理します。資本金に組み入れるべき金額は，原則として払込金額の全額ですが，会社法では，少なくとも払込金額の半分を資本金とし，残りを資本準備金とすることができる旨を定めています。よって，会社法が規定する最低限度額を資本金とする場合，仕訳の貸方は，資本金￥2,500,000，資本準備金￥2,500,000となります。

②は，株式を売却したときの仕訳です。￥5,000,000で購入した株式を￥5,100,000で売却しているので，貸方で売買目的有価証券勘定の減少を記録し，￥100,000の有価証券売却益を計上します。一方，購入者が株式を売却しても，株式の発行者にとっては関係のないことですから，これに関して発行者が仕訳をする必要はありません。

③は，社債を購入したときの仕訳です。購入者は，満期まで保有する目的で社債を購入しているので，満期保有目的債券勘定で処理します。反対に，発行者は，社債を発行しているので，社債勘定で処理します。この設例の場合，社債の額面金額（社債券に記載されている金額）は￥1,000,000ですが，その発行価額（実際に取引された価額）は￥970,000ですから，発行価額で記録します。

④は，社債の利息を受け払いしたときの仕訳です。社債は，返済義務と返済期限があるものですから，その性質は資金の貸付・借入と同じです。よって，当然のことながら，利息の受け払いを伴います。利息は，発行価額に対してではなく，額面金額に約定利率を乗じて受け払いします。社債の場合，受け取った利息は有価証券利息勘定，支払った利息は社債利息勘定で処理します。

2 期末決算の仕訳

決算日になったら，有価証券の帳簿価額を修正します。これを有価証券の評価替えといいます。勘定科目でいえば，評価替えの対象になるのは，売買目的有価証券勘定，満期保有目的債券勘定，その他有価証券勘定，社債勘定です。子会社関連会社株式については，特殊な状況（時価が原価よりも著しく下落し，かつ，時価の回復見込みがあると認められない場合）でない限り，評価替えを行いません。評価替えの方法は，勘定科目によって異なります。売買目的有価証券勘定とその他有価証券勘定は，時価法で処理します。満期保有目的債券勘定と社債勘定は，償却原価法で処理します。

(1) 時価法（売買目的有価証券，その他有価証券）

時価法は，売買目的有価証券勘定とその他有価証券勘定に適用します。時価法は，決算日の帳簿価額と時価が異なる場合に，帳簿価額を時価に合わせるよう修正する処理方法です。ですから，「帳簿価額＞時価」の場合は帳簿価額を上方修正し，逆に，「帳簿価額＜時価」の場合は帳簿価額を下方修正します。

売買目的有価証券の場合，帳簿価額と時価の差額は，当期の損益として処理します。このときの勘定科目は，有価証券評価益勘定（上方修正する場合），有価証券評価損勘定（下方修正する場合）とします。保有中の有価証券を評価替えするのですから，評価益・評価損であって，売却益・売却損ではないことに注意してください。

その他有価証券の場合，帳簿価額と時価の差額は，全部純資産直入法または部分純資産直入法で処理します。**全部純資産直入法**は，上方修正の場合も下方修正の場合も，有価証券評価差額金勘定で処理する方法です。**部分純資産直入法**は，上方修正の場合は有価証券評価差額金勘定で処理し，下方修正の場合は有価証券評価損勘定で処理する方法です。有価証券評価差額金は，純資産に属する勘定科目であることに注意してください。ポイントは，売買目的有価証券の場合と異なり，全部純資産直入法も部分純資産直入法も，上方修正する場合に有価証券評価益勘定を用いないところにあります。

【例3】
① 売買目的で1株あたり￥50,000の株式100株を購入し，代金は現金で支払った。
② 決算日を迎えたので，上記の株式について評価替えを行う。決算日の時価は1株あたり￥51,000である。

【解答】
① 　　借）売買目的有価証券　5,000,000　　貸）現　　　　　金　5,000,000
② 　　借）売買目的有価証券　　100,000　　貸）有価証券評価益　　100,000

　①の時点で，売買目的有価証券（100株）の帳簿価額は，￥5,000,000となっています。②の時点で，1株あたりの価額は，購入日が￥50,000，決算日が￥51,000ですから，1株あたりの増価分は￥1,000です。よって，売買目的有価証券の帳簿価額を￥100,000（￥1,000×100株）だけ上方修正すると共に，これを有価証券評価益として計上します。これにより，評価替えした後の売買目的有価証券の帳簿価額は，①の￥5,000,000に②の￥100,000を加算して￥5,100,000となり，決算日の時価総額（￥51,000×100株）と一致することになります。

【例4】
① 1株あたり￥50,000の株式100株を購入し，代金は現金で支払った。この株式は，その他有価証券として処理する。
② 決算日を迎えたので，上記の株式について評価替えを行う。決算日の時価は1株あたり￥49,000である。

【解答】
（全部純資産直入法の場合）
① 　借）その他有価証券　　　5,000,000　　貸）現　　　　　金　5,000,000
② 　借）有価証券評価差額金　　 100,000　　貸）その他有価証券　　100,000
（部分純資産直入法の場合）
① 　借）その他有価証券　　　5,000,000　　貸）現　　　　　金　5,000,000
② 　借）有価証券評価損　　　　 100,000　　貸）その他有価証券　　100,000

　この設例では，1株あたりの価額は，購入日が￥50,000，決算日が￥49,000ですから，決算日に1株あたり￥1,000の減価を認識します。よって，②では，その他有価証券の帳簿価額を￥100,000（￥1,000×100株）だけ下方修正しています。貸方でその他有価証券勘定の減少を記録することは，全部純資産直入法と部分純資産直入法で同じですが，借方の勘定科目は異なります。全部純資産直入法の場合は，上方修正も下方修正も有価証券評価差額金勘定で処理し，部分純資産直入法の場合は，下方修正の場合のみ有価証券評価損勘定で処理します。

(2) 償却原価法（満期保有目的債券，社債）

　償却原価法は，満期保有目的債券勘定と社債勘定に適用します。満期保有目的債券は資産に属する勘定科目で，社債の購入者が用いる勘定科目です。社債は負債に属する勘定科目で，社債の発行者が用いる勘定科目です。混乱しないようにしてください。
　償却原価法は，額面金額と発行価額が異なる場合で，その差額が金利の調整と認められるときに適用される処理方法です。「額面金額＞発行価額」（割引発行）の場合は帳簿価額を上方修正し，「額面金額＜発行価額」（打歩発行）の場合は帳簿価額を下方修正します。「額面金額＝発行価額」（平価発行）の場合は，修正の必要はありません。上方修正と下方修正は，額面金額と発行価額の差額を社債の償還日までの間に毎期一定の方法で配分するように行います。このとき，社債の購入者は有価証券利息勘定，社債の発行者は社債利息勘定で処理します。

【例5】
① 4月1日，満期まで保有する目的で，額面金額￥1,000,000（償還期間3年）の社債を￥970,000で購入し，代金は現金で支払った。額面金額と発行価額の差額は金利の調整によるものである。
② 3月31日，決算日を迎えたので，上記の社債について評価替えを行う。償却原価法を適用し，額面金額と発行価額の差額は定額法によって配分する。

【解答】
（購入者の仕訳）
①4/1　借）満期保有目的債券　970,000　　貸）現　　　　金　970,000
②3/31　借）満期保有目的債券　 10,000　　貸）有価証券利息　 10,000
（発行者の仕訳）
①4/1　借）現　　　　金　970,000　　貸）社　　　　債　970,000
②3/31　借）社　債　利　息　 10,000　　貸）社　　　　債　 10,000

　この設例では，額面金額￥1,000,000，発行価額￥970,000ですから，その差額￥30,000を償還期間3年で各期に配分していきます。配分方法は定額法によるとの指定がありますので，各期の配分額は￥10,000となります。この設例は「額面金額＞発行価額」（割引発行）の場合ですから，社債の購入者は，満期保有目的債券の帳簿価額を上方修正すると共に，これを有価証券利息として計上します。逆に，社債の発行者は，社債の帳簿価額を上方修正すると共に，これを社債利息として計上します。②の仕訳を償還期間3年にわたって行うと，最終的に満期保有目的債券と社債の帳簿価額は，額面金額である￥1,000,000と一致することになります。

第7節 固定資産取引

1 期中取引の仕訳（その1）

　固定資産は，長期的に使用することを目的とする資産です。短期的に売買することを目的とする資産は，**流動資産**と呼ばれていて，現金，売掛金，売買目的有価証券，商品などがそれに含まれます。

　固定資産は，大きく3つに分類されます。①**有形固定資産**（建物，機械，車両運搬具，備品，土地など），②**無形固定資産**（特許権，著作権，商標権，実用新案権，のれんなど），③**投資その他の資産**（満期保有目的債券，子会社関連会社株式，その他有価証券など）です。③の取引については，有価証券取引で説明していますので，ここでは①と②の取引について説明していきます。

【例1】
① 事務用で使用するパソコンを¥300,000で購入し，代金は後日支払うことにした。なお，当社負担の運賃として，現金¥3,000を支払った。
② 上記のパソコンについて，メモリの増設やハードディスクの容量を増やすなどの改良を行い，現金¥100,000を支払った。
③ 上記のパソコンを修理に出して，現金¥20,000を支払った。

【解答】
①	借）	備　　　品	303,000	貸）	未　払　金	300,000
					現　　　金	3,000
②	借）	備　　　品	100,000	貸）	現　　　金	100,000
③	借）	修　繕　費	20,000	貸）	現　　　金	20,000

　①は，備品を購入したときの仕訳です。パソコンを販売目的で購入した場合，そのパソコンは「商品」という扱いになりますので，商品売買取引として仕入勘定と買掛金勘定で処理しますが，使用目的で購入した場合は，固定資産取引として備品勘定と未払金勘定で処理します。当社負担の運賃を支払

ったときは，これを備品勘定に含めます。商品売買取引において，商品の購入者が当社負担の運賃を仕入勘定に含めるのと同じです。

②は備品の改良を行ったときの仕訳で，③は備品の修繕を行ったときの仕訳です。改良と修繕は処理方法が違うので，特に注意してください。備品を改良すると，性能が向上して備品の価値が上がるので，これに伴う支出は備品勘定に含めます。しかし，備品を修繕しても，原状を維持・回復するにとどまり，備品の価値が上がるわけではないので，これに伴う支出は修繕費勘定を用いて費用として処理します。

【例2】
① 店舗用の土地1,000㎡を1㎡あたり¥8,000で購入し，代金は後日支払うことにした。なお，手数料や登記料などとして，現金¥200,000を支払った。
② 上記の土地を整地し，現金¥500,000を支払った。
③ 上記の土地のうち，200㎡を1㎡あたり¥8,500で売却し，代金は後日受け取ることにした。

【解答】
① 借）土　　　　地　8,200,000　　貸）未　払　金　8,000,000
　　　　　　　　　　　　　　　　　　　　現　　　金　　200,000
② 借）土　　　　地　　500,000　　貸）現　　　金　　500,000
③ 借）未　収　金　1,700,000　　貸）土　　　地　1,740,000
　　　固定資産売却損　　40,000

①は，土地を購入したときの仕訳です。当社負担の手数料や登記料を支払ったときは，これを土地勘定に含めます。②では，土地を整地していますが，これは修繕（原状の維持・回復）ではなく，改良（性能・価値の向上）に当たるので，それに伴う支出は土地勘定に含めます。

③は，土地を売却したときの仕訳です。②の仕訳を行った時点で，土地（1,000㎡）の帳簿価額は¥8,700,000となっています。よって，1㎡あたりの土地の帳簿価額は¥8,700となり，売却分200㎡の帳簿価額は¥1,740,000と計算できます。ですから，その分だけ貸方で土地勘定の減少を記録すると共に，¥1,740,000の土地を¥1,700,000で売却したわけですから，¥40,000の固定資産売却損を計上します。

【例3】
① 建設業者と本社社屋の建設請負契約（総工費¥10,000,000）を結び，工事代金の一部として¥4,000,000を小切手を振り出して支払った。
② 上記の社屋が完成したので，残額¥6,000,000を小切手を振り出して支払い，引き渡しを受けて使用を開始した。
【解答】
①　　　借）建 設 仮 勘 定　4,000,000　　　貸）当 座 預 金　4,000,000
②　　　借）建　　　　　物　10,000,000　　　貸）建 設 仮 勘 定　4,000,000
　　　　　　　　　　　　　　　　　　　　　　　当 座 預 金　6,000,000

　建物の建設には，相当の時間を必要とします。建物が完成して引き渡しを受けるまでに，建設業者の資金負担を軽減するため，契約金の一部を前もって支払っておくことがあります。契約金の一部を事前に支払うことは，商品売買取引でいう手付金の支払いと同じであり，商品売買取引ではこれを前払金勘定で処理しますが，固定資産取引の場合は建設仮勘定で処理します。そして，完成引渡を受けて使用を開始した時点で，建設仮勘定を所定の勘定科目（この設例では建物勘定）に振り替えるように仕訳します。

2　期末決算の仕訳

　固定資産は，利用ないし時の経過によって，物質的・機能的に価値が減少していきます。そこで，決算日にその見積計算を行い，固定資産の帳簿価額を減額すると共に，それを費用として処理します。これを固定資産の**減価償却**といいます。減価償却によって計上する費用を減価償却費，その過年度の累計額を減価償却累計額といいます。土地や建設仮勘定は，物質的・機能的に価値が減少するものでありませんので，減価償却の対象になりません。

　減価償却費の計算は，見積によるところが多いので，損益計算をゆがめないようにするため，毎期一定の方法で規則的・計画的に行います。代表的な減価償却費の計算方法として，定額法と定率法があります。その計算式は次の通りです。

〈定額法〉　毎期の減価償却費＝(取得原価－残存価額)÷耐用年数
〈定率法〉　毎期の減価償却費＝(取得原価－減価償却累計額)×償却率

　取得原価は，固定資産の購入代金に付随費用を加算したものです。【例1】の備品でいえば，¥303,000が備品の取得原価です。耐用年数は，その固定資産が使用可能であると予想される年数で，残存価額は，耐用年数終了後に残っていると予想される固定資産の価値です。取得原価，耐用年数，残存価額を減価償却の3要素といいます。定率法の償却率は，この3要素から一定の算式によって計算されます。

　減価償却の処理方法には，直接法と間接法があります。直接法は，固定資産の帳簿価額から減価償却費を直接控除していく方法です。間接法は，減価償却累計額勘定を別途に設けて，そこに過年度の減価償却費を累積的に記録していく方法です。直接法によると，固定資産の帳簿価額は，当初の取得原価から決算日毎に減価償却費の分だけ減少していくので，後に固定資産の取得原価を把握することが困難となります。そのため，通常は，間接法で処理するのが一般的です。

　なお，定額法と定率法は減価償却費を計算する方法で，直接法と間接法は減価償却の仕訳をする方法ですので，混乱しないようにしてください。

【例4】
① 01年1月1日，備品を¥1,000,000で購入し，代金は現金で支払った。
② 01年3月31日，決算日を迎えたので，上記の備品の減価償却を行う。備品の耐用年数は10年，残存価額は取得原価の10％とし，減価償却費の計算は定額法による。
③ 02年3月31日，決算日を迎えたので，上記の備品の減価償却を行う。減価償却の方針に変更はない。

【解答】
(直接法の場合)
①01/1/1　借）備　　　　品　1,000,000　　貸）現　　　　金　1,000,000
②01/3/31　借）減 価 償 却 費　　22,500　　貸）備　　　　品　　 22,500
③02/3/31　借）減 価 償 却 費　　90,000　　貸）備　　　　品　　 90,000

(間接法の場合)
① 01/1/1　借）備　　　　　品　1,000,000　　貸）現　　　　　金　1,000,000
② 01/3/31　借）減 価 償 却 費　　　22,500　　貸）減価償却累計額　　22,500
③ 02/3/31　借）減 価 償 却 費　　　90,000　　貸）減価償却累計額　　90,000

　この設例では，減価償却費の計算は定額法によるとの指定がありますので，毎期の減価償却費は，（取得原価￥1,000,000 − 残存価額￥1,000,000 × 10％）÷ 耐用年数10年 ＝￥90,000となります。これは1年分の金額ですが，01/1/1から01/3/31までの経過期間は3ヵ月ですから，②で計上する金額は月割計算して，￥90,000 ×（3ヵ月／12ヵ月）＝￥22,500となります。

　金額的にいえば，直接法と間接法で異なるところはありませんが，仕訳のパターンは違いますので注意してください。直接法の場合は，備品の帳簿価額を直接的に減額するので，減価償却の仕訳は，貸方で備品勘定の減少を記録することになります。よって，②で減価償却を行った後の備品の帳簿価額は，①備品￥1,000,000（取得原価）−②備品￥22,500＝￥977,500となります。また，③で減価償却を行った後の備品の帳簿価額は，￥977,500 −③備品￥90,000 ＝￥887,500となります。

　間接法の場合は，別途に減価償却累計額勘定を設けて処理するので，減価償却の仕訳は，貸方で減価償却累計額勘定の増加を記録することになります。減価償却累計額は，固定資産の評価勘定としての性質をもっていて，これを固定資産の帳簿価額から間接的に減額することで，当該固定資産の本来の帳簿価額を明らかにするものです。よって，②で減価償却を行った後の備品の帳簿価額は，形式的には①備品￥1,000,000（取得原価）のままですが，実質的には，①備品￥1,000,000（取得原価）−②減価償却累計額￥22,500 ＝￥977,500と理解されます。同様に，③で減価償却を行った後の備品の帳簿価額も，形式的には①備品￥1,000,000（取得原価）のままですが，実質的には，①備品￥1,000,000（取得原価）−｛②減価償却累計額￥22,500 ＋③減価償却累計額￥90,000｝＝￥887,500と理解されます。

3 期中取引の仕訳(その2)

　減価償却を行った後で,その固定資産を売却・除却したり,あるいは,その固定資産が焼失してしまうことがあります。ここでは,そのような場合について説明していきます。

【例5】
① 備品(取得原価¥1,000,000,減価償却累計額¥112,500)を¥900,000で売却し,代金は現金で受け取った。
② 備品(取得原価¥1,000,000,減価償却累計額¥900,000)の耐用年数が到来したので,これを除却して倉庫に保管した。なお,この備品の処分価値は¥60,000と見積もられた。
③ 営業用の車両(取得原価¥1,000,000,減価償却累計額¥540,000)を下取りに出し,新車両を¥1,200,000で購入した。旧車両の下取価額は¥300,000であり,新車両の購入価額との差額は,後日支払うことにした。

【解答】
① 借)減価償却累計額　112,500　　貸)備　　　　品　1,000,000
　　　 現　　　　金　900,000　　　　 固定資産売却益　　12,500
② 借)減価償却累計額　900,000　　貸)備　　　　品　1,000,000
　　　 貯　蔵　品　　60,000
　　　 固定資産除却損　40,000
③ 借)減価償却累計額　540,000　　貸)車両運搬具　1,000,000
　　　 未　収　金　　300,000
　　　 固定資産売却損　160,000
　 借)車両運搬具　1,200,000　　貸)未　払　金　1,200,000

　①は,過年度に減価償却を行っている備品を売却したときの仕訳です。売却することで備品がなくなるわけですから,貸方で備品勘定の減少を記録します。同時に,減価償却累計額も,その備品の評価勘定ですから,借方でその減少を記録します。そして,実質的な帳簿価額¥887,500(取得原価¥1,000,000−減価償却累計額¥112,500)の備品を¥900,000で売却しているので,¥12,500の固定資産売却益を計上します。

　②は,減価償却が終了した備品を除却したときの仕訳です。売却の場合と

同様，貸方で備品勘定の減少を記録し，借方で減価償却累計額勘定の減少を記録します。ここでは，売却と除却の違いに注意してください。除却は，売却とは異なり，備品そのものがなくなるわけではなく，備品が備品としての用途を失い，倉庫に保管されることをいいます。これは貯蔵品勘定で処理します。よって，除却は，備品勘定を貯蔵品勘定に振り替えるような仕訳となります。この設例では，実質的な帳簿価額￥100,000（取得原価￥1,000,000－減価償却累計額￥900,000）の備品を貯蔵品勘定に振り替えることになるのですが，その処分価値は￥60,000しかありませんから，差額￥40,000は固定資産除却損勘定で処理します。

③は，車両を買い換えたときの仕訳です。この取引は，旧車両の売却と新車両の購入を同時に行い，購入代金の支払いを売却代金と相殺するというものです。このような複雑な取引は，取引を分解して着実に処理していけば，間違いなく仕訳することができます。つまり，旧車両の売却と新車両の購入を別々に処理するわけです。解答では，それが分かるように仕訳してあります。すなわち1行目が旧車両の売却仕訳で，2行目が新車両の購入仕訳です。別解として，購入代金が売却代金と一部相殺されていることに鑑み，借方の未収金￥300,000と貸方の未払金￥1,200,000を相殺して，貸方に未払金￥90,000とだけを記録する方法もあります。

【例6】
① 備品（取得原価￥1,000,000，減価償却累計額￥630,000）が火災で焼失した。この備品には，￥400,000を上限とする火災保険を付してあったので，保険会社に保険金の支払いを請求した。
② 保険会社より，上記の保険金の全額を支払う旨の通知を受けた。

【解答】
① 借）減価償却累計額　630,000　　貸）備　　　　　品　1,000,000
　　　　未　決　算　　370,000
② 借）未　収　金　　　400,000　　貸）未　決　算　　　370,000
　　　　　　　　　　　　　　　　　　　保　険　差　益　　30,000

①は，備品が焼失したときの仕訳です。売却や除却と同じく，貸方で備品

勘定の減少を記録し，借方で減価償却累計額勘定の減少を記録します。実質的な帳簿価額¥370,000（取得原価¥1,000,000－減価償却累計額¥630,000）の備品が焼失したわけですから，保険契約を付していなければ，その全額が火災損失となります。しかし，この設例では，保険契約を付していて，保険金をもらえば損失を計上せずにすみそうです。そこで，保険金の査定には時間がかかるので，①の時点では火災損失を計上せずに，未決算勘定で処理しておきます。未決算勘定は，現金過不足勘定と同じく，事の次第が明らかになるまで一時的に記録しておくための勘定科目です。

②は，査定が終わって保険金の金額が確定したときの仕訳です。保険金の査定が終わったわけですから，①の未決算勘定を取り消すように仕訳します。保険契約を付していなければ¥370,000の損となるはずでしたが，¥400,000の保険金を受け取ることができるので，差額¥30,000は益となります。これは保険差益勘定で処理します。なお，保険金の査定が終わっても，保険金の入金は後日となりますから，通知により受け取りが確定した保険金は，未収金勘定で処理します。

【例7】
① 備品（取得原価¥1,000,000，減価償却累計額¥630,000）が火災で焼失した。この備品には，¥300,000を上限とする火災保険を付してあったので，保険会社に保険金の支払いを請求した。
② 保険会社より，保険金¥250,000を支払う旨の通知を受けた。

【解答】
① 借）減価償却累計額　630,000　　貸）備　　　　品　1,000,000
　　　　未　決　算　　300,000
　　　　火　災　損　失　 70,000
② 借）未　収　金　　250,000　　貸）未　決　算　　300,000
　　　　火　災　損　失　 50,000

取引の内容は【例6】と【例7】で基本的に同じですが，保険金の上限額と受取額が異なることに注意してください。【例6】は，保険金の上限額が¥400,000で，実質的な備品の帳簿価額が¥370,000ですから，火災損失の全額を保険金でカバーできる可能性があります。よって，①の時点では，

¥370,000の全額を未決算勘定で処理したわけです。しかし，【例7】は，保険金の上限額が¥300,000ですから，満額を受け取ることができたとしても，¥70,000の損失が生じることを避けることはできません。そこで，¥300,000を未決算勘定で処理し，¥70,000の火災損失を計上します。

　そして，②の時点で，保険金の受取額が確定するので，①の未決算勘定を取り消すように仕訳をしますが，受け取りが確定した保険金は¥250,000ですから，これを未収金勘定で処理します。当然のことながら，保険金の上限額¥300,000と受取額¥250,000の差額は追加的な損失となるので，これを火災損失として計上します。

第8節 剰余金の処分

1 法人税等の支払い

法人税等には，法人税，住民税，事業税が含まれます。法人税等は，1年間の利益を基礎として課されるものですから，当然のことながら，その金額は期末にならないと確定しません。法人税等の金額を期末に確定して納付することを，**確定納付**といいます。しかし，企業の資金的な負担に配慮し，また，国庫側にも一定の財源を確保しておきたいという事情があるため，期中の中頃に期末の確定税額を見積もり，その一部を前もって納付しておくことをします。これを**中間納付**といいます。中間納付を行った企業は，最終的に確定税額の全額ではなく，中間納付額を差し引いた残額だけを納付すればよいことになります。

【例1】
① 中間申告を行い，法人税等の金額¥1,000,000を小切手を振り出して中間納付した。
② 決算日を迎えて，当期の法人税等の金額は¥2,200,000と確定した。
③ 確定申告を行い，中間納付額を差し引いた残額を小切手を振り出して確定納付した。

【解答】
① 借）仮払法人税等 1,000,000　　貸）当 座 預 金 1,000,000
② 借）法 人 税 等 2,200,000　　貸）仮払法人税等 1,000,000
　　　　　　　　　　　　　　　　　　　未払法人税等 1,200,000
③ 借）未払法人税等 1,200,000　　貸）当 座 預 金 1,200,000

①は，中間納付を行ったときの仕訳です。中間納付は，確定税額を納付するものではなく，その一部を見積もって事前に納付しておくだけです。法人税等勘定は，あくまでも確定税額に対して用いる勘定科目ですから，中間納付額は仮払法人税等勘定で処理しておきます。

②は，確定税額が明らかになったときの仕訳です。確定税額は¥2,200,000ですから，これを法人税等勘定で処理します。しかし，実際に納付すべき金額は，中間納付額を差し引いた残額ですから，①の仮払法人税等勘定を取り消すように仕訳し，残額¥1,200,000は未払法人税等勘定で処理します。未払法人税等勘定は，その金額を実際に納付したときに消滅します。それが③の仕訳です。

2 剰余金の配当と積立

株式会社は，株主から拠出された資金を運用して成果を獲得する企業体です。株主の拠出額を資本，その運用成果を剰余金といいます。剰余金は，色々な形で使われます。例えば，株主の資金拠出に報いるために，株主総会の決議に基づいて剰余金の一部を配当金として支払います。会社法の規定に基づいて，剰余金の一部を社内に留保することもあります。その代表例が利益準備金です。また，株主総会の決議に基づいて，剰余金の一部を社内に積み立てることもあります。これを任意積立金といいます。

【例2】
① 株主総会において，繰越利益剰余金を財源とした剰余金の配当等として，配当金¥200,000と任意積立金¥100,000が決議された。
② 株主に対して，上記の配当金を小切手を振り出して支払った。

【解答】
①	借）	繰越利益剰余金	320,000	貸）	未 払 配 当 金	200,000
					利 益 準 備 金	20,000
					任 意 積 立 金	100,000
②	借）	未 払 配 当 金	200,000	貸）	当 座 預 金	200,000

①は，剰余金の配当等が決議されたときの仕訳です。配当金について，この時点では金額が決まっただけで，その支払いは後日となりますから，未払配当金勘定で処理しておきます。未払配当金勘定は，実際にその金額を支払ったときに消滅します。それが②の仕訳です。

配当金の支払いを決議したことに伴って，利益準備金が計上されます。これは，会社法の規定に基づくものです。すなわち，会社法では，利益を源泉として剰余金の配当を行う場合，資本準備金と利益準備金の合計額が資本金の4分の1に達するまで，配当金の10分の1を利益準備金として積み立てることを規定しています。上の設例では，この要件を充足しているものと仮定して，¥20,000の利益準備金を計上しています。

　任意積立金は，企業の経営等に必要な資金を確保するため，剰余金が配当などで社外に流出しないように，企業内に拘束しておくものです。例えば，社屋の新築に備えて積み立てておく新築積立金，将来的な事業の拡張に備えて積み立てておく事業拡張積立金などがあります。

　配当金¥200,000の支払い，利益準備金¥20,000の計上，任意積立金¥100,000の積立は，繰越利益剰余金を財源として行われているので，その合計額¥320,000を繰越利益剰余金勘定の減少として記録します。繰越利益剰余金勘定は，前期から繰り越している利益と，当期に計上した利益をまとめて収容する勘定科目です。

第9節 決算予備手続

　簿記では，日々の取引によって生じる資産・負債・純資産・収益・費用の変動を記録しています。企業の経営活動に現実的な区切りは存在しませんが，財政状態や経営成績を明らかにするためには，一定の会計期間を設けて，ストック（資産，負債，純資産）とフロー（収益，費用）に関するデータを集計します。ストックを集計して貸借対照表が作成され，フローを集計して損益計算書が作成されます。そのための手続を決算といい，決算を行う日を決算日といいます。決算日は，一会計期間の終了日（期末）です。

　決算には，予備手続と本手続という2つの手続があります。予備手続は，元帳から試算表を作成し，決算整理仕訳を踏まえて精算表を作成してから，貸借対照表と損益計算書につなげていく手続です。本手続は，決算整理仕訳と決算振替仕訳を行い，元帳を締め切ってから，貸借対照表と損益計算書につなげていく手続です。仕訳帳や元帳は帳簿で，会社法や税法では一定期間にわたって帳簿を保存することを義務づけていますから，本手続は必須です。

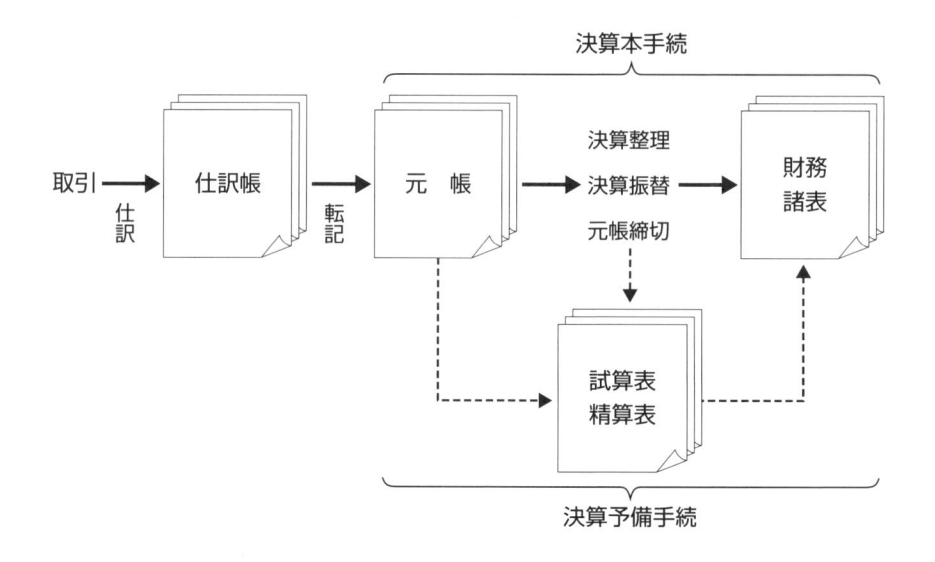

取引 →（仕訳）→ 仕訳帳 →（転記）→ 元帳 →（決算整理・決算振替・元帳締切）→ 財務諸表

元帳 → 試算表・精算表 → 財務諸表

決算本手続：元帳→財務諸表
決算予備手続：元帳→試算表・精算表

しかし，試算表や精算表は，表であって帳簿ではありませんから，予備手続は任意です。ですが，通常は，本手続によって作成する貸借対照表と損益計算書に間違いが出ないように，本手続に先立って予備手続を行います。

1 試算表の作成

試算表には，合計試算表，残高試算表，合計残高試算表という3つのタイプがあります。合計残高試算表は，合計試算表と残高試算表を1つの表にまとめたものです。ですから，ここでは，合計残高試算表を理解すれば十分です。それは次のような形をしています。

合計残高試算表
平成　年　月　日

借　方		元丁	勘定科目	貸　方	
残　高	合　計			合　計	残　高
		1			
		2			
		3			

合計残高試算表は，元帳から誘導して作成します。したがって，合計残高試算表を作成するためには，期中の取引について仕訳帳から元帳への転記が完了していなければいけません。具体的に説明しましょう。平成19年4月1日から平成20年3月31日までを会計期間とし，期中取引の仕訳とそれを転記した各勘定の元帳が次のようになっていたとします。

6/1	借）仕　　　　入	400	貸）現　　　　金	100
			買　　掛　　金	300
8/1	借）買　掛　金	40	貸）仕　　　　入	40
10/1	借）現　　　　金	250	貸）売　　　　上	500
	売　掛　金	250		
12/1	借）売　掛　金	100	貸）売　　　　上	100
2/1	借）給　　　　料	180	貸）現　　　　金	180

	現	金		1
4/1 前 期 繰 越	350	6/1 仕 入	100
10/1 売 上	250	2/1 給 料	180

	売 掛 金		2
4/1 前 期 繰 越	150		
10/1 売 上	250		
12/1 売 上	100		

	繰 越 商 品		3
4/1 前 期 繰 越	100		

	買 掛 金		4
8/1 仕 入	40	4/1 前 期 繰 越	100
		6/1 仕 入	300

	資 本 金		5
		4/1 前 期 繰 越	400

	繰 越 利 益 剰 余 金		6
		4/1 前 期 繰 越	100

	売 上		7
		10/1 諸 口	500
		12/1 売 掛 金	100

	仕 入		8
6/1 諸 口	400	8/1 買 掛 金	40

	給 料		9
2/1 現 金	180		

これをもとに合計残高試算表を作成すると，次のようになります。

合計残高試算表
平成20年3月31日

借方		元丁	勘定科目	貸方	
残高	合計			合計	残高
320	600	1	現　　　　金	280	
500	500	2	売　掛　　金	0	
100	100	3	繰　越　商　品	0	
	40	4	買　掛　　金	400	360
	0	5	資　本　　金	400	400
	0	6	繰越利益剰余金	100	100
	0	7	売　　　　上	600	600
360	400	8	仕　　　　入	40	
180	180	9	給　　　　料	0	
1,460	1,820			1,820	1,460

　合計残高試算表への金額の記入の仕方を，現金勘定を例として図示すると，次のようになります。

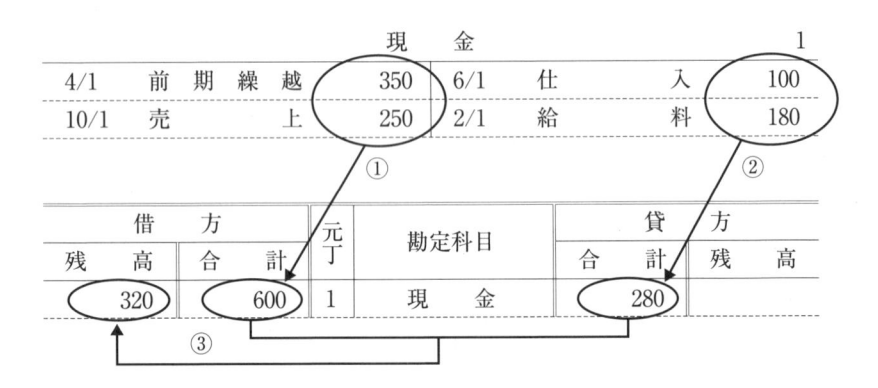

				現　金			1
4/1	前　期　繰　越	350	6/1	仕　　　　入	100
10/1	売　　　　上	250	2/1	給　　　料	180

借方		元丁	勘定科目	貸方	
残高	合計			合計	残高
320	600	1	現　　　　金	280	

① 元帳の借方合計を，合計残高試算表の借方の合計欄に記入します。
② 元帳の貸方合計を，合計残高試算表の貸方の合計欄に記入します。
③ 借方と貸方の合計欄を比較して，差額を多い方の残高欄に記入します。
　　資産・費用に属する勘定科目は借方の残高欄に，負債・純資産・収益に属する勘定科目は貸方の残高欄に金額が記入されます。

この手順に従って勘定科目ごとに合計残高試算表に記入した後，借方と貸方の合計欄と残高欄をそれぞれ合計します。そうすると，両者の金額は必ず一致します。これは，仕訳帳に記録するときから，個々の取引ごとに借方合計と貸方合計が一致するように仕訳しているからです。よって，仕訳帳から元帳を経て合計残高試算表に金額を移記しても，借方合計と貸方合計は一致していなければいけません。

借方		元丁	勘定科目	貸方	
残高	合計			合計	残高
320	600	1	現　　金	280	
180	180	9	給　　料	0	
1,460	1,820			1,820	1,460

貸借一致

　もしも，借方合計と貸方合計が一致していなければ，その原因を見つけなければいけません。合計残高試算表で金額を合計するときに間違えたか，元帳から借方合計と貸方合計を書き移すときに間違えたか，あるいは，仕訳帳から元帳に転記するときに間違えたのか，色々なケースが考えられます。原点に戻って，仕訳帳の仕訳に間違いがあるのかもしれません。このように，試算表を作成することで，すべてではありませんが，仕訳帳と元帳の間違いを自動的に検出することができます。これを試算表の**自己検証機能**といいます。

2　精算表の作成

　合計残高試算表の残高欄（残高試算表）から，貸借対照表と損益計算書の概要を知ることができます。ただし，残高試算表には貸借対照表と損益計算書の勘定科目が混在しているので，両者を分離する作業が必要となります。その作業を1つの表に示したものを**精算表**といいます。それは次のような形をしています。

精　算　表
平成　年　月　日

勘定科目	元丁	残高試算表		修正記入		損益計算書		貸借対照表	
		借方	貸方	借方	貸方	借方	貸方	借方	貸方
	1								
	2								
	3								

上述の合計残高試算表をもとに精算表を作成すると，以下のようになります。記入の仕方を順に説明していきましょう。網掛けした部分は，各々の手順で行った作業を示しています。

(1) 日付欄，勘定科目欄，残高試算表欄の記入

合計残高試算表の日付欄と勘定科目欄を，精算表の日付欄と勘定科目欄に移記します。次に，合計残高試算表の残高欄を精算表の残高試算表欄に移記し，借方合計と貸方合計が一致することを確認します。

精　算　表
平成20年3月31日

勘定科目	元丁	残高試算表		修正記入		損益計算書		貸借対照表	
		借方	貸方	借方	貸方	借方	貸方	借方	貸方
現　　　　金	1	320							
売　掛　金	2	500							
繰　越　商　品	3	100							
買　掛　金	4		360						
資　本　金	5		400						
繰越利益剰余金	6		100						
売　　　　上	7		600						
仕　　　　入	8	360							
給　　　　料	9	180							
		1,460	1,460						

(2) 修正記入欄の記入

決算整理仕訳を修正記入欄に記入します。勘定科目が足らないときは，勘定科目欄に追加します。そして，修正記入欄の末尾に借方合計と貸方合計を記入し，貸借一致となることを確認します。

いま，期末の決算整理仕訳が次のようであったとします。

```
3/31  借) 仕        入        100    貸) 繰 越 商 品      100
      　  繰 越 商 品      120        仕        入        120
      借) 貸倒引当金繰入     30    貸) 貸 倒 引 当 金     30
```

これを踏まえて精算表を作成すると，次のようになります。

精　算　表
平成20年3月31日

勘 定 科 目	元丁	残高試算表		修正記入		損益計算書		貸借対照表	
		借 方	貸 方	借 方	貸 方	借 方	貸 方	借 方	貸 方
現　　　　金	1	320							
売　掛　　金	2	500							
繰 越 商 品	3	100		120	100				
買　掛　　金	4		360						
資　本　　金	5		400						
繰越利益剰余金	6		100						
売　　　　上	7		600						
仕　　　　入	8	360		100	120				
給　　　　料	9	180							
貸倒引当金繰入	10			30					
貸 倒 引 当 金	11				30				
		1,460	1,460	250	250				

(3) 損益計算書欄の記入

残高試算表欄のうち，収益・費用に属する勘定科目を損益計算書欄に移記します。修正記入欄に記入があれば，それを加減して移記します。加減の方法は，次のようなパターンになります。

残高試算表の借方 ＋ 修正記入の借方 － 修正記入の貸方
⇒ 損益計算書の借方

残高試算表の貸方 － 修正記入の借方 ＋ 修正記入の貸方
⇒ 損益計算書の貸方

次に，損益計算書欄の借方合計と貸方合計を計算します。損益計算書欄の場合，借方合計は費用総額，貸方合計は収益総額を示します。よって，「借方合計＜貸方合計」の場合は，差額を借方末尾に記入し，勘定科目欄に「当期純利益」と記入します。逆に，「借方合計＞貸方合計」の場合は，差額を貸方末尾に記入し，勘定科目欄に「当期純損失」と記入します。そして，損益計算書欄の末尾に借方合計と貸方合計を記入し，貸借一致となることを確認します。記入の方法は，次のようなパターンになります。

借方合計 ＜ 貸方合計 …… 当期純利益 ⇒
差額を損益計算書の借方末尾に記入

借方合計 ＞ 貸方合計 …… 当期純損失 ⇒
差額を損益計算書の貸方末尾に記入

第2章 複式簿記

精 算 表
平成20年3月31日

勘定科目	元丁	残高試算表 借方	残高試算表 貸方	修正記入 借方	修正記入 貸方	損益計算書 借方	損益計算書 貸方	貸借対照表 借方	貸借対照表 貸方
現　　　　　金	1	320							
売　掛　　金	2	500							
繰　越　商　品	3	100		120	100				
買　掛　　金	4		360						
資　本　　金	5		400						
繰越利益剰余金	6		100						
売　　　　　上	7		600				600		
仕　　　　　入	8	360		100	120	340			
給　　　　　料	9	180				180			
貸倒引当金繰入	10			30		30			
貸倒引当金	11				30				
当期純利益						50			
		1,460	1,460	250	250	600	600		

(4) 貸借対照表欄の記入

　残高試算表欄のうち，資産・負債・純資産に属する勘定科目を貸借対照表欄に移記します。修正記入欄に記入があれば，それを加減して移記します。加減の方法は，次のようなパターンになります。損益計算書欄と同じパターンです。

　　残高試算表の借方 ＋ 修正記入の借方 − 修正記入の貸方
　　　　　　　　　　　　　　　　⇒ 貸借対照表の借方
　　残高試算表の貸方 − 修正記入の借方 ＋ 修正記入の貸方
　　　　　　　　　　　　　　　　⇒ 貸借対照表の貸方

　次に，貸借対照表欄の借方合計と貸方合計を計算します。「借方合計＞貸方合計」の場合は，差額を貸方末尾に記入し，その勘定科目欄が「当期純利益」(上記(3)の手順で記入済み) であることを確認します。逆に，「借方合計

＜貸方合計」の場合は，差額を借方末尾に記入し，その勘定科目欄が「当期純損失」（上記(3)の手順で記入済み）であることを確認します。そして，貸借対照表欄の末尾に借方合計と貸方合計を記入し，貸借一致となることを確認します。記入の方法は，次のようなパターンになります。損益計算書欄とは逆のパターンになるので，注意してください。

借方合計 ＞ 貸方合計 …… 当期純利益
　　　　　　　　　　⇒ 差額を貸借対照表の貸方末尾に記入
借方合計 ＜ 貸方合計 …… 当期純損失
　　　　　　　　　　⇒ 差額を貸借対照表の借方末尾に記入

精　算　表
平成20年3月31日

勘定科目	元丁	残高試算表		修正記入		損益計算書		貸借対照表	
		借方	貸方	借方	貸方	借方	貸方	借方	貸方
現　　　　金	1	320						320	
売　掛　　金	2	500						500	
繰　越　商　品	3	100		120	100			120	
買　掛　　金	4		360						360
資　本　　金	5		400						400
繰越利益剰余金	6		100						100
売　　　　上	7		600				600		
仕　　　　入	8	360		100	120	340			
給　　　　料	9	18				180			
貸倒引当金繰入	10			30		30			
貸　倒　引　当　金	11				30				30
当　期　純　利　益						50			50
		1,460	1,460	250	250	600	600	940	940

(5) 記入後の確認

　残高試算表欄，修正記入欄，損益計算書欄，貸借対照表欄の各々について，借方合計と貸方合計が一致していることを再確認します。また，損益計算書欄と貸借対照表欄の当期純利益（または当期純損失）の金額が，貸借逆で一

致していることを確認します。

精 算 表
平成20年3月31日

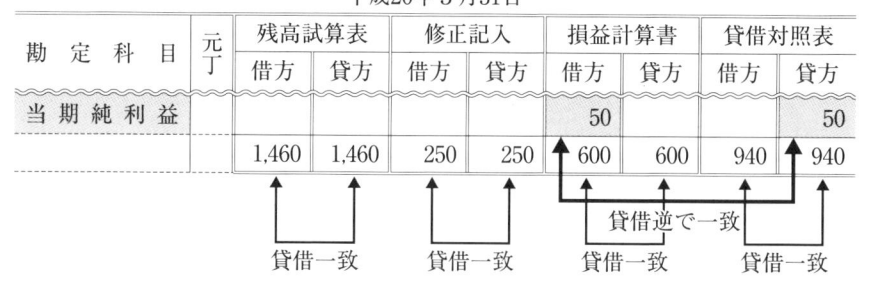

勘定科目	元丁	残高試算表		修正記入		損益計算書		貸借対照表	
		借方	貸方	借方	貸方	借方	貸方	借方	貸方
当期純利益						50			50
		1,460	1,460	250	250	600	600	940	940

貸借一致　　貸借一致　　貸借一致　　貸借一致

貸借逆で一致

第10節 決算本手続

　前節で学習したように，決算予備手続の主な目的は，試算表や精算表の作成を通じて，貸借対照表と損益計算書の概要を把握することにあります。これに対して，決算本手続では，試算表や精算表を経由することなく，元帳から直接的に貸借対照表と損益計算書を作成します。そのためには，元帳を締め切るという手続が必要です。

　元帳は，その借方合計と貸方合計を一致させることで締め切られます。ここで注意すべきことは，その勘定科目が貸借対照表項目（資産，負債，純資産）なのか，損益計算書項目（収益，費用）なのかによって，締切の手続が異なることです。通常は，収益・費用に属する勘定科目の元帳を締め切ってから，資産・負債・純資産に属する勘定科目の元帳を締め切る，という手順になります。

　具体的に説明していきましょう。まず，129頁で示した元帳は，期中取引仕訳が転記された状態にあります。その元帳に対して，133頁で示した決算整理仕訳を転記します。そうすると，各勘定の元帳は，次のようになります。

		現	金				1
4/1	前 期 繰 越		350	6/1	仕	入	100
10/1	売	上	250	2/1	給	料	180

		売 掛 金					2
4/1	前 期 繰 越		150				
10/1	売	上	250				
12/1	売	上	100				

		繰 越 商 品					3
4/1	前 期 繰 越		100	3/31	仕	入	100
3/31	仕	入	120				

	買　掛　金		4
8/1　仕　　　入　　40	4/1　前　期　繰　越	100
	6/1　仕　　　入	300

	資　本　金		5
	4/1　前　期　繰　越	400

	繰越利益剰余金		6
	4/1　前　期　繰　越	100

	売　　上		7
	10/1　諸　　　口	500
	12/1　売　掛　金	100

	仕　　入		8
6/1　諸　　　口　　400	8/1　買　掛　金	40
3/31　繰　越　商　品　100	3/31　繰　越　商　品	120

	給　　料		9
2/1　現　　　金　　180		

	貸倒引当金繰入		10
3/31　貸倒引当金　　30		

	貸倒引当金		11
	3/31　貸倒引当金繰入	30

1　収益・費用に属する勘定科目の元帳締切

　上記の元帳のうち，収益・費用に属する勘定科目の元帳を締め切ります。該当する元帳は，以下の4つです。

	売　　上		7
	10/1　諸　　　口	500
	12/1　売　掛　金	100

			仕	入			8
6/1	諸	口	400	8/1	買 掛 金	40
3/31	繰 越 商 品	100	3/31	繰 越 商 品	120

			給	料			9
2/1	現 金	180		

			貸倒引当金繰入				10
3/31	貸 倒 引 当 金	30		

　まずは，売上勘定の元帳を締め切りましょう。元帳を締め切るためには，借方合計と貸方合計を一致させなければいけません。売上勘定の場合は，借方合計￥0，貸方合計￥600ですから，差額￥600を借方に記入しなければ，借方合計と貸方合計は一致しません。そこで，借方に￥600を記入したいところですが，ここで早まってはいけません。簿記一巡の流れを思い出してください。元帳への記入は，仕訳帳からの転記が原則です。そこで，次のような**決算振替仕訳**を行い，それを転記することで売上勘定の元帳を締め切ります。

3/31　借）売　　　　上　　600　貸）損　　　　益　　600

　上の仕訳を売上勘定の元帳に転記すると，次のように借方合計と貸方合計は一致し，元帳を締め切ることができます。

			売	上			7
3/31	損 益	600	10/1	諸 口	500
			12/1	売 掛 金	100
		600			600

　これと同様に，仕入勘定，給料勘定，貸倒引当金繰入勘定についても，次のような決算振替仕訳を行い，該当する元帳に転記することで，その元帳を締め切ることができます。

3/31	借）損	益	340	貸）仕	入	340
	借）損	益	180	貸）給	料	180
	借）損	益	30	貸）貸倒引当金繰入		30

仕 入						8
6/1	諸　　　　口	400	8/1	買　掛　金	40
3/31	繰 越 商 品	100	3/31	繰 越 商 品	120
			3/31	損　　　　益	340
		500			500

給 料						9
2/1	現　　　　金	180	3/31	損　　　　益	180

貸倒引当金繰入						10
3/31	貸 倒 引 当 金	30	3/31	損　　　　益	30

2　損益勘定の元帳締切

　上記の決算振替仕訳のうち，売上勘定，仕入勘定，給料勘定，貸倒引当金繰入勘定については，各々の元帳に転記しました。しかし，その反対方にある損益勘定については，転記が完了していません。そこで，損益勘定の元帳を新たに開設すると共に，その元帳に決算振替仕訳を転記しなければいけません。そうすると，損益勘定の元帳は次のようになります。

損 益						12
3/31	仕　　　　入	340	3/31	売　　　　上	600
3/31	給　　　　料	180			
3/31	貸倒引当金繰入	30			

　もちろん，損益勘定の元帳も，借方合計と貸方合計を一致させて締め切らなければいけません。借方合計¥550，貸方合計¥600ですから，この元帳を締め切るためには，差額¥50を借方に記入します。そのための決算振替仕訳は，次のようになります。

| 3/31 | 借）損　　　　　益 | 50 | 貸）繰越利益剰余金 | 50 |

相手勘定を繰越利益剰余金勘定としているのは，この金額¥50が借方合計（費用総額）と貸方合計（収益総額）の差額，すなわち当期純利益（または当期純損失）を意味しているからです。上記の決算振替仕訳を損益勘定の元帳に転記して締め切ると，次のようになります。

	損　　　益			12
3/31	仕　　　入	340	3/31 売　　　上	600
3/31	給　　　料	180		
3/31	貸倒引当金繰入	30		
3/31	繰越利益剰余金	50		
		600		600

3　資産・負債・純資産に属する勘定科目の元帳締切

次に，資産・負債・純資産に属する勘定科目の元帳を締め切ります。該当する元帳は，以下の7つです。なお，繰越利益剰余金勘定の元帳には，損益勘定の元帳締切で行った決算振替仕訳が転記されていることに注意してください。

	現　　金			1
4/1	前期繰越	350	6/1 仕　　　入	100
10/1	売　　　上	250	2/1 給　　　料	180

	売掛金			2
4/1	前期繰越	150		
10/1	売　　　上	250		
12/1	売　　　上	100		

	繰越商品			3
4/1	前期繰越	100	3/31 仕　　　入	100
3/31	仕　　　入	120		

	買　掛　金				4
8/1 仕　　　入	40	4/1	前　期　繰　越	100
		6/1	仕　　　入	300

	資　本　金				5
		4/1	前　期　繰　越	400

	繰越利益剰余金				6
		4/1	前　期　繰　越	100
		3/31	損　　　益	50

	貸倒引当金				11
		3/31	貸倒引当金繰入	30

　資産・負債・純資産に属する勘定科目の元帳は，決算日付で「次期繰越」と直接記入し（繰越記入），同額を翌日付で「前期繰越」と直接記入する（開始仕訳）ことで締め切られます。140頁で学習したように，元帳への記入は仕訳帳からの転記によるのが原則ですから，そのために決算振替仕訳を行う必要があったわけですが，資産・負債・純資産に属する勘定科目の元帳については，例外的にそれを省略して，元帳に直接記入することが認められています。これを**英米式決算法**といいます。この要領で各勘定の元帳を締め切ると，次のようになります。

	現　金				1
4/1 前　期　繰　越	350	6/1	仕　　　入	100
10/1 売　　　上	250	2/1	給　　　料	180
		3/31	次　期　繰　越	320
	600			600
4/1 前　期　繰　越	320			

売　掛　金　　　　　　　　2

4/1	前　期　繰　越	150	3/31	次　期　繰　越	500
10/1	売　　　　　上	250			
12/1	売　　　　　上	100			
		500			500
4/1	前　期　繰　越	500			

繰越商品　　　　　　　　3

4/1	前　期　繰　越	100	3/31	仕　　　　　入	100
3/31	仕　　　　　入	120	3/31	次　期　繰　越	120
		220			220
4/1	前　期　繰　越	120			

買　掛　金　　　　　　　　4

8/1	仕　　　　　入	40	4/1	前　期　繰　越	100
3/31	次　期　繰　越	360	6/1	仕　　　　　入	300
		400			400
			4/1	前　期　繰　越	360

資　本　金　　　　　　　　5

3/31	次　期　繰　越	400	4/1	前　期　繰　越	400
			4/1	前　期　繰　越	400

繰越利益剰余金　　　　　　　　6

3/31	次　期　繰　越	150	4/1	前　期　繰　越	100
			3/31	損　　　　　益	50
		150			150
			4/1	前　期　繰　越	150

貸倒引当金　　　　　　　　11

3/31	次　期　繰　越	30	3/31	貸倒引当金繰入	30
			4/1	前　期　繰　越	30

4 繰越試算表の作成

資産・負債・純資産に属する勘定科目の元帳を締め切った後で，次期繰越の金額を集約した表を作成します。これを**繰越試算表**といいます。繰越試算表には，試算表の形をしたものと，Ｔフォームの形をしたものがあります。どちらの場合も，繰越試算表の借方合計と貸方合計は必ず一致します。

繰越試算表

借　方	元丁	勘定科目	貸　方
320	1	現　　　金	
500	2	売　掛　金	
120	3	繰　越　商　品	
	4	買　掛　金	360
	5	資　本　金	400
	6	繰越利益剰余金	150
	11	貸倒引当金	30
940			940

繰越試算表

現　　　金	320	買　掛　金	360
売　掛　金	500	貸倒引当金	30
繰　越　商　品	120	資　本　金	400
		繰越利益剰余金	150
	940		940

5 財務諸表の作成

(1) 損益計算書の作成

損益計算書は，損益勘定の元帳を参考にして作成します。いま，損益勘定の元帳は次のようになっています。

損　　　益　　　　　　12

3/31	仕　　　入	340	3/31	売　　　上	600
3/31	給　　　料	180			
3/31	貸倒引当金繰入	30			
3/31	繰越利益剰余金	50			
		600			600

損益勘定の元帳から損益計算書を作成するときは，次の諸点に注意してく

ださい。

① 損益勘定の元帳の「仕入」は，損益計算書では「売上原価」と表記します。
② 損益勘定の元帳の「売上」は，損益計算書では「売上高」と表記します。
③ 損益勘定の元帳の「繰越利益剰余金」は，損益計算書では「当期純利益」または「当期純損失」と表記します。損益勘定の元帳で，「繰越利益剰余金」が借方にある場合は「当期純利益」，貸方にある場合は「当期純損失」です。
④ 損益計算書には，会社名と会計期間を記入します。

そうすると，損益計算書は次のように作成されます。これが決算予備手続で作成した精算表（136頁）の損益計算書欄と一致すれば，決算本手続は正しく行われたと判断することができます。

損益計算書

○○商店　平成19年4月1日から平成20年3月31日

費　　　用	金額(円)	収　　　益	金額(円)
売 上 原 価	340	売 上 高	600
給　　　料	180		
貸倒引当金繰入	30		
当 期 純 利 益	50		
	600		600

(2) 貸借対照表の作成

貸借対照表は，繰越試算表を参考にして作成します。いま，繰越試算表は次のようになっています。

繰越試算表

現　　　　金	320	買　　掛　　金	360
売　　掛　　金	500	貸倒引当金	30
繰　越　商　品	120	資　　本　　金	400
		繰越利益剰余金	150
	940		940

　繰越試算表から貸借対照表を作成するときは，次の諸点に注意してください。

① 　繰越試算表の「繰越商品」は，貸借対照表では「商品」と表記します。
② 　貸借対照表には，会社名と決算日を記入します。

　そうすると，貸借対照表は次のように作成されます。これが決算予備手続で作成した精算表（136頁）の貸借対照表欄と一致すれば，決算本手続は正しく行われたと判断することができます。ただし，貸借対照表の「繰越利益剰余金」の金額は，精算表の「繰越利益剰余金」に「当期純利益」を加算（「当期純損失」の場合は減算）した金額であることに注意してください。

貸借対照表

○○商店　　　　平成20年3月31日

資　　　　産	金額(円)	負債・純資産	金額(円)
現　　　　金	320	買　　掛　　金	360
売　　掛　　金	500	貸倒引当金	30
商　　　　品	120	資　　本　　金	400
		繰越利益剰余金	150
	940		940

◆練習問題・・

問題1　以下の (1) から (6) の取引を仕訳しなさい。
(1) 商品を10,000円で販売し，代金は月末決済とした。なお，発送費500円は現金で支払った。

(2) A社は，B社から商品を20,000円で購入し，代金として，かねてより売掛金のあるC社宛ての為替手形を振り出し，C社の引受けを得てB社に渡した。A社，B社，C社の仕訳を行う。

(3) かつて10回払いで割賦販売した商品（原価30,000円，売価40,000円）について，1回分の割賦金を小切手で受け取った。割賦販売は回収基準（対照勘定法）で処理している。

(4) 建設業者に建物の新築を総額20,000,000円で請け負わせ，すでに5,000,000円を支払っていたが，本日，その建物が完成して引き渡しを受け，請負代金の残りを小切手を振り出して支払った。

(5) かねてより取引先が負った借入金1,000,000円の連帯保証人となっていたが，その取引先が支払不能となってので，全額を現金で代理返済した。偶発債務の記帳は対照勘定で行っている。

(6) 1月1日に月間120,000円の契約で土地を借りた。代金は1年分をまとめて契約終了時（12月31日）に支払うことになっているが，3月31日に決算日を迎えたので，必要な決算整理仕訳を行う。

(関西大学大学院会計研究科2008年度入学試験問題／7月募集)

問題2　資料に基づいて設問に答えなさい。決算日は年1回（3月31日）とする。

【資料】
01年4月1日に，社債（額面金額1,000,000円，利率年4％，利払日は3月末，償還期間5年）を900,000円で発行し，払込金額は当座預金とした。額面金額と発行価額の差額は，償却原価法（定額法）を適用する。その後，03年9月30日に，額面金額のうち400,000円を額面金額で償還し，利息と共に現金で支払った。06年3月31日になって社債の償還期限を迎えたので，残りの社債を額面金額で償還した。

【設問】
(1) 01年4月1日の社債の帳簿価額を答えなさい。
(2) 02年4月1日の社債の帳簿価額を答えなさい。
(3) 03年4月1日の社債の帳簿価額を答えなさい。
(4) 03年9月30日の仕訳を次の手順で解答しなさい。
　　①償還した社債に係る利息の処理
　　②償還した社債に係る償却原価法の処理
　　③社債の償還の処理

(5) 01年4月1日から06年3月31日までに社債の利息として支払った金額を合計すると，いくらになるか答えなさい。

(関西大学大学院会計研究科2008年度入学試験問題／1月募集)

問題3 以下の資料が取引のすべてと決算整理事項を網羅しているとして，資料1の①から⑪に入る金額を求めなさい。決算日は毎年3月31日とする。なお，資料1の「?」の部分は各自で推定すること。また，資料1の合計欄は金額の単純合計である。

【資料1】残高試算表（単位：千円）

勘　定　科　目	期首残高	期中取引		決算整理前期末残高	決算整理後期末残高
現　金　預　金	①	3,331	2,974	?	676
売　　掛　　金	?	1,378	1,278	?	③
有　価　証　券	0	426	0	426	?
繰　越　商　品	?	0	0	?	④
備　　　　　品	1,200	0	0	1,200	1,200
買　　掛　　金	?	?	?	?	625
未　　払　　金	②	274	177	62	62
前　受　手　数　料	0	0	0	0	?
貸　倒　引　当　金	21	0	0	21	24
備品減価償却累計額	108	0	0	?	⑤
資　　本　　金	2,000	0	0	2,000	2,000
繰越利益剰余金	?	0	0	?	?
売　　　　　上	0	0	3,191	3,191	3,191
受　取　手　数　料	0	0	240	240	⑥
仕　　　　　入	0	2,276	0	2,276	⑦
商　品　減　耗　損	0	0	0	0	⑧
商　品　評　価　損	0	0	0	0	⑨
給　　　　　料	0	396	0	396	396
貸倒引当金繰入	0	0	0	0	⑩
減　価　償　却　費	0	0	0	0	?
有価証券評価損	0	0	0	0	⑪
合　　　　　計	5,920	9,146	9,146	13,030	?

【資料2】決算整理事項
1．期末商品について
   帳簿数量：100個，実際数量：95個
   原価：@10千円，時価：@8千円
   低価法を適用する。減耗損と評価損に原価性はない。
   売上原価の計算は仕入勘定で行う。
2．貸倒引当金の処理は差額補充法で行っている。前期と当期の引当率はともに，売掛金の期末残高に対して3％である。
3．有価証券は売買目的のものであり，その期末時価は400千円である。
4．備品の減価償却は，購入時から継続して定額法で行っている。備品は，期末までに取得後2年を経過している。
5．受取手数料は，向こう1年分として受け取ったものであり，期末までに8か月を経過している。

(関西大学大学院会計研究科2007年度入学試験問題／11月募集，一部修正)

◆解答

問題1

		借方科目	金額（円）	貸方科目	金額（円）
(1)		売　掛　金 発　送　費	10,000 500	売　　　　上 現　　　　金	10,000 500
(2)	A	仕　　　　入	20,000	売　掛　金	20,000
	B	受　取　手　形	20,000	売　　　　上	20,000
	C	買　掛　金	20,000	支　払　手　形	20,000
(3)		割　賦　仮　売　上 現　　　　金	4,000 4,000	割　賦　販　売 割　賦　売　上	4,000 4,000
(4)		建　　　　物	20,000,000	建　設　仮　勘　定 当　座　預　金	5,000,000 15,000,000
(5)		保　証　債　務 未収金(立替金)	1,000,000 1,000,000	保　証　債　務　見　返 現　　　　金	1,000,000 1,000,000
(6)		支　払　地　代	360,000	未　払　地　代	360,000

問題2

(1) 900,000円

(2) 920,000円

(3) 940,000円

(4)

	借方科目	金額（円）	貸方科目	金額（円）
①	社 債 利 息	8,000	現　　　金	8,000
②	社 債 利 息	4,000	社　　　債	4,000
③	社　　　　債 社 債 償 還 損	380,000 20,000	現　　　金	400,000

(5) 160,000円

問題3

①	319	②	159	③	800
④	760	⑤	216	⑥	160
⑦	2,017	⑧	50	⑨	190
⑩	3	⑪	26		

第3章

管理会計・原価計算

本章のねらい

　本章では，これまでに提示した財務会計や簿記とは異なる「会計」の側面について学習します。財務会計や簿記では，財務諸表の作成と開示に代表されるように，銀行や投資家など企業外部の利害関係者に有用な情報を提供することを主要な目的としています。しかし，「会計」に期待される役割はそれだけでしょうか。「会計」は企業の活動を貨幣額で表現していくことですから，そこで得られた貨幣データは，企業外部の利害関係者だけでなく，経営者や管理者といった企業内部の利害関係者にも有益であるはずです。

　本章では，こうした視点から「会計」を幅広く捉えた上で，「企業内部の経営管理のために貨幣データを利用する会計」である「管理会計」と，「製品コストを計算するための技法」である「原価計算」の全体像について学習します。次に，これをふまえた上で，原価計算の代表的な技法について計算例を交えて解説していきます。最後に，「管理会計」と「原価計算」の全体像について再度整理します。こうしたプロセスを経ることにより，これまで指摘された側面とは異なる経営管理の側面において，「会計」が重要な役割を果たすことを理解してもらうのが，本章のねらいです。

第1節　会計の範囲

「会計」というと，あなたは何をイメージするでしょうか。多くの人は「簿記」を思い浮かべるのではないかと思います。「簿記」は企業の経済活動（例えば，商品や製品を売買したり，現金を貸したり借りたりなど）を貨幣額で帳簿に記録するための計算技法（技術）ですが，こうした帳簿に記録するための計算技法だけが「会計」として理解されることが多くあります。そのため，「会計は手続きごとばかりで面白くない」とか「会計は単純な手続きごとの練習の繰り返しでしかない」といった意見を持たれている人が，比較的多いのではないでしょうか。

もちろん，「会計」の中には「簿記」があるので「企業の経済活動を貨幣額で帳簿に記録するための計算技法」を学ぶことは必要です。しかし，こうした計算技法の練習を単純に繰り返すだけでは「会計」の学習として十分ではありません。また，単純な手続きごとの練習の繰り返しをしているだけでは，「会計」を学習している人にとっても非常に辛いことだと思います。「会計」の学習をある程度楽しくするためには，「簿記」に注目して計算上のテクニックを丹念に練習すること（こうしたことも必要です）だけでなく，「会計」を幅広く理解して，①「どのような目的で企業活動を貨幣額で記録するのか」，②「簿記以外にどのような計算技法があるのか」，といった問題について考えてみることも必要だと思います。それでは，この二つの問題について考えてみましょう。

まず，「①どのような目的で企業活動を貨幣額で記録するのか」ですが，これは記録された貨幣データの利用目的にかかわる問題として理解することができます。つまり，「今期の原材料の購入高は150億円である」とか，「会社の所有している機械設備の総額が200億円である」といった貨幣データを，どのような目的で関連する人たちが利用するのかといった問題です。こうした貨幣データの利用目的にかかわって，「会計」は，「財務会計」と「管理会

計」に分けられます。「財務会計」は，主に企業外部からの資金の調達を容易にするために，貨幣データを企業外部の人たちに公表するというもので，「外部報告会計」ともいわれています。業績がきわめて良好な中小企業ならいざしらず，大企業の場合では，特定の個人（企業のオーナー）が必要な資金のすべてをまかなうことは現実的に不可能です。ですので，多くの企業は，投資家や銀行などから企業に必要な資金を調達しようとします。その場合，「簿記」などで記録された貨幣データを体系的にまとめて損益計算書や貸借対照表といった財務諸表を作成し，「当社の返済能力はこのくらいです」とか，「当社の収益獲得能力はこの程度です」といったことを企業外部の人たちに公表します。このように，主に企業外部からの資金の調達などを容易にするという目的で貨幣データを利用するのが「財務会計」だといわれています。

これに対して，「管理会計」は，主に企業内部の経営管理をうまく実行するために，貨幣データを企業内部の人たちに伝達するというもので，「内部報告会計」ともいわれています。多の場合，零細企業（例えば，家族だけで運営しているような企業など）のように勘や経験だけで企業活動をうまく実行することは不可能だといえるでしょう。ですので，多くの企業では，「今年度にどれだけの利益を目標とするのか」という計画を設定し，「計画がちゃんと実行されているのか」をモニタし，「計画どおりに実行されなかったのはなぜか」を分析して，次の計画の設定に役立てるために，貨幣データを利用します。このように，主に企業内部の経営管理をうまく実行するという目的で貨幣データを利用するのが「管理会計」だといわれています。

次に，「②簿記以外にどのような計算技法があるのか」ですが，これは「会計」の基礎となる計算技法の問題として理解することができます。上の「財務会計」と「管理会計」の分類からわかるように，「会計」は貨幣データの利用目的（つまり，何のために貨幣データを利用するのかということ）に大きな影響を受けています。そうした利用目的に沿うために，基礎となる計算技法が「簿記」以外にもいくつか存在します。その中の代表例が「原価計算」です。「原価計算」というと非常に堅苦しくて難しそうですが，簡単には，「自社で生産しているA製品とB製品のコストはどちらが高いのか」とか，「現

在購入している部品を自社で生産した場合にどれだけコストが節約できるのか」といったものを計算することです。こうした「原価計算」は，損益計算書や貸借対照表などの財務諸表の基礎となる貨幣データを提供するので「財務会計」でも登場しますが，企業や工場の生産性管理の基礎となる貨幣データを提供するので「管理会計」でも登場します。とくに「管理会計」では，企業や工場の生産性管理が重要な検討課題となりますから（過度の無駄が発生しているかどうかを的確に貨幣データで表現する必要があるので），「原価計算」は「管理会計」とのかかわりで説明されることが多くなっています。以上，これまでの内容をまとめると図表3−1のようになります。この図表から，「会計」は，主に計算技法を取り扱う「簿記」だけでなく，より幅広いものであることが理解できるでしょう。

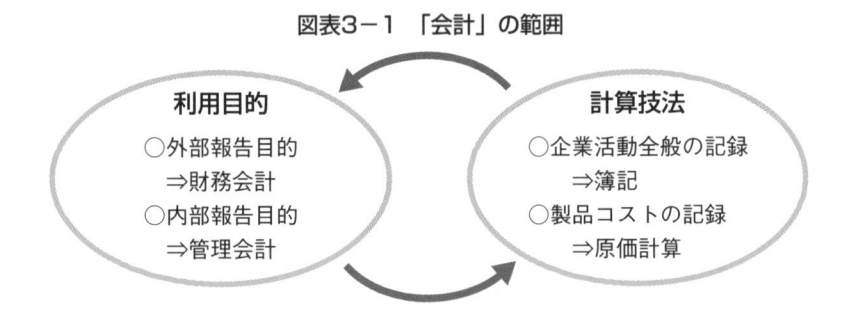

図表3−1 「会計」の範囲

利用目的
○外部報告目的
　⇒財務会計
○内部報告目的
　⇒管理会計

計算技法
○企業活動全般の記録
　⇒簿記
○製品コストの記録
　⇒原価計算

　それでは，「会計」を幅広くとらえることができたところで，本章のメイン・テーマに移りましょう。本章では，とりわけ「会計」の中の「管理会計」と「原価計算」について学習します。まず，「管理会計」と「原価計算」の全体像について整理し，次に「原価計算」の具体的な内容について計算問題を交えながら解説します。最後は本章のまとめになります。

第3章　管理会計・原価計算

第2節　管理会計と原価計算の全体像

　管理会計や原価計算の全体像については，これまで多くの先生が教科書などで提示しています。ですが，本節ではこれまで提示されてきた管理会計や原価計算の全体像について詳細に整理するというスタンスではなく，大まかなイメージを持ってもらうというスタンスから，それぞれの全体像を大まかに説明してみようと思います。なお，前節での記述を受けて，ここでの**管理会計**は「企業内部の経営管理のために貨幣データを利用する会計」，**原価計算**は「製品コストを計算するための技法」であると単純に考えることにします。

図表3-2　管理会計の全体像

	項　目
1	財務諸表分析
2	BSC
3	短期利益計画
4	予算管理
5	資金管理
6	原価管理
7	ABM／ABB
8	生産・在庫管理
9	品質管理
10	差額原価分析
11	設備投資
12	グループ経営

　まず，管理会計の全体像についてですが，図表3-2から多様な項目に及んでいることが分かるでしょう。また，BSCやABM／ABBといった専門用語があることや，生産・在庫管理や品質管理といった経営学のような項目があることから，簿記などと大きく異なることが理解できると思います。それぞれの項目の詳細な内容については専門的な教科書で勉強するとして，ここでは，それぞれの項目が「どんな感じなのだろう」について企業の経営管理の単純なプロセスに沿って理解してもらおうと思います。

　まず，企業の経営管理は，①企業の外部や内部を詳細に分析し，②分析をふまえて実行計画を立て，③実行計画に沿って企業のさまざまな活動が行われているかをモニターするというプロセスを経ると単純に考えることができます。ここにおいて，主に①に関連するのが図表3-2の「財務諸表分析」などです。「財務諸表分析」は，外部の人たちがその企業を分析するときにも

使いますが，内部の管理者が企業の問題点（例えば企業の収益力の程度は高いのか低いのかとか，企業の支払能力は短期的にも長期的にも良好なのかなど）を明らかにするときにも使います。また，主に②に関連するのが図表3－2の「短期利益計画」などです。通常，「短期利益計画」は，向こう一年の間にどれだけの利益を獲得するのかについて貨幣データで記述したものであり，その年度の予算を組み立てる上での重要な資料になります。さらに，主に③に関連するのが図表3－2の「予算管理」などです。ここでの「予算管理」は，「短期利益計画」を基礎にして向こう一年の予算を組み立てること（これを「予算編成」といいます）だけでなく，販売，製造，調達，開発など企業のさまざまな活動が計画通りに実施されているかをモニターすること（これを「予算統制」といいます）が問題になります。

このように，管理会計は，「企業内部の経営管理のために貨幣データを利用する会計」であり，企業の経営管理に密接に関連していることが理解できるでしょう。また，ここにおける重要なポイントは，企業の経営管理において貨幣データが積極的に利用される側面があるということです。かつて経営学を勉強したことがある人ならよく理解できると思いますが，経営学では企業における経営管理（マネジメントともいいます）について熱心に学習します。ですが，企業にとって非常に重要な「お金」にかかわって，「お金」を管理すること（これをとくに「財務管理」といいます）については学習しますが，「お金＝貨幣データ」を利用して管理することについては十分に学習していないかもしれません。企業の重要な目的の一つに利益（簡単にいうと企業の「もうけ」を意味します）を獲得することがありますが，企業にとって重要な「お金」に注目し，「お金＝貨幣データ」を利用して企業のさまざまな活動を計画し，モニターするというところに，管理会計の重要なポイントがあると思います。

次に，原価計算について考えてみましょう。先にも述べたように，管理会計は企業のさまざまな活動を「貨幣データ」で計画し，モニターしていきますが，ここで大きな問題に突き当たることになります。それは，「どのような方法で企業のさまざまな活動を貨幣データとして把握するのか」といった

問題です。この問題に関連して，企業のさまざまな活動を貨幣データとしてとらえるための有用な技法の一つとしてあげられているのが，「製品コストを計算するための技法」である原価計算です。

図表3-3　原価計算の全体像

	項　　　目
1	個別原価計算
2	部門別個別原価計算
3	ABC
4	総合原価計算
5	工程別総合原価計算
6	その他の総合原価計算
7	標準原価計算
8	直接原価計算

　図表3-3から分かるように，原価計算にはいくつかの代表的な種類があることが理解できると思います。通常，製品コストを計算するための原価計算の方法は，次の三つの切り口で分類することができます。まず，①「原価の範囲＝製品ごとに集計する原価の範囲はどの程度か」という切り口です。これに関連して，原価計算は「全部原価計算」と「部分原価計算」に分けることができます。ここで「**全部原価計算**」は，製品を工場などで製造するためにかかったコスト（これを「製造原価」といいます）のすべてを製品ごとに集計する原価計算の方法です。これに対して「**部分原価計算**」は「製造原価」の中の一部分だけを製品ごとに集計する原価計算の方法です。つまり，この切り口では，製品ごとに集計する原価の範囲が広いのか狭いのかによって，原価計算の方法が異なることを示しているといえるでしょう。

　次は，②「原価の内容＝実際原価なのか標準原価なのか」という切り口です。例えば，①の切り口で「全部原価計算」に該当する計算方法を採用することにしたとしましょう。この場合，集計するコスト・データが実際のコスト・データ（これを「実際原価」といいます）を基礎とするのか，それとも，企業の努力目標として前もって設定したコスト・データ（これを「標準原価」といいます）を基礎とするのかによって，製品ごとの原価は異なってきます。つまり，集計する原価の範囲が同じであっても，その内容（「実際原価」なのか「標準原価」なのか）が違ってくれば，製品ごとの原価が異なってくるということです。ここで，「実際原価」を基礎とするものを「**実際原価計算**」といい，「標準原価」を基礎とするものを「**標準原価計算**」といいます。

　最後は，③「生産の形態＝個別受注生産なのか大量見込生産なのか」とい

う切り口です。製品ごとの原価を集計するにしても，企業がどのような生産の仕方（これを「生産形態」といいます）を採用するのかによってその計算の方法は異なってきます。例えば，オーダーメイドのように特定の顧客から特注された特殊な製品Aを生産する場合（これを「個別受注生産形態」といいます），「製造原価」は「特殊製品Aを製造するために，製造コストが個別にいくらかかったのか」というかたちで製品ごとに集計されていきます。これを「**個別原価計算**」といいます。これに対して，市販品のように不特定多数の顧客に大量に販売することを目的とした規格製品Bを生産する場合（これを「大量見込生産形態」といいます），まず1ヶ月の「製造原価」の合計を集計し，その後でその「製造原価」の合計額を1ヶ月間の規格製品Bの生産数量で割って，製品単位あたり（1個，1kg，1ℓあたり）の「製造原価」を計算します。これを「**総合原価計算**」といいます。

図表3－4　原価計算の分類

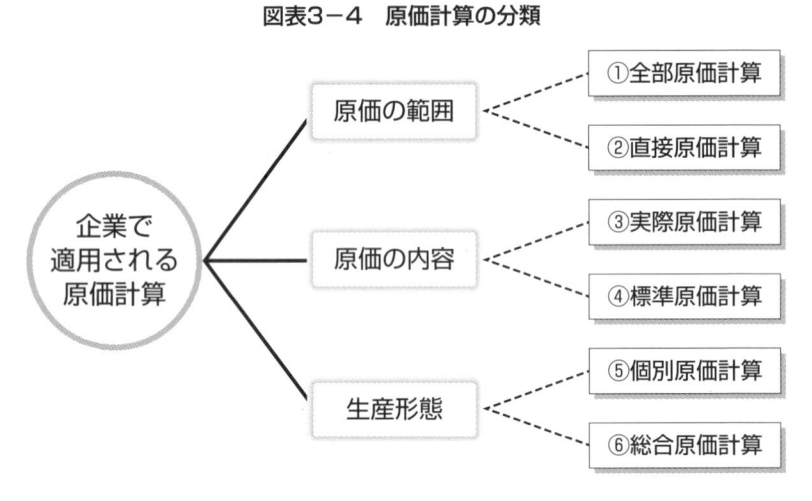

```
                              ┌─ ①全部原価計算
                   原価の範囲 ─┤
                              └─ ②直接原価計算

  企業で                      ┌─ ③実際原価計算
  適用される ──── 原価の内容 ─┤
  原価計算                    └─ ④標準原価計算

                              ┌─ ⑤個別原価計算
                   生産形態 ──┤
                              └─ ⑥総合原価計算
```

　図表3－4は，先ほどの原価計算の分類についての説明を整理したものです。この図表3－4と図表3－3との関連について考えるとするなら，図表3－3の「個別原価計算」，「部門別個別原価計算」，「ABC」は主に図表3－4の①と③と⑤に関連し，図表3－3の「総合原価計算」，「工程別総合原価計算」，「その他の総合原価計算」は主に図表3－4の①と③と⑥に関連した内容になっていま

す。また，図表3-3の「標準原価計算」は主に図表3-4の①と④と⑥に関連し，図表3-3の「直接原価計算」は主に図表3-4の②と③と⑥に関連した内容となっています。

　以上，管理会計は，「企業内部の経営管理のために貨幣データを利用する会計」であり，企業の外部や内部を詳細に分析し，分析をふまえた上で企業の翌年度での実行計画を立て，実行計画に沿って企業のさまざまな活動が行われているかをモニターするという経営管理のプロセスにおいて，「貨幣データ」がどのように利用されているのかに注目したものであることが理解できるでしょう。このように見てくると，管理会計は，会計学の一つである財務会計よりも，むしろ，企業のマネジメントについて学ぶ経営学に近いといえます。また，原価計算は，「製品コストを計算するための技法」であり，管理会計で使われる「貨幣データ」を提供するための有用な技法であることが分かると思います。また，その切り口として，原価の範囲，原価の内容，生産形態があり，それらの組み合わせによって，さまざまな原価計算の具体的な方法（「個別原価計算」，「総合原価計算」，「標準原価計算」，「直接原価計算」など）があるといえます。

第3節 原価計算の具体的内容

　それでは管理会計と原価計算の全体像についてある程度理解できたところで，原価計算の具体的な内容について話を進めていきたいと思います。なお，本章において原価計算にとくに注目する理由は，原価計算が管理会計の基礎として多くの大学や教育機関で位置づけられていることや，「原価計算は複雑すぎて面白くない」とか「原価計算は何をやっているのか分からない」という人たちが比較的多いので，そうした苦手意識を少しでも少なくしたいと思っているためです。また，ここで説明のために簡単な計算問題を利用しますが，それらは単純な四則計算（＋，－，×，÷）レベルですので心配無用です。よく，簿記や原価計算を簡単に説明するために計算問題を省いて説明を試みる人もいますが，逆に計算問題を省いたために余計に分かりにくくなってしまうことも想定できます。こうしたことを避けるために，あえて計算問題を利用しながら説明してみようと思います。

1　個別原価計算

　個別原価計算とは，オーダーメイドである個別受注生産形態に適用される製品原価の計算方法であるといわれています。これに説明を加えるとするならば，原価計算の担当者が「当工場は個別受注生産形態を採用している」とか，「個別受注生産形態を前提として原価計算を実施すべきである」と判断した場合に採用される製品原価の計算方法であるといえるでしょう。個別原価計算は，工業簿記や原価計算の教科書で最初に登場する製品原価の計算方法ですが，その内容の多くは「製造原価のすべてを対象とし，かつ，実際原価を適用する場合での個別原価計算」となっています。図表3-5は，多くの教科書で登場する個別原価計算の特徴について示しています。

第3章　管理会計・原価計算

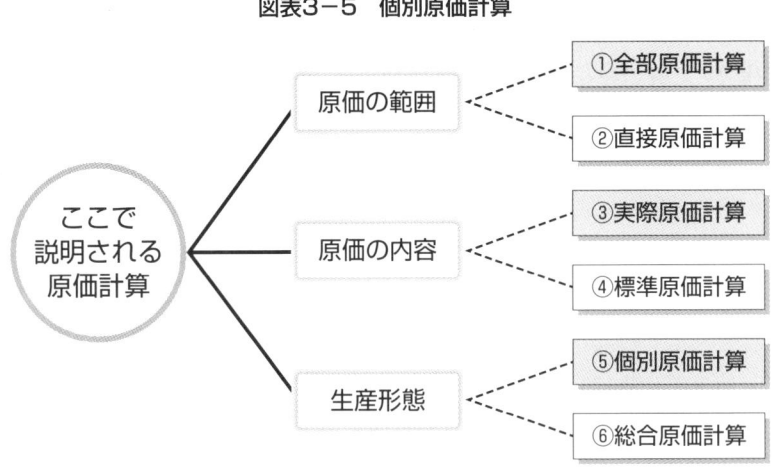

図表3-5　個別原価計算

```
                    ┌─── 原価の範囲 ───┬─ ①全部原価計算
                    │                  └─ ②直接原価計算
  ここで            │
  説明される ───────┼─── 原価の内容 ───┬─ ③実際原価計算
  原価計算          │                  └─ ④標準原価計算
                    │
                    └─── 生産形態 ─────┬─ ⑤個別原価計算
                                       └─ ⑥総合原価計算
```

　それでは，個別原価計算の具体的な計算方法について話を進めていきます。個別原価計算では，①製造原価をいくつかの種類にわけて種類ごとに金額を計算し，②これをふまえて製品ごとの製品原価を計算します。ここで，①を「**費目別計算**」の段階，②を「**製品別計算**」の段階と呼びます（なお，学習の進んでいる人であれば，①の段階と②の段階の間に「部門別計算」という段階があることを知っているでしょう。しかし，本章は原価計算の基本を理解するという意図から「部門別計算」の説明を省略します）。

　まず，①の「費目別計算」の段階では，製造原価をさまざまな基準でいくつかの種類に分けて集計しますが，その代表的な種類としては「直接材料費」，「直接労務費」，「製造間接費」があります。ここで，「直接材料費」とは，特定の製品を生産するのに必要とした原材料（例えば，家具を生産する場合での木材）にかかわるコストをいい，「直接労務費」とは，特定の製品を生産するのに必要とした労働者（例えば，家具を生産する場合での家具職人）の賃金にかかわるコストをいいます。これに対して，「製造間接費」とは，製品ごとにどれだけかかったのかを明確に見極めることができないコスト（例えば，家具を生産する場合での工場全体の電気代やガス代，保険料など）をいいます。

次に，②の「製品別計算」の段階では，①で集計した「直接材料費」，「直接労務費」，「製造間接費」をふまえて製品ごとの製造原価を計算します。ここで注意すべきポイントは，「直接材料費」や「直接労務費」と，「製造間接費」との取り扱いが異なるということです。「直接材料費」や「直接労務費」は特定の製品の生産にかかわるコストですから，それらの金額を該当する製品ごとの製造原価としてそのまま集計していきます（こうした手続きを「**直課**」または「**賦課**」といいます）。これに対して，「製造間接費」は製品ごとにどれだけかかったのかを明確に見極めることができないコストですから，「直接材料費」や「直接労務費」のように製品ごとの製造原価としてそのまま集計することができません。そのため，「製造間接費」については，適当な基準（例えば，工具の作業時間や機械の運転時間など）に基づいて製品ごとに割り振っていきます（こうした手続きを「**配賦**」といいます）。以上，個別原価計算の具体的な計算方法を整理すると，図表3-6のようになります。

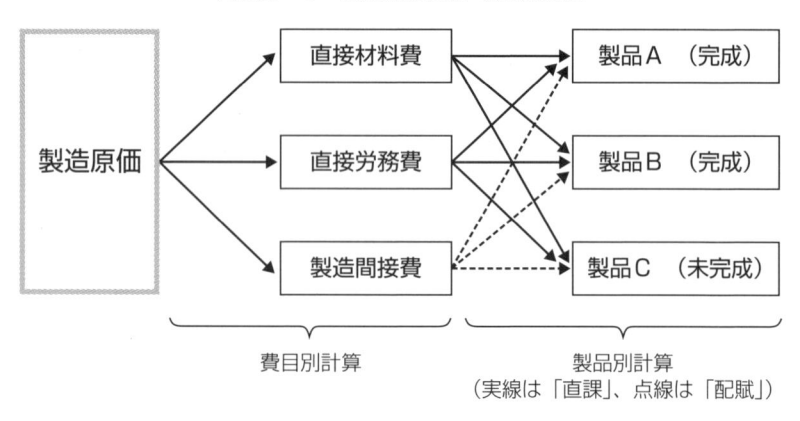

図表3-6　個別原価計算の計算方法

```
                 ┌─→ 直接材料費 ─→ 製品A（完成）
  製造原価 ──────┼─→ 直接労務費 ─→ 製品B（完成）
                 └─→ 製造間接費 ┄→ 製品C（未完成）
           └──費目別計算──┘ └──────製品別計算──────┘
                            （実線は「直課」、点線は「配賦」）
```

　このように，多くの教科書で登場する個別原価計算では，まず，すべての製造原価を「直接材料費」，「直接労務費」，「製造間接費」に分けて集計します。次に，「直接材料費」や「直接労務費」は該当する製品ごとの製造原価として「直課」し，「製造間接費」は工具の作業時間や機械の運転時間などを基準として製品ごとに「配賦」します。こうした手続を経て製品ごとの製

造原価を計算するのが，個別原価計算といわれる製品原価の計算方法です。なお，図表3-6を見ると，製品Aと製品Bはすでに完成しているので，これらの製品の製造原価を合わせて「完成品原価」と呼びます。これに対して，製品Cは未完成ですので，製品Cの製造原価を「月末仕掛品原価」と呼びます。ちなみに，「仕掛品」とは「生産途中の未完成品」を意味しています。それでは，練習問題を見てみましょう。

【例1】
　ハラタク工業株式会社の吹田工場では，工場の原価計算の見直しを検討している。現在の原価計算の方法は顧客からの注文書（製品100個単位）ごとに実際原価を集計する個別原価計算を採用しており，注文書別を異なる製品別（製品Aから製品D）と仮定して，それぞれにすべての製造原価を集計してきた。次の一連の原価データを基礎にして，今月の製品別（注文書別）の原価を計算しなさい。

原価データ①：直接材料費

製品A（注文書A）	@2,010円×105kg＝211,050円
製品B（注文書B）	@2,010円×104kg＝209,040円
製品C（注文書C）	@2,010円×103kg＝207,030円
製品D（注文書D）	@2,010円×100kg＝201,000円
合　　　計	@2,010円×412kg＝828,120円

原価データ②：直接労務費

製品A（注文書A）	@1,003円×103時間＝103,309円
製品B（注文書B）	@1,003円×104時間＝104,312円
製品C（注文書C）	@1,003円×103時間＝103,309円
製品D（注文書D）	@1,003円× 42時間＝ 42,126円
合　　　計	@1,003円×352時間＝353,056円

原価データ③：製造間接費

製品A（注文書A）	@935円×103時間＝ 96,305円
製品B（注文書B）	@935円×104時間＝ 97,240円
製品C（注文書C）	@935円×103時間＝ 96,305円
製品D（注文書D）	@935円× 42時間＝ 39,270円
合　　　計	@935円×352時間＝329,120円

（注）製品Aから製品Cは完成しているが，製品Dは今月末で未完成である。

【解説】

問題文にもあるように,これは個別原価計算の練習問題です。すでに「直接材料費」,「直接労務費」,「製造間接費」の分類と集計は終わっているので,これらのデータをもとに製品ごとの製造原価を集計していけばOKです。集計すると次のようになるでしょう。

製品A（注文書A）＝211,050円＋103,309円＋96,305円＝410,664円
製品B（注文書B）＝209,040円＋104,312円＋97,240円＝410,592円
製品C（注文書C）＝207,030円＋103,309円＋96,305円＝406,644円
製品D（注文書D）＝201,000円＋ 42,126円＋39,270円＝282,396円

これらを表でまとめると次のようになるでしょう。

	直接材料費	直接労務費	製造間接費	合　　　計
製品A（注文書A）	211,050円	103,309円	96,305円	410,664円
製品B（注文書B）	209,040円	104,312円	97,240円	410,592円
製品C（注文書C）	207,030円	103,309円	96,305円	406,644円
製品D（注文書D）	201,000円	42,126円	39,270円	282,396円

また,製品A（注文書A）から製品C（注文書C）は完成していますから,これらの製造原価を合算した金額が「完成品原価」となります。これに対して,製品D（注文書D）は未完成ですから,この金額が「月末仕掛品原価」となります。計算すると次のようになります。

完成品原価＝410,664円＋410,592円＋406,644円＝1,227,900円
月末仕掛品原価＝282,396円

2 総合原価計算

総合原価計算とは,規格製品（同じ製品）の大量生産である大量見込生産形態に適用される製品原価の計算方法であるといわれています。これに説明を加えるとするならば,原価計算の担当者が「当工場は規格製品の大量見込生産形態を採用している」とか,「大量見込生産形態を前提として原価計算を実施すべきである」と判断した場合に採用される製品原価の計算方法であ

るといえるでしょう。総合原価計算は，工業簿記や原価計算の教科書で個別原価計算の次に登場する製品原価の計算方法ですが，その内容の多くは「製造原価のすべてを対象とし，かつ，実際原価を適用する場合での総合原価計算」となっています。図表3-7は，多くの教科書で登場する総合原価計算の特徴について示しています。

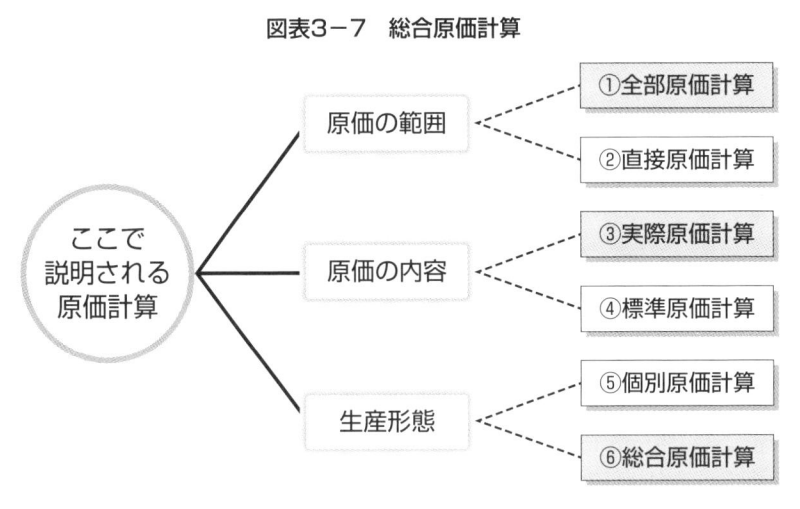

図表3-7　総合原価計算

ここで説明される原価計算
- 原価の範囲
  - ①全部原価計算
  - ②直接原価計算
- 原価の内容
  - ③実際原価計算
  - ④標準原価計算
- 生産形態
  - ⑤個別原価計算
  - ⑥総合原価計算

それでは，総合原価計算の具体的な計算方法について話を進めていきます。総合原価計算でも，個別原価計算と同じように製造原価をいくつかの種類にわけて種類ごとに金額を計算し，これをふまえて製品ごとの製品原価を計算します。

まず，費目別計算の段階では，製造原価を「直接材料費」と「加工費」の二つに分類します。ここで，**「加工費」**とは，原材料を加工するためにかかったコストであり，便宜的には直接労務費と製造間接費を合計したものとなります。総合原価計算では大量見込生産形態を前提としていますから，個別受注生産形態を前提とする個別原価計算の場合と比べて計算方法が大まかにできています。しかし，あまりにも大まかに計算してしまうといけないので，「生産プロセスを通じてコストがどのように発生するのか」という点に注意を払います。この点に注目すると，「直接材料費」は原料費のコストですから，

原材料を生産プロセスに投入した時点（例えば，製品の加工を開始した時点）で発生することになります。これに対して，「加工費」は原材料を加工するためにかかったコストですから，「直接材料費」のように原材料を投入した時点ではなく，製品の加工の程度（これを「**加工進捗度**」といいます）に応じて発生することになります。

　例えば，1個生産するのに「直接材料費」が2,000円，「加工費」が2,000円必要である製品Aを20個生産するとしましょう。もし，すべて完成していれば，生産プロセスを通じて発生した「直接材料費」は2,000円×20個＝40,000円，「加工費」は2,000円×20個＝40,000円となります。しかし，製品A20個の加工が50％しか進んでおらず（つまり「加工進捗度」が50％であり），未完成であればどうなるでしょうか。多くの場合，原材料は加工を開始した時点で生産プロセスにすべて投入しますから，「直接材料費」は2,000円×20個＝40,000円発生したことになります。しかし，「加工費」は原材料を加工するためにかかったコストであり「加工進捗度」に応じて発生しますから，製品A20個がすべて完成した場合と同じように2,000円×20個＝40,000円発生したことにはなりません。この場合，「加工進捗度」は50％ですから，20個の製品の加工が50％しか終わっていないということを考慮すると，「加工費」は2,000円×20個×50％＝20,000円発生したことになります。ここで，製品Aの数量（ここでは20個）に「加工進捗度」（ここでは50％）を乗じて求められる値（ここでは20個×50％＝10個）を「**完成品換算量**」といいます。言い換えると，「製品A20個の加工が50％しか終わっていないということは，製品A10個の加工が完了したことと同じことである」ということが「完成品換算量」の意味だといえるでしょう。

　次に，製品別計算の段階では，費目別計算の段階で集計した「直接材料費」と「加工費」をふまえて製造原価を計算します。ここで注意すべきポイントは，総合原価計算は規格製品を大量見込生産することを前提としているので，個別原価計算のようにコストを製品ごとに集計するのではなく，①一定期間（通常は1ヶ月）において完成した製品に関わる完成品原価（総合原価計算の場合は「完成品総合原価」と呼びます）と未完成の製品に関わる月末仕掛品原

価に，「直接材料費」と「加工費」を集計し，②次に，完成品原価に集計したコストを完成品数量で割って「完成品単位原価」を計算します。こうした手順で製品別計算が行われる理由は，生産するのが同じような規格製品なので，それぞれの製品に集計される製造原価も同じ金額になると考えているためです。以上，総合原価計算の具体的な計算方法を整理すると，図表3-8のようになります。

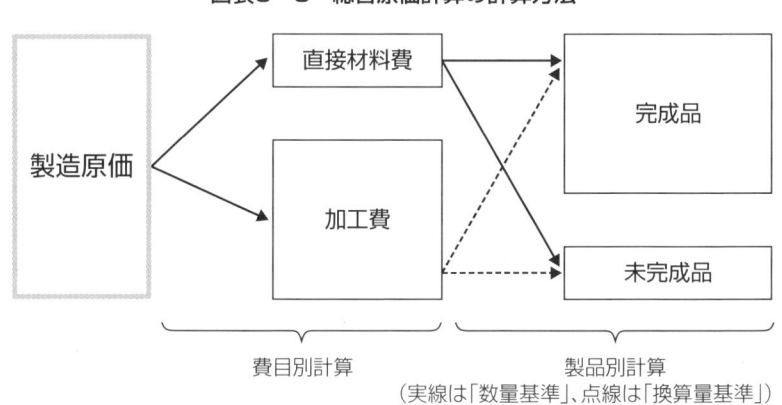

図表3-8 総合原価計算の計算方法

```
                    ┌──────────┐
                ┌──→│ 直接材料費 │───→┐   ┌──────────┐
┌──────────┐    │   └──────────┘    ├──→│  完成品   │
│          │    │                   │   └──────────┘
│ 製造原価 │────┤                   │
│          │    │   ┌──────────┐    │   ┌──────────┐
└──────────┘    └──→│  加工費  │───→┤   │ 未完成品 │
                    └──────────┘    └──→└──────────┘

                   費目別計算            製品別計算
                            (実線は「数量基準」、点線は「換算量基準」)
```

このように，多くの教科書で登場する総合原価計算では，まず，すべての製造原価を「直接材料費」と「加工費」に分けて集計します。次に，「直接材料費」や「加工費」を完成品原価と月末仕掛品原価に分けて集計します。この場合，「直接材料費」は加工を開始した時点ですべて発生しますので，完成品の数量と未完成品の数量の割合で分けていきますが（これを「数量基準」による「直接材料費」の按分といいます），「加工費」は「加工進捗度」に応じて発生しますので，完成品の数量と未完成品の「完成品換算量」の割合で分けていくことになります（これを「換算量基準」による「加工費」の按分といいます）。こうして計算された完成品原価を完成品数量で割ることによって，最終的に「完成品単位原価」が計算されます。ここでは，「一定期間に生産された規格製品の完成品単位原価はすべて同じ」という考え方が，「完成品単位原価」をわり算で計算するという手順のベースになっています。

それでは，説明を終えたところで練習問題を見てみましょう。

【例2】
　ハラタク工業株式会社の吹田工場では，これまで注文書ごとに実際のすべての製造原価を集計する個別原価計算を採用してきた。しかし，注文書ごとに製品の仕様（製品の構造や内容）で大きな差は見られないため，計算の簡便化から，1ヶ月間の製造原価の合計をその期間の製品の生産数量で割って製品単位あたりの製造原価を求める総合原価計算を採用する予定である。そこで，次の一連の原価データと生産データを基礎にして今月の製品単位あたりの製造原価を求めなさい。

原価データ①：直接材料費

合計	@2,010円×412kg＝828,120円

原価データ②：直接労務費

合計	@1,003円×352時間＝353,056円

原価データ③：製造間接費

合計	@935円×352時間＝329,120円

生産データ①：製品数量

今月に製造を着手した製品の数量	400個
今月に完成した製品の数量	300個
今月末で未完成である製品の数量	100個

生産データ②：加工進捗度

今月末で未完成である製品の加工進捗度	40%

【解説】
　問題文にもあるように，これは総合原価計算の問題です。まず，「直接材料費」は，完成品の数量と未完成品の数量の割合で，完成品原価と月末仕掛品原価に分けていきます。計算すると次のようになるでしょう。

　完成品原価・直接材料費＝828,120円÷（300個＋100個）×300個＝621,090円
　月末仕掛品原価・直接材料費＝828,120円÷（300個＋100個）×100個＝207,030円

　これに対して，「加工費」は，完成品の数量と未完成品の「完成品換算量」の割合で完成品原価と月末仕掛品原価に分けていきます。計算すると次のようになるでしょう。

完成品原価・加工費（直接労務費）
= 353,056円÷(300個+100個×40%)×300個 = 311,520円

月末仕掛品原価・加工費（直接労務費）
= 353,056円÷(300個+100個×40%)×100個×40% = 41,536円

完成品原価・加工費（製造間接費）
= 329,120円÷(300個+100個×40%)×300個 = 290,400円

月末仕掛品原価・加工費（製造間接費）
= 329,120円÷(300個+100個×40%)×100個×40% = 38,720円

よって，完成品原価や月末仕掛品原価は次のようになるでしょう。

完成品原価 = 621,090円+311,520円+290,400円 = 1,223,010円

月末仕掛品原価 = 207,030円+41,536円+38,720円 = 287,286円

なお，こうした計算は，次の「ボックス図」を利用すると簡単になります。ボックス図の描き方は，右側の二つのボックスに完成品の数量と未完成品の数量（「加工費」の場合は「完成品換算量」）をそれぞれ当てはめ，左側のボックスに完成品の数量と未完成品の数量（「加工費」の場合は「完成品換算量」）の合計を当てはめて計算します。

直接材料費

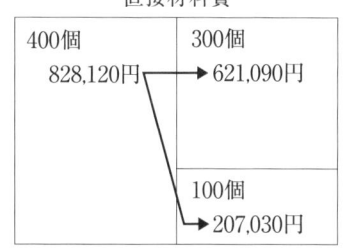

400個 828,120円	300個 → 621,090円
	100個 → 207,030円

加工費（直接労務費）

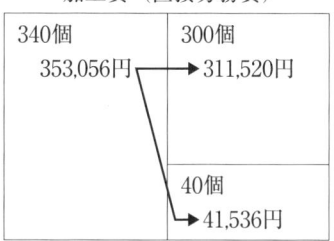

340個 353,056円	300個 → 311,520円
	40個 → 41,536円

加工費（製造間接費）

340個 329,120円	300個 → 290,400円
	40個 → 38,720円

この場合，「直接材料費」の左側のボックスは，「400個分の原材料を投入したので400個分の直接材料費が発生した」ことを意味しています。また，「加工費」の左側のボックスは，「300個分の原材料を100％加工し，100個分の原材料を40％加工したので，合計して340個分の加工費が発生した」ことを意味しています。以上の計算結果を表にまとめると次のようになるでしょう。

	直接材料費	加工費 （直接労務費）	加工費 （製造間接費）	合　　計
完 成 品 原 価	621,090円	311,520円	290,400円	1,223,010円
月末仕掛品原価	207,030円	41,536円	38,720円	287,286円

これらを受けて，「完成品単位原価」を計算すると次のようになります。

完成品単位原価＝1,223,010円÷300個＝＠4,076.7円

3 標準原価計算

　標準原価計算とは，これまでの製品原価の計算方法のように実際原価を利用するのではなく，企業の努力目標として前もって設定した標準原価を利用して製品原価を計算する方法です。これに説明を加えるとするならば，原価計算の担当者が「当工場ではコスト管理のために標準原価を利用する必要がある」と判断した場合に採用される製品原価の計算方法であるといえます。標準原価計算は，工業簿記や原価計算の教科書で総合原価計算の次に登場する製品原価の計算方法ですが，その内容の多くは「製造原価のすべてを対象とし，かつ，規格製品の大量見込生産形態を前提とする総合原価計算を適用する場合での標準原価計算」となっています。図表3－9は，多くの教科書で登場する総合原価計算の特徴について示しています。
　それでは，標準原価計算の具体的な計算方法について話を進めていきます。標準原価計算では，企業の努力目標である標準原価が製品単位ごとにすでに設定されています（こうした製品単位ごとに設定した標準原価を「**原価標準**」といいます）。このことは，前述の総合原価計算で最後に計算した完成品単位原価が，努力目標である「原価標準」として前もって与えられていること

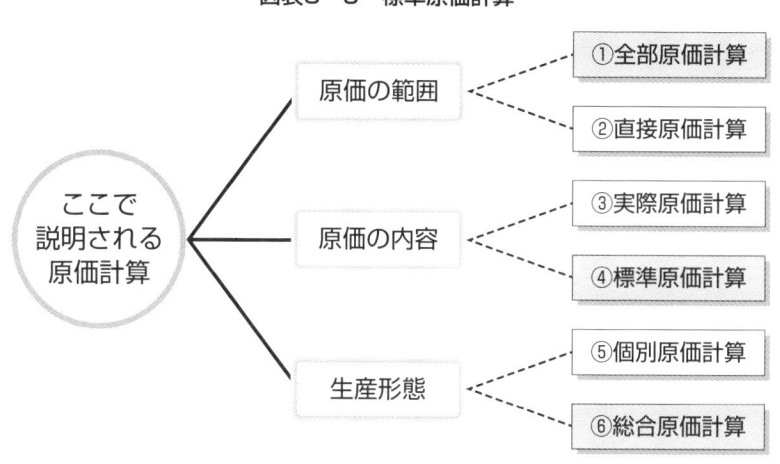

図表3-9　標準原価計算

ここで説明される原価計算
- 原価の範囲
  - ①全部原価計算
  - ②直接原価計算
- 原価の内容
  - ③実際原価計算
  - ④標準原価計算
- 生産形態
  - ⑤個別原価計算
  - ⑥総合原価計算

を意味します。ですので，標準原価計算では，まず，あらかじめ設定された「原価標準」を参考にして，完成品原価と月末仕掛品原価を計算するところから始まります。ここでは総合原価計算を前提としていますので，直接材料費は完成品の数量と未完成品の数量を基礎にして計算し，加工費は完成品の数量と未完成品の完成品換算量を基礎にして計算します。次に，完成品原価と月末仕掛品原価を標準原価で計算した後で，1ヶ月で発生した直接材料費や加工費の実際原価を計算していきます。ここで注意すべきポイントは，標準原価で計算した完成品原価や月末仕掛品原価の合計額と実際原価で計算した直接材料費や加工費の合計額が異なっているということです。標準原価とは企業の努力目標としてのコスト・データですから，実際のコスト・データとまったく同じになることは到底考えられません。そのため，標準原価と実際原価との間には差額が生じるわけですが，こうした差額を「**原価差異**」といいます。

　標準原価計算で求められる「原価差異」は標準原価と実際原価の差額ですが，これは次の三つの切り口から分析することができます。まず，①「原価の種類＝原価差異は製造原価の中のどの部分から発生しているのか」という切り口です。例えば，「原価差異」が直接材料費から発生している場合，こ

れを「直接材料費差異」といい，直接労務費から発生している場合，これを「直接労務費差異」といいます。また，「原価差異」が製造間接費から発生している場合，これを「製造間接費差異」といいます。

　次に，②「原価差異の原因＝原価差異はどのような原因で発生しているのか」という切り口です。例えば，「直接材料費差異」では，その原因として(ア)原材料の購入価格の変動と，(イ)原材料の消費数量の変動といった二つが考えられます。ここで(ア)に関連する部分を「価格差異」といい，(イ)に関連する部分を「数量差異」といいます。また，「直接労務費差異」では，その原因として(ウ)工場労働者の賃率（時間給）の変動と，(エ)工場労働者の作業時間の変動といった二つが考えられます。ここで(ウ)に関連する部分を「賃率差異」といい，(エ)に関連する部分を「時間差異」といいます。

　最後に，③「原価差異の影響＝原価差異は企業にどのような影響を与えるのか」という切り口です。これに関連して，「原価差異」は**不利差異（借方差異ともいいます）**と**有利差異（貸方差異ともいいます）**に分けることができます。ここで「不利差異」とは，標準原価よりも実際原価の方が多く発生し当初の努力目標が達成できなかった場合，つまり，標準原価から実際原価を減算した値がマイナスの値をとる場合を指します。これに対して，「有利差異」とは，標準原価よりも実際原価の方が少なく発生し当初の努力目標が達成できた場合，つまり，標準原価から実際原価を減算した値がプラスの値をとる場合を指します。以上，総合原価計算の具体的な計算方法を整理すると，図表3－10のようになります。

　このように，多くの教科書で登場する標準原価計算では，まず，企業の努力目標として前もって設定された完成品単位原価である「原価標準」を基礎にして，完成品原価や月末仕掛品原価を標準原価で計算します。次に，直接材料費や加工費の実際原価を計算し，標準原価と比較して「原価差異」を把握し，これを①原価の種類，②原因，③影響といった切り口で分析していきます。よく「標準原価計算はコスト管理に役に立つ」といわれますが，その理由は「原価差異」の分析で求められる金額が生産プロセスの改善に役立つ可能性があるからです。例えば，生産プロセス全体で「不利差異」が発生し

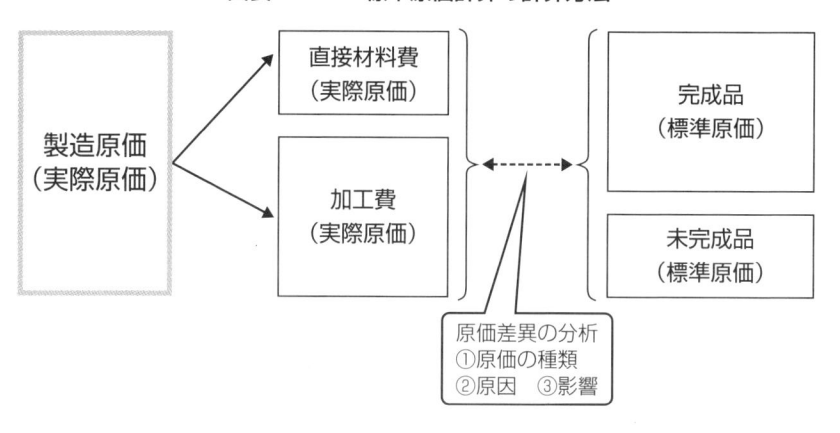

図表3-10　標準原価計算の計算方法

```
製造原価          直接材料費              完成品
(実際原価)  →    (実際原価)             (標準原価)
           ↘
              加工費        ←---→
              (実際原価)              未完成品
                                     (標準原価)

                          原価差異の分析
                          ①原価の種類
                          ②原因　③影響
```

た場合,「これは直接材料費から発生したものなのかどうか」,また,「直接材料費から発生したものであるとすれば,その原因は原材料の購入価格の変動なのか,それとも,原材料の消費数量の変動なのか」を金額で明らかにすることは,過剰なコストの発生原因をはっきりとさせ,必要な対応を実行していくのに便利であるといえるでしょう。

　しかし,ここで慎重に考えなければならないことがあります。それは,「多額の有利差異が発生することは非常に好ましいことである」とか「継続的に有利差異を発生させるべきである」という考え方に極端に走ることが良いことかどうかです。確かに,「有利差異」は標準原価よりも実際原価が少なく発生し当初の努力目標が達成できたことを意味しますが,これが多額に発生したり継続的に発生したりする背後には,生産プロセスの現場で非常に大きな問題が起こっていたり(例えば,工場労働者が手を抜いていて,決まった手順で作業をしていないなど),また,標準原価が企業の努力目標としての意味を持っていなかったり(例えば,工場労働者が達成しやすいような値を努力目標としてわざと設定しているなど)することがあるかもしれません。標準原価計算はコスト管理に役立つ可能性があることは明らかですが,その使い方によって誤った判断をする恐れがあることも覚えておきましょう。それでは,説明を終えたところで練習問題を見てみましょう。

【例3】
　ハラタク工業株式会社の吹田工場では，原価計算の方法を個別原価計算から総合原価計算に変更することにした。しかし，ここで生産管理担当者の一人から，「この計算方法では月によって製品単位あたりの製造原価が変動するので，生産の効率性をチェックする原価管理の指標として利用できない」という意見が出た。そのため，前もって努力目標である製品単位あたりの製造原価を「原価標準」として設定し，これに基づいて1ヶ月の製造原価の計算を行う標準原価計算を採用することにした。そこで，次の原価データ，生産データ，原価標準を基礎にして今月の製品単位あたりの製造原価，完成品原価，月末仕掛品原価を求めなさい。また，標準原価と実際原価との差額である原価差異を計算し，それらを適切に分析しなさい。

原価データ①：直接材料費

合計	@2,010円×412kg＝828,120円

原価データ②：直接労務費

合計	@1,003円×352時間＝353,056円

原価データ③：製造間接費

合計	@935円×352時間＝329,120円

生産データ①：製品数量

今月に製造を着手した製品の数量	400個
今月に完成した製品の数量	300個
今月末で未完成である製品の数量	100個

生産データ②：加工進捗度

今月末で未完成である製品の加工進捗度	40%

原価標準（標準原価カード）

直接材料費	@2,000円× 1kg　　＝2,000円
直接労務費	@1,000円× 1時間＝1,000円
製造間接費	@920円× 1時間＝　920円
合計	3,920円

【解説】
　問題文にもあるように，これは標準原価計算の問題です。すでに完成品単位原価は「原価標準」で@3,920円として与えられているので，まず，「原価標準」の内訳を基礎にして完成品原価と月末仕掛品原価を計算していきます。計算すると次のようになるでしょう。

完成品原価
= @2,000円×300個 + @1,000円×300個 + @920円×300個 = 1,176,000円
月末仕掛品原価
= @2,000円×100個 + @1,000円×100個×40% + @920円×100個×40%
= 276,800円

こうした計算をボックス図で行い計算結果を表でまとめると次のようになります。それぞれのボックス図の左側は，標準原価で計算した完成品原価と月末仕掛品原価の合計額になります。

直接材料費

400個（標）800,000円	300個（標）600,000円
	100個（標）200,000円

加工費（直接労務費）

340個（標）340,000円	300個（標）300,000円
	40個（標）40,000円

加工費（製造間接費）

340個（標）312,800円	300個（標）276,000円
	40個（標）36,800円

	直接材料費	加工費（直接労務費）	加工費（製造間接費）	合　　計
完 成 品 原 価	600,000円	300,000円	276,000円	1,176,000円
月末仕掛品原価	200,000円	40,000円	36,800円	276,800円

次に，標準原価と実際原価を比較して「原価差異」を計算していきますが，これまでの計算結果から直接材料費，直接労務費，製造間接費の標準原価がボックス図の左側で求められているので，それぞれの実際原価と比較していくと，「直接材料費差異」，「直接労務費差異」，「製造間接費差異」が把握できます。この場合，「標準原価－実際原価」とすると，「不利差異」ではマイナスの値，「有利差異」ではプ

ラスの値になるので，計算手順の点で非常に便利です。

直接材料費差異 = 800,000円 − 828,120円 = − 28,120円
直接労務費差異 = 340,000円 − 353,056円 = − 13,056円
製造間接費差異 = 312,800円 − 329,120円 = − 16,320円

こうした計算をボックス図で行い，計算結果を表でまとめると次のようになります。それぞれのボックス図の左側は実際原価であり，「原価差異」は右側の一番下のボックスに記入されています。

直接材料費

400個（実）828,120円	300個（標）600,000円
	100個（標）200,000円
	原価差異 28,120円

加工費（直接労務費）

340個（実）353,056円	300個（標）300,000円
	40個（標）40,000円
	原価差異 13,056円

加工費（製造間接費）

340個（実）329,120円	300個（標）276,000円
	40個（標）36,800円
	原価差異 16,320円

最後に，「原価差異」を原因別に分解しましょう。ここでは，まず，「直接材料費差異」を分解します。問題文の資料を読むと，実際原価を算定する基礎となる原材料の購入価格（実際購入価格）と消費数量（実際消費数量）は与えられています。また，標準原価を算定する基礎となる原材料の購入価格（標準購入価格）も与えられています。しかし，標準原価を算定する基礎となる原材料の消費数量（標準消費

数量）は与えられていないので，「@1kg×400個＝400kg」として計算します。これは，「製品1個作るのに1kg必要だとすると，400個分作るのに400kg必要である」という考え方によるものです。これらをふまえて，「直接材料費差異」を「価格差異」と「数量差異」に分解すると次のようになります。

価格差異＝（@2,000円－@2,010円）×412kg＝－4,120円
数量差異＝（400kg－412kg）×@2,000円＝－24,000円

こうした計算をボックス図で計算すると次のようになります。ここでのボックス図の描き方は，外側に実際購入価格と実際消費数量，内側に標準購入価格と標準消費数量を当てはめ，それぞれの面積で実際原価と標準原価が計算できるようにします。また，それぞれの「原価差異」は，「標準原価－実際原価」とすると，「不利差異」ではマイナスの値，「有利差異」ではプラスの値になるので，内側の値（標準購入価格や標準消費数量）から外側の値（実際購入価格や実際消費数量）を控除した差額をベースに計算します。

```
実@2,010円 ┌─────────────────────────────┐
           │       価格差異              │
           │       －4,120円             │
標@2,000円 ├──────────────┬──────────────┤
           │              │   数量差異   │
           │              │   －24,000円 │
           └──────────────┴──────────────┘
                        標 400kg    実 412kg
```

次に，「直接労務費差異」を分解します。問題文の資料を読むと，実際原価を算定する基礎となる賃率（実際賃率）と作業時間（実際作業時間）は与えられています。また，標準原価を算定する基礎となる工場労働者の賃率（標準賃率）も与えられています。しかし，標準原価を算定する基礎となる工場労働者の作業時間（標準作業時間）は与えられていないので，「@1時間×340個＝340時間」として計算します。これは，「製品1個作るのに1時間必要だとすると，340個分（つまり，完成品300個＋未完成品100個×40％）作るのに340時間必要である」という考え方によるものです。これらをふまえて，「直接労務費差異」を「賃率差異」と「時間差異」に分解すると次のようになります。

賃率差異＝（@1,000円－@1,003円）×352時間＝－1,056円

時間差異 = (340時間 − 352時間) × @1,000円 = − 12,000円

　こうした計算をボックス図で計算すると次のようになります。ここでのボックス図の描き方は，外側に実際賃率と実際作業時間，内側に標準賃率と標準作業時間を当てはめ，それぞれの面積で実際原価と標準原価が計算できるようにします。また，それぞれの「原価差異」は，「標準原価−実際原価」とすると，「不利差異」ではマイナスの値，「有利差異」ではプラスの値になるので，内側の値（標準賃率や標準作業時間）から外側の値（実際賃率や実際作業時間）を控除した差額をベースに計算します。

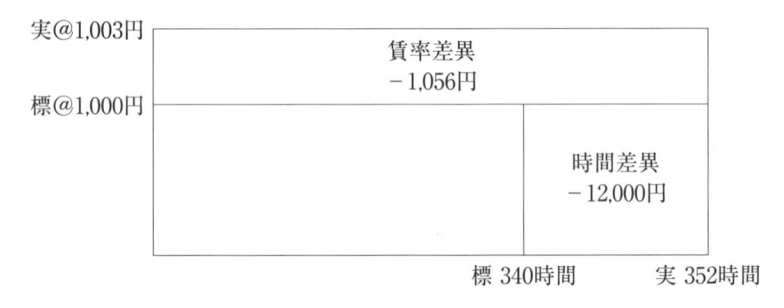

```
実@1,003円 ┌─────────────────────────────┐
           │       賃率差異              │
標@1,000円 │       −1,056円              │
           │            ┌────────────────┤
           │            │  時間差異      │
           │            │  −12,000円     │
           │            │                │
           └────────────┴────────────────┘
                     標 340時間      実 352時間
```

4　直接原価計算

　直接原価計算とは，製造原価の中の一部分である「変動製造原価」だけを製品ごとに集計する原価計算の方法です。ここでの「変動製造原価」とは，製品の生産量や販売量などの増減（これを「**操業度**」の増減といいます）に応じて比例的に増減する製造原価（例えば，原材料の消費額など）をいいます。これに対して，製品の生産量や販売量などの増減に関わらず一定額発生する製造原価（たとえば，設備に関わる保険料など）を「固定製造原価」といいます。便宜的に，「変動製造原価」には直接材料費，直接労務費，変動製造間接費が含まれ，固定製造原価には固定製造間接費が含まれます（もちろん，「製品の生産量が減少したので工場労働者を即刻クビにする」といったことは実際できないので，直接労務費を変動製造原価に含めることに違和感がありますが，ここでは過去の教科書や計算問題での記述に従うことにします）。直接原価計算が採用される背景としては，原価計算の担当者が「製

第3章　管理会計・原価計算

品を生産するのに直接的にコストがいくら発生するのか」とか、「製品を増産あるいは減産した場合に、コストがどの程度変動するのか」などに注目していることが考えられます。直接原価計算は、工業簿記や原価計算の教科書で標準原価計算の次に登場する製品原価の計算方法ですが、その内容の多くは「実際原価を対象とし、かつ、規格製品の大量見込生産形態を前提とする総合原価計算を適用する場合での直接原価計算」となっています。図表3－11は、多くの教科書で登場する直接原価計算の特徴について示しています。

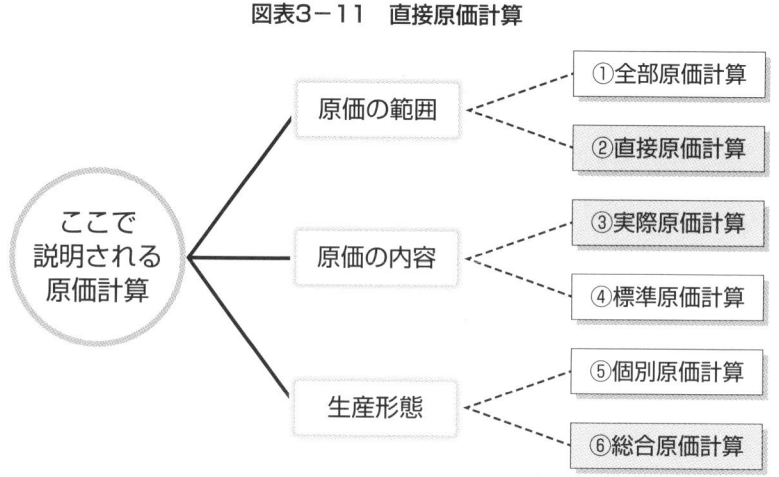

図表3－11　直接原価計算

ここで説明される原価計算
- 原価の範囲
  - ①全部原価計算
  - ②直接原価計算
- 原価の内容
  - ③実際原価計算
  - ④標準原価計算
- 生産形態
  - ⑤個別原価計算
  - ⑥総合原価計算

それでは、直接原価計算の具体的な計算方法について話を進めていきます。直接原価計算では、費目別計算の段階で、製品の生産量や販売量などの増減に伴って変動する「変動製造原価」を「直接材料費」と「変動加工費（つまり直接労務費と変動製造間接費の合計）」として集計します。次に、製品別計算の段階で、「直接材料費」や「変動加工費」を製品原価として集計していきます。ここでは総合原価計算を前提とすることが多いので、「変動製造原価」のうち「直接材料費」に当たる部分は完成品の数量と未完成品の数量の割合で分け、「変動加工費」に当たる部分は完成品の数量と未完成品の完成品換算量の割合で分けていきます。ここで注意すべきポイントは、「固定製造原価」である「固定加工費（つまり固定製造間接費）」が製品原価とし

て集計されることはなく，その期間に発生した費用（これを「**期間原価**」といいます）として別立てで把握するということです。以上，直接原価計算の具体的な計算方法を整理すると，図表3－12のようになります。

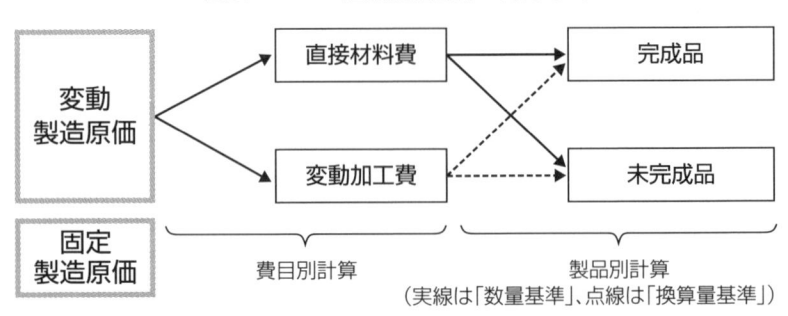

図表3－12　直接原価計算の計算方法

```
           ┌──→ 直接材料費 ─────→ 完成品
変動製造原価 ┤         ╲    ╱
           └──→ 変動加工費 ─────→ 未完成品
固定製造原価
           ←── 費目別計算 ──→ ←── 製品別計算 ──→
                          （実線は「数量基準」，点線は「換算量基準」）
```

　このように，多くの教科書で登場する直接原価計算では，まず，変動製造原価を「直接材料費」と「変動加工費」に分けて集計します。次に，「直接材料費」や「変動加工費」を完成品原価と月末仕掛品原価に分けて集計します。こうして計算された完成品原価を完成品数量で割ることによって，最終的に「変動製造原価」のみからなる完成品単位原価が計算されます。なお，「固定製造原価」は製品原価計算の範囲に含まれることはなく，その期間の「期間費用」として別立てで把握します。それでは，練習問題を見てみましょう。

【例4】
　ハラタク工業株式会社の吹田工場では，原価計算の方法を個別原価計算から総合原価計算に変更することにした。しかし，ここにおいて経営企画担当者の一人から，「この計算方法では製品を製造するためだけに直接必要なコストが把握されないため，企業の利益へどの程度貢献しているのか理解できない」という意見が出た。そのため，製品を製造するためだけに直接必要なコストである変動製造原価（製品数量の増減に伴い比例的に増減するコスト）のみを製品に集計し，これに基づいて1ヶ月の製造原価の計算を行う直接原価計算を採用することにした。そこで，次の原価データや生産データを基礎にして今月の製品単位あたりの製造原価を求めなさい。

第3章　管理会計・原価計算

原価データ①：直接材料費

合計	@2,010円×412kg＝828,120円

原価データ②：直接労務費

合計	@1,003円×352時間＝353,056円

原価データ③：製造間接費（変動製造間接費＋固定製造間接費）

合計	@935円×352時間＝329,120円

原価データ④：変動製造間接費

合計	@374円×352時間＝131,648円

生産データ①：製品数量

今月に製造を着手した製品の数量	400個
今月に完成した製品の数量	300個
今月末で未完成である製品の数量	100個

生産データ②：加工進捗度

今月末で未完成である製品の加工進捗度	40％

【解説】

　問題文にもあるように，これは直接原価計算の問題です。まず，「直接材料費」は，完成品の数量と未完成品の数量の割合で，完成品原価と月末仕掛品原価に分けていきます。計算すると次のようになるでしょう。

　　完成品原価・直接材料費＝828,120円÷(300個＋100個)×300個＝621,090円

　　月末仕掛品原価・直接材料費＝828,120円÷(300個＋100個)×100個＝207,030円

　これに対して，「変動加工費」は，完成品の数量と未完成品の完成品換算量の割合で完成品原価と月末仕掛品原価に分けていきます。計算すると次のようになるでしょう。

　　完成品原価・加工費（直接労務費）
　　　＝353,056円÷(300個＋100個×40％)×300個＝311,520円
　　月末仕掛品原価・加工費（直接労務費）
　　　＝353,056円÷(300個＋100個×40％)×100個×40％＝41,536円
　　完成品原価・加工費（変動製造間接費）
　　　＝131,648円÷(300個＋100個×40％)×300個＝116,160円
　　月末仕掛品原価・加工費（変動製造間接費）

＝131,648円÷（300個+100個×40％）×100個×40％＝15,488円

　よって，完成品原価や月末仕掛品原価は次のようになるでしょう。

　　完成品原価＝621,090円＋311,520円＋116,160円＝1,048,770円
　　月末仕掛品原価＝207,030円＋41,536円＋15,488円＝264,054円

　こうした計算をボックス図で行い計算結果を表でまとめると，次のようになります。

直接材料費

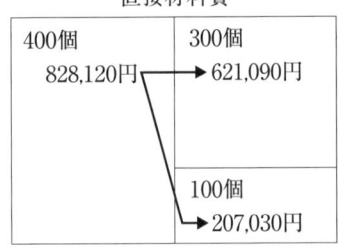

400個	300個
828,120円 →	→ 621,090円
	100個
	→ 207,030円

変動加工費（直接労務費）

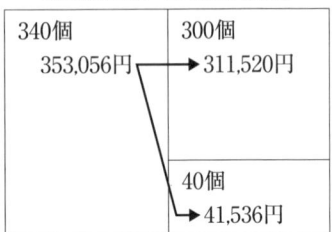

340個	300個
353,056円 →	→ 311,520円
	40個
	→ 41,536円

変動加工費（変動製造間接費）

340個	300個
131,648円 →	→ 116,160円
	40個
	→ 15,488円

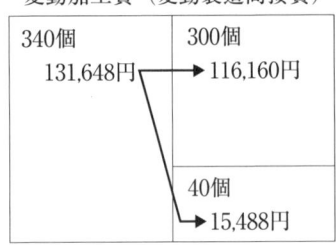

	直接材料費	変動加工費 （直接労務費）	変動加工費 （変動製造間接費）	合　計
完成品原価	621,090円	311,520円	116,160円	1,048,770円
月末仕掛品原価	207,030円	41,536円	15,488円	264,054円

　これらを受けて，「変動製造原価」のみの完成品単位原価を計算すると次のようになります。

　　完成品単位原価＝1,048,770円÷300個＝@3495.9円

第3章 管理会計・原価計算

第4節 おわりに（再び「原価計算と管理会計の全体像」）

　本章では，会計を簿記に限定してとらえるのではなく，財務会計，管理会計，さらに原価計算も含めて幅広く理解した上で，とりわけ管理会計と原価計算について学習してきました。具体的には，管理会計が「企業内部の経営管理のために貨幣データを利用する会計」であり，企業の外部や内部を詳細に分析し，分析をふまえた上で企業の翌年度の実行計画を立て，実行計画に沿って企業の様々な活動がきちんと行われているかをモニターするという経営管理のプロセスの中で，「貨幣データ」がどのように利用されているのかに注目したものであることを説明しました。次に，原価計算が「製品コストを計算するための技法」であり，管理会計で利用される「貨幣データ」を提供するための有用な技法であることを説明しました。さらに，原価計算の具体的な内容である個別原価計算，総合原価計算，標準原価計算，直接原価計算について，それぞれの要点を説明し練習問題を解説してきました。図表3－13は，練習問題で示した計算結果を整理したものです。

図表3－13　練習問題のまとめ

	計　算　前		計　算　後			
	基礎データ	合　計	完成品原価	月末仕掛品原価	その他	合　計
個別原価計算	直接材料費 828,120円	1,510,296円	1,227,900円	282,396円	――	1,510,296円
総合原価計算	直接労務費 353,056円		1,223,010円	287,286円	――	
標準原価計算			1,176,000円	276,800円	原価差異 57,496円	
直接原価計算	製造間接費 329,120円		1,048,770円	264,054円	固定加工費 197,472円	

　この図表から分かるように，基礎となる貨幣データは同じであっても採用する原価計算の方法によって完成品原価や月末仕掛品原価が変わってきます。このことは，原価計算の担当者が生産プロセスなどに対してどのような前提

を置くのかによって，計算される製品原価の値は変わってくることを意味しています。なので，同じような生産システムであったとしても，ターゲットとする顧客や市場の状況（景気が良いのか悪いのか），競争企業の動向（競争企業は強いのか弱いのか），企業内部の状況（企業内が革新的な気風なのか保守的な気風なのか）などによって，原価計算の方法は変化するでしょうし，場合によっては適切な方法に変化すべきであるといえるでしょう。本章では，原価計算の具体的な計算方法として多くの教科書で取り上げられる個別原価計算，総合原価計算，標準原価計算，直接原価計算の四つを紹介してきましたが，原価計算の方法については，今後，企業や現場のマネジメント面での要請に応じて様々なタイプが登場してくる可能性を秘めています。このように見てくると，「計算技法の練習を単純に繰り返す」ことではなく，「計算技法を利用して現状のマネジメントの問題にアプローチする」ことが，管理会計だけでなく原価計算にとっても非常に重要なのかもしれません。

　また，管理会計の教科書では，「測定できないものは，管理できない」と指摘されることがあります。こうした指摘はもっともだと思います。しかし，どのように測定されているのかを理解していなければ，測定できたとしても管理できるかどうかは不明です。こうした意味で原価計算を理解することは非常に重要ですし，原価計算と管理会計は切っても切れない密接な関係にあるといえるのではないでしょうか。

◆練習問題・・

問題1　原価計算のタイプを，①原価の範囲，②原価の内容，③生産形態にかかわって分類しなさい。

問題2　上記の問題1での分類を基礎にして，次の企業において適用すべきである原価計算のタイプを記述しなさい。
　　企業A：高収益の製品を特定の顧客セグメントにそれぞれ販売し，顧客セグメント別の管理を行う企業
　　企業B：低収益の製品を大量生産し，大量販売により利益の獲得を行う企業

第4章

監査

本章のねらい

　本章では，経営者が各種の利害関係者に対して作成し公表する情報に対して，なぜその情報の信頼性を確保する必要があるのか，またその信頼性をどのような形で判定し保証するか，について，その必要性と仕組みを学習します。具体的には以下のようなプロセスで学習します。

　先ず経営者がなぜ情報を利害関係者に公表しなければならないのか，という情報開示の動機を明らかにし，そこで公表される情報が株主等の利害関係者にとってそのままでは受け入れ難いことを，情報の特性や利害関係者の特性から説明します。次に情報の信頼性を保証するシステムとして，どのようなものがあるのか，を理解します。そして，情報の信頼性を保証する主体として最も適しているものが，どのようなものであるべきか，を知ったうえで，株主等の利害関係者として情報を利用するときに，情報を保証する書類としていかなるものが存在し，どのように利用したらよいのか，を学習します。

第1節 情報開示の動機

　企業の情報開示は，実際には経営者主導のもとに行われますが，なぜ経営者が主導して自社の情報を開示しようとするのか，を理解しなければなりません。一般に所有と経営の分離が進んでいない情況では，土地や財産を保有する者が，自らの財産や土地を管理し運用することによって利益を追求することが最も合理的であり，たとえその管理・運用が成功しなくても自己責任ということで納得できます。例えば小さな農場主であれば，自らの農場を耕作して得られた耕作物は農場主自らの努力の結果であり，それを家族で食べようと，或いは販売しようと自由であり，もし販売することで収入を得たならば，そこには利益が含まれることになります。逆に期待したとおりの収穫が得られなくても，それが例え悪天候のせいであったとしても農場主自らの自己責任であって他の者が責任を問われないわけはありません。このように所有と経営の分離が進んでいない情況では，他の者に自らの情報を開示して，自分の活動を理解してもらうというニーズは生じてきません。むしろ所有経営者として，一切情報を収集も作成もせずに現場で直接指示し管理するか，あるいは，自らの経営管理に必要な情報を自ら収集・記録し内部的に利用する可能性の方が高いといえます。

図表4－1　所有と経営が非分離な情況

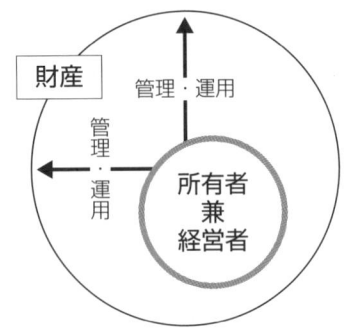

1 利害対立の解消動機

　企業経営が順調に成長すると，経営の専門性や複雑性を生じさせることから，素人の所有者は自ら財産を管理・運用し経営に当たることが難しくなり，専門的能力を持った経営者を自らの代理人として選任します。この時点で所有と経営の分離が発生し，素人所有者は専門経営者に自らの財産を委託し，所有者の利益になるように管理・運用するよう依頼します。この場合の所有者が委託者，経営者が受託者となります。受託者である経営者は，委託者の利益となるように財産を管理・運用し，その見返りに報酬を得る契約を締結します。

　また同時に企業の規模が拡大し始めると，販売や購買，製造といった種々の職務を分轄して管理したり，営業地域を広げるために支店を出店したり，さらには子会社を設置して対応する必要が生じます。職務の分轄及び支店や子会社の設置は，所有経営者が自ら管理・運営することを地理的・物理的に不可能な状況にし，それら職務や事業所を管理する代理人の任命・派遣を必要とします。ここでも所有と経営の分離による財産の受委託関係が生じるとともに，経営活動それ自体についても経営権限の受委託関係として生じ得ることになります。

　この結果，企業活動の専門性・複雑性とその拡大が，所有と経営の分離による財の受託・委託の切っ掛けとなり，受託者が委託者の利益となるように財産を管理・運用することと，その見返りに委託者が受託者に報酬を支払うという約束が交換されます。この約束の交換による受委託関係を示したものが図表4-2です。

　図表4-2にみるような受委託関係の成立は，委託者から財産や権限の委託を受けた受託者が，真に誠実に委託者の利益になるように財産や権限を使う義務（これを**受託責任**と称します）を履行するかどうかに掛かっています。もし受託者である経営者が委託者である所有者の利益にならない財産の使い方をしていることが発覚すると，そのような受委託関係は崩壊します。またある契約関係で，そのような委託者の利益が犠牲にされ，受託者が不誠実で

図表4-2 財産の受委託関係による契約

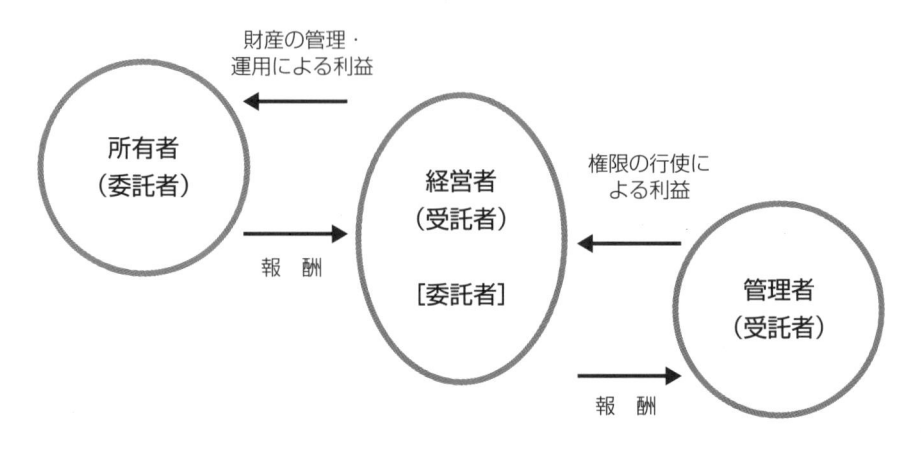

（所有者（委託者）← 財産の管理・運用による利益 ─ 経営者（受託者）[委託者] → 報酬 ─ 所有者（委託者））
（経営者（受託者）[委託者] ← 権限の行使による利益 ─ 管理者（受託者））
（経営者（受託者）[委託者] → 報酬 ─ 管理者（受託者））

あると言うことが発覚した段階で，委託者の側に受託者に対する不信感が芽生え，財産の受託・委託による所有と経営の分離を前提にした企業活動の拡大自体が難しくなってしまいます。この何れか一方の利益が過大に追求されることによって，他方の利益が過度に犠牲になる関係を**利害対立関係**と称します。

つまり経営者は，報酬を受け取るとともに自らの地位の確保を図ることを目的として，受託者としての受託責任を負うとともに，その受託責任を誠実に履行していることを説明・証明するという義務（これを**会計責任**と称します）を，委託者である所有者に対して負っていることになります。

受託者である専門経営者は，自らが委託者である所有者の利益になるように，誠実に財産を管理・運用していること（**受託責任**の履行）を自ら進んで示すこと（**会計責任**の履行）で，交換契約が成立するように環境整備を図り，利害対立の解消を図ろうとします。この環境整備のために経営者が所有者に対して自らの誠実性を説明・証明する責任を会計責任と称し，もし所有者の数も少なく経営者が直接接近することが可能な情況であれば，経営者は個人的に所有者に接近し，所有者が納得するまで自らの実績について直接説明することで，会計責任を果たし利害対立を解消することができます。

ところが，所有者の数が多数でかつ遠隔地域に分散して存在するような情

況では，経営者が所有者に対して個人的に直接接近して説明することはできません。このため経営者は，決算書という書類を自ら進んで作成して所有者に提示し，その決算書を所有者に承認してもらうとともに経営者としての報酬の受け取りと地位の継続を認めてもらいます。このような受託責任と会計責任の関係を示したものが図表4-3です。

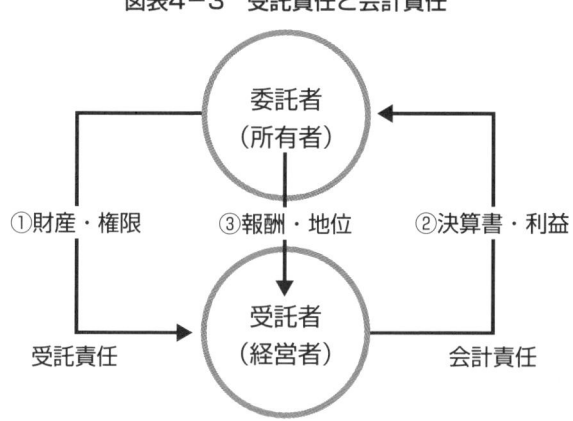

図表4-3 受託責任と会計責任

```
              委託者
             (所有者)
    ┌─────────↑───────────┐
    │                      │
①財産・権限   ③報酬・地位    ②決算書・利益
    │           ↓          │
    └─────────→          ←─┘
              受託者
             (経営者)
  受託責任              会計責任
```

　図表4-3から判るように，所有者と経営者との間の契約関係が成立するために最も重要なものが**決算書**ということになりますが，この決算書は，経営者の管理の下で経理部門が作成する書類ですから，ともすると経営者にとって都合の良い方向に数値が歪められる可能性があります。このような限界は，相対的性格と呼ばれ，「記録と慣習と判断の総合的表現」である決算書そのものの持つ性格に起因しています。このため，決算書の内容を検討し承認するかどうか判断したい所有者からすると，それを簡単にそのまま受け入れることには不安があり，その不安から決算書も経営者も承認しない，或いは受け取りを拒否する可能性も出てきます。この事態もまた財産の受託・委託関係による契約関係を崩壊させる危機となり，所有者は自らの財産を効果的に殖やすことができず，経営者は自らの職を得ることができません。

　経営者としては，自らが作成した決算書を所有者に信用して受け取ってもらわなければ，そもそも報酬の受け取りも地位の確保もできなくなるわけで

すから，どのようにして所有者に決算書を信頼して受け取って利用してもらうか，が重要課題となります。

ここでも，経営者が決算書を携えて所有者のところに行き，自ら直接説明することで，利害対立の解消を図ることが可能な情況は，所有者の数が少なく経営者との距離が近い場合に限定されます。現在のように多数の所有者が遠隔地域に分散して存在する情況では，そのような個別的・直接的な対応は困難であり，別の方策を考えねばなりません。決算書の信頼性を確保するための別の方策が，監査という仕組みを導入することです。図表4－3でみた決算書の信頼性を保証するために，監査を導入したものが図表4－4です。

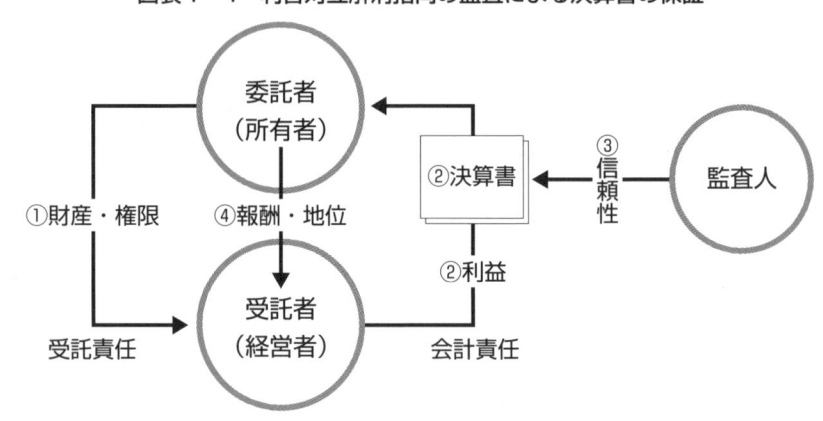

図表4－4 利害対立解消指向の監査による決算書の保証

経営者が作成した決算書の信頼性を会計と監査に精通した専門家に保証してもらうことで，委託者である所有者は，安心して信用し利用することができるようになります。この結果，所有者は信用できる決算書に基づいて，決算の内容を検討し，それに基づいて自らが受け取る利益の配分額と経営者の地位を承認するかどうかを決定します。

以上のように，監査は，法律等によって強制されるまでもなく，信頼性の程度が判らない決算書という情報が委託者である所有者に受け入れられるためには不可欠な仕組みと理解されています。

2 情報の非対称性の解消動機

　資本主義経済では，株式会社としての企業は株式を証券市場で発行することによって，機動的かつ大量の資金を調達することが認められます。このような企業を**上場企業**とか公開会社と称しますが，これらの会社の発行する株式（有価証券）が安全かつ円滑に取引されるためには，売り買いに参加する投資者が安心して市場に参加できる環境が必要です。有価証券の形を採る企業の発行する株式は，自動車や携帯電話のように外見的な相違から売り買いの判断を下せる対象ではありません。そこで，投資者達は証券市場において株式の売り買いを決定する判断材料を必要とします。

　企業の経営者は，自社の発行する株式の価格が高くなればなるほど，市場から調達できる資金の量は多くなりますし，優良企業の優れた経営者というイメージを獲得することができます。このため証券市場に上場する企業は，株式売買のための重要な参考資料として**財務諸表**（決算書）と称される会計情報を，書類にして投資者向けに公表します。この書類は，いわば学生の成績表のようなもので，経営者が自社の経営活動の成績を，投資者の株式・債券投資や融資に役立つ情報として作成・公表するものです。

　しかしこのような財務諸表は，経営者の管理の下に経理部門が作成する書類ですから，相対的性格による限界を有しており，このため財務諸表を利用しようとする投資者からすると安心してそのまま受け入れることができません。特にこの参考資料で表示された業績の善し悪しが，その企業の株式価格の高低に影響し，その結果，経営者に対する社会の評価や報酬に結び付く以上，経営者は，常に財務諸表に表示される情報を自らに有利な形で公表したいという欲求を持っています。この欲求充足という観点からすると，経営者は投資者等の企業外部の利害関係者に比べて圧倒的に優位な立場にあります。というのも，財務諸表を作成する根拠となる詳細な情報は，その殆どが企業内部に存在するものであり，それらの情報の全てを知る立場に経営者がいるからです。このような経営者と投資者との間に存在する情報の較差を，**情報の非対称性**といいます。

情報の非対称性が存在するなかで投資者が安心して証券市場で投資を行うためには，経営者が作成・公表する財務諸表の信頼性が確保されていなければなりません。このため，企業とは別の独立した第三者が，その財務諸表の信頼性，すなわち投資者がどの程度信用して利用してよいか，について保証を与える必要が生じます。

　また大規模化した企業の投資者は，広範な地域に散在しており，自らが企業に直接出向いて，業績や財産の情況を調査することにはコストがかかり過ぎて不可能です。このことも，第三者による保証を必要とする理由となります。

　最後に，投資者，特に一般投資者といわれる人たちは，企業の公表する財務諸表等の情報を解釈できる専門的能力を欠いている場合が多く，このことが保証を提供する第三者が専門家であることを要求します。

　以上のように，企業情報である財務諸表に対して，その信頼性の保証が必要とされるのは，経営者と投資者との間に情報の非対称性が存在する環境下で，①多数の投資者の散在と②専門的知識の欠如に加えて，③財務諸表自体の相対的性格が原因となっているのです。この情報の非対称性に伴う監査の必要性を示したものが図表4－5です。

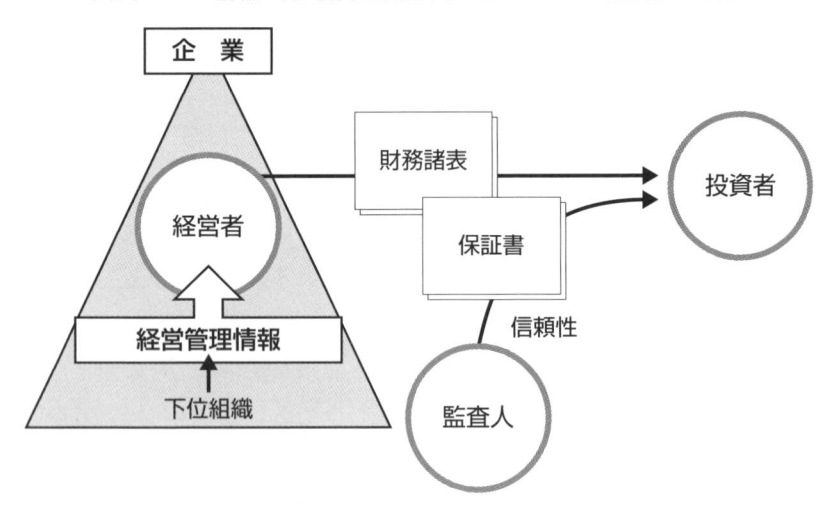

図表4－5　情報の非対称性解消目的の監査による財務諸表の保証

図表4-5において，自分が投資者であった場合に，監査人による保証のない会計情報だけで投資の意思決定するのが有利か，それとも会計情報とそれを保証する保証書の2つを使って意思決定を行う方が望ましいか，を考えてみれば，信頼性を保証する仕組みが必要であることが判るでしょう。

　この信頼性を保証する仕組みの必要性は，なにも会計情報に限られたものではありません。たとえば，宝石に添付される専門の鑑定人による鑑定書を思い浮かべてみましょう。鑑定書のついていない宝石を，本物と信じて購入し，身に付けようとする人がいるでしょうか。ここでの鑑定書は，図表4-4における会計情報の保証書と同じく，宝石購入者の意思決定を補助しており，宝石購入に際して不可欠のものといえます。またこの鑑定書は，宝石の真贋を直接検証する専門的な能力を持たない一般の購入者に代わり，宝石業者から独立した職業専門家である鑑定人によって作成されます。この点でも会計情報の保証書の必要性と同じといえます。

　しかしながら注意しなければならないのは，宝石鑑定が宝石の客観的性質によって絶対的正しさが追求できるのに対して，会計情報の保証はあくまでも相対的な正しさの追求である点です。というのも，先に見たように，経営者が作成する会計情報自体が，主観的で相対的な性質を持っているため，その正しさを検討した結果である保証書も相対的な性格を持たざるをえないのです。

　一般的に，図表4-4でみた所有者等の委託者と経営者としての受託者との間の利害対立の解消に役立つ目的で行われる監査が，わが国では**会社法**に基づく監査制度であり，経営者と投資者との間にある情報の非対称性を解消する目的で行われる監査が，**金融商品取引法**に基づく監査制度と理解されます。

第2節 法律に基づく監査制度

　第1節で学習した情報の信頼性を財務諸表に提供する監査について，法律に基づいて企業に強制しているものとして，わが国では，金融商品取引法（金商法と略称します）が強制する監査制度と，会社法が強制する監査制度があります。

1 監査制度の種類

　金商法は，証券市場の流通性を確保し，それによって投資者が自由にいつでも株式や社債を売買できるような環境を整え，保護しようという法律であり，その方策の一つとしてディスクロージャー制度の一つである監査を制度として規定しています。ここで投資者の保護とは，株式投資をして損害を蒙った人を無条件に救済しようという意味ではなく，インサイダー取引などを防止し，投資者が自らの意志に基づいて株式投資を自由に行えるように，参加者が信用できる証券市場を確立しておく，という意味です。

　金商法では，投資者の意思決定のための重要な資料として，財務諸表等を含む有価証券報告書という書類を内閣総理大臣に提出することを求めています。したがって，**金商法監査**を受けなければならない企業は，第1節で述べた信頼性の保証を必要とする三つの理由を持つような，比較的規模の大きな企業が対象となります。具体的には，証券市場等を通して，その株や債券が取り引きされ，資金を大規模に調達することを希望して，有価証券報告書を提出している上場企業や店頭登録企業です。

　一方，**会社法**は，債権者と株主を保護する目的で制定された法律ですが，特に所有者である株主を保護する目的で監査を株式会社に強制しています。株主は株式会社の所有者ですから，本来であれば，会社の経営活動に関してその進むべき方向を決定する権利（議決権）を有しています。その場合に株

主が権利を行使する場が，最高の意思決定機関としての株主総会といえます。

しかし，経営方針の全てをいちいち株主総会を開催して決議していたのでは，開催のための手続が煩雑で時間とコストがかかり過ぎるため，所有と経営は分離され企業の日常的な経営活動に関する決定権が経営者（代表取締役）に委託されます。

ここでの問題は，先に見たように，経営権を委託された経営者が必ずしも委託者である株主の利益になるようには行動しないということです。そこで会社法は，株式会社の中に機関として経営者の行動を監視する権限を監査役（会）という監視者に委託します。つまり株式会社では，株主から経営権を委託された経営者と，その行動を監視する監査権を委託された**監査役**（会）が，通常は設けられています。このような株主，経営者（取締役），監査役（会）を株式会社の機関と称し，図表4－6のような関係にあります。

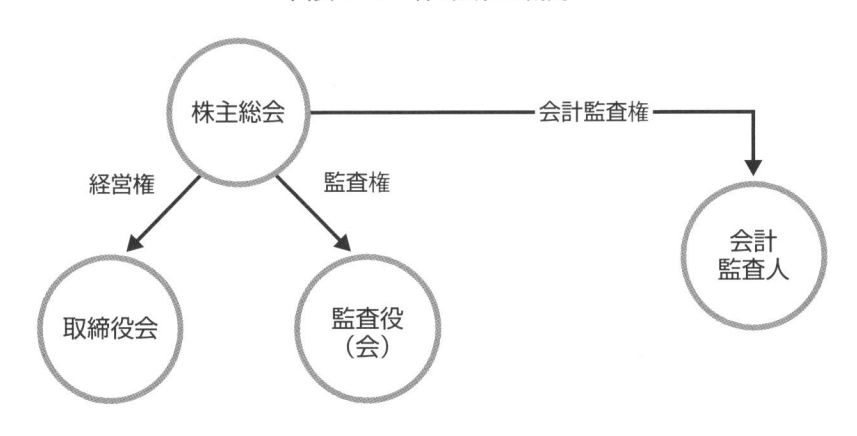

図表4－6　株式会社の機関

日常的な経営意思決定が代表取締役である経営者に委ねられているので，経営活動の成果である利益をどのように配分するかを株主総会で決議することが，会社の所有者である株主固有の権利となっています。しかし，この配分の前提となる利益数値の妥当性を上記三つの保証を必要とする理由（①財務諸表の相対的性格・②株主の散在・③専門的知識の欠如）から，個々の株主が直接判定することが不可能と解されました。このために，**公認会計士**な

いし**監査法人**という会計と監査の専門家が，**会計監査人**として導入されることになりました。

　この結果，経営者の行う業務をチェック（**業務監査**といいます）する役割を主に担うのは監査役（会）ですが，そのうち特に会計に関する書類は，株主にとって自分達が受け取る配当金に影響するという点から非常に重要であるため，それをチェックする役割（会計監査といいます）を会計監査人に負わせています。

　これら三つの機関が，会社法の意図する通りに機能していれば，監査役（会）の牽制によって，経営者は株主にヨリ多くの配当として利益が配分されるように行動し，その利益の多さに応じて経営者の報酬は決定されるはずです。しかし1960年代に山陽特殊製鋼事件やリッカー事件といった企業の粉飾決算が横行し，当初意図された通りには監査役による監査機能が働いていないことが明らかとなりました。そこで，74年に当時の商法が改正され，監査役を補完し，監査権を効果的に担うことのできる監査を専門的職業とする第三者を，会計監査人として株式会社に参加させることにしました。この**会計監査人**による監査は，全ての株式会社に強制されるわけではなく，第1節で述べたような三つの保証を必要とする理由が該当するような種類の株式会社（大会社といいます），に対して強制されます。

2　監査を担うべき者

　どのような人が情報の信頼性を保証する監査人としてもっとも適している，と考えられているのでしょうか。この問題は監査主体の問題です。

　金商法監査制度は，財務諸表に代表される会計情報に信頼性を付与することによって，基本的には一般投資者保護を指向しています。その前提として，①財務諸表の相対的性格・②投資者の散在・③専門的知識の欠如という条件が想定されますが，ここで特に重要な条件は①と③です。

　通常，専門的知識を欠いた一般投資者は，企業経営者が公表する財務諸表を一見しても理解できない可能性が高く，また理解できたとしても財務諸表

固有の相対的性格により会計数値に信頼を置くことは難しいと解されます。このため，自らに代わって相対的な会計数値の適切さを立証したうえで，判りやすい形で財務諸表の信頼性の程度を明らかにしてくれる代理人が必要です。この場合の代理人は，複雑な技術的プロセスを経て作成された会計数値の適切さを立証するために，会計とその検証手続（監査）に通じた職業専門家でなければなりません。そこで，わが国の金商法監査については，会計及び監査に関する職業専門家としての公認会計士か，あるいは監査法人に，監査の独占権が与えられています。わが国における監査法人と提携関係にある**国際会計事務所**との関係は，図表4－7のようになります。

図表4－7　日米主要会計事務所の関係

わが国監査法人	国際会計事務所
大手4法人	ビッグ4
新日本	アーンスト・ヤング（EY）
あずさ	KPMG
トーマツ	デロイト・トゥシュ・トーマツ（DTT）
あらた	プライスウォーターハウス・クーパーズ（PwC）

会社法監査制度では，株主の利益を保護する目的で，株式会社の機関として監査役（会）が監査を担当する主体として，取締役会に対置されています。しかしわが国の監査役は，多くの場合，その企業の中から昇進してその役職に着きます。監査役も取締役と同様に株主総会で選任される株式会社の役員ではあるのですが，その候補者を株主総会に提案するのは経営者（代表取締役）であり，その意味で経営者から独立した主体であるとは言い難い状況です（**独立性**の問題）。つまり経営者に推薦してもらってその地位に着く監査役が，経営者に対してその行動を監査し牽制することは難しい仕組みになっているといえます。

　また監査役に就任するものは，多くの場合，会計や監査の専門家として養

成された人物ではなく，企業に就職後，オン・ザ・ジョブ・トレーニングで販売や企画・経理といった種々の部門を経験して来た企業内の従業員であるため，専門的な監査や会計の能力を欠いていることが多いのです（**適格性**の問題）。

　このような適格性と独立性という二つの問題点のせいで，監査役による監査は，株主の利益になるように有効に経営者を監視していないという批判がなされて来ました。そこで社会的影響の大きい大会社について，特に株主にとって最大の関心事である配当金の計算に結びつく会計情報の監査には，職業専門家である公認会計士ないし監査法人を会計監査人として導入したのです。さらに監査役の独立性の問題をクリアするために，企業外部出身者を**社外監査役**として選任することも義務付けています。

　次に金商法監査制度における上場企業等の監査人には，公認会計士や監査法人であれば誰でも就任できるのでしょうか。少なくとも公認会計士の資格を有していれば，或いは複数の公認会計士からなる監査法人であれば，公認会計士としての資格がその専門的知識や能力，さらには実務経験の面で適格であることを示しています。しかし，その公認会計士としての資格があるからといって，あらゆる上場企業等の監査を担当できるのか，というとそうではありません。

　先に見たように，金商法上の監査人には投資者の利益を保護するという目的のために，経営者が作成する財務諸表の信頼性を明らかにするという役割を担っています。しかしこの投資者というのは，予め具体的にどのような利害関係者が含まれているのかは明らかではありません。例えば，既に何れかの企業の株式や社債を購入している者は株主や債権者であると同時に投資者ですし，未だどこの有価証券も購入していない者も投資者の概念には含まれます。したがって，このような投資者のために監査を行うということは，何れの利害関係者の立場にも立たない客観的な姿勢での監査が求められることになります。これを監査人の独立性といいます。ちなみに株主と投資者の関係は図表4－8のように理解されます。

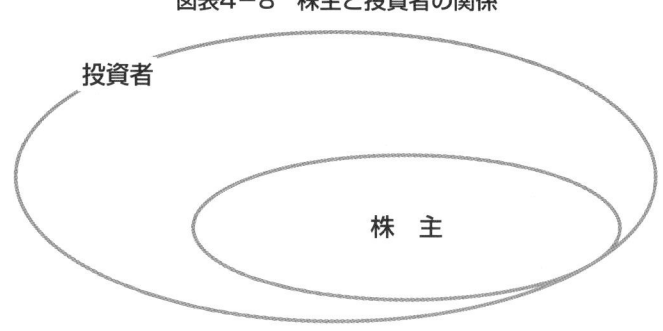

図表4-8　株主と投資者の関係

投資者

株　主

　つまり公認会計士の資格を有していたとしても，特定の企業の監査人に選任されるためには，当該企業からも特定の利害関係者からも，独立していなければ適格性がないことになります。このため種々の法規により，公認会計士または監査法人のうち，特定の企業との間に特別の利害関係（例えば，税理士としての顧問契約関係や，親族が経営者である関係，さらには自らが株主や債権者である関係）のないことが，当該企業の監査人に選任されるためには求められています。

3　信頼性を付与する方法

　監査の結果は，監査意見という形で監査報告書という書類に表示されて，利害関係者に伝達されますが，その記載内容についてここでは学習しましょう。

　金商法監査で表明される監査意見は，**適正性**に関する意見といわれ，財務諸表の利用可能性の程度に応じて，**無限定適正意見→限定付適正意見→不適正意見**というように表明されます。金商法では，企業経営者から提供される会計情報（財務諸表）と監査人から提供される監査情報が一体となって，投資者の投資意思決定に役立つことが目的ですから，**監査意見**の違いによって，財務諸表の利用のされ方が異なるよう期待されています。具体的には，無限定適正意見は，財務諸表のなかには重要な誤りが含まれていないという意見

なので，この意見が表明された財務諸表は，意思決定情報として投資者はそのまま利用することができます。これに対して，不適正意見の付与された財務諸表については，かなり重要な誤りが含まれており，そのままではとても信頼できる情報として与えられているとはいえません。この場合，監査意見を記載した監査報告書のなかで，監査人が間違っている会計数値については正しい数値に修正する情報（**限定事項**と称します）を提供しているので，利用者は監査報告書上の情報に基づいて会計情報を自分で修正しながら利用することになります。さらに限定付適正意見は，財務諸表の一部に重要な誤りが含まれているものの，財務諸表全体としては適切な情報を表示している，という意味であり，監査報告書上の限定事項に基づき，その一部分の誤りを修正して利用することが利用者には求められます。

他に金商法監査では，監査人が意見を表明できる程度の根拠が得られなかった場合には，監査意見を表明できないという意味で**意見表明拒否**が行われます。この場合，利用者は，監査人から財務諸表の信頼性に関する情報を受け取ることができないため，もし財務諸表を利用するのであれば，そのなかに誤りが含まれているか否かが判らないまま，自らの責任において利用することになります。

会社法監査は株主の利益になるように行われるものであるため，最終的な監査意見は監査報告書の形で株主総会に財務諸表（会社法では**計算書類**と呼びます）とともに提出され，株主総会で計算書類を審議する際の参考資料として利用されます。株主は，自分が経営者に委託した資金が有効に管理・運用され，その結果，配当金がどの位もらえるのかに最大の関心を持っていますが，その配当金の元になるのは計算書類で計算された利益数値です。したがって，利益の計算過程を示した計算書類が法律や定款に従っているか否か，すなわち適正か否か（会社法でも適正性に関する意見が表明されます）が監査報告書に監査意見として記載されます。このような姿が，所有者である株主と代理人である経営者との間の利害対立を解消することを目的とする会社法による本来の利害調整プロセスですが，実際には，会社法上，株主総会の計算書類の承認に関する権限は，一定の条件の下で経営者を監督する機関で

ある取締役会に委譲されています。図表4-9は，それぞれの監査報告書がどのようなルートで利用者に提供されるかを示しています。

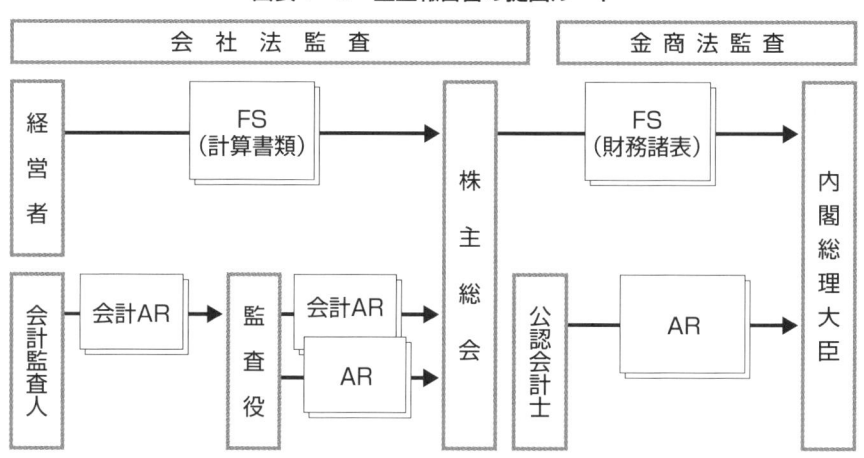

図表4-9 監査報告書の提出ルート

［会社法監査のフロー図：経営者 → FS（計算書類）→ 株主総会；会計監査人 → 会計AR → 監査役 → 会計AR・AR → 株主総会］
［金商法監査のフロー図：株主総会 → FS（財務諸表）→ 内閣総理大臣；公認会計士 → AR → 内閣総理大臣］

また金融庁のEDINET〈http://info.edinet-fsa.go.jp/〉からダウンロードした実際の金商法に基づく監査報告書を有価証券報告書から抜き出したものが次ページの図表4-10である。この監査報告書は，無限定適正意見が表明されたものである。

◆ 練習問題 ··

問題1　経営者による情報開示の動機に関して，以下の設問に答えなさい。
　設問①　企業の経営者が自ら進んで企業の情報を開示しようとする動機として，どのようなものがあるか，説明しなさい。
　設問②　所有者と経営者，或いは委託者と受託者の間に，どのような原因で利害対立が生じるか，説明しなさい。
　設問③　所有者と経営者との間に生じる利害対立の解消方法を説明しなさい。
　設問④　情報の非対称性が経営者と投資者との間に存在する場合に，何故，監査が必要となるのか，を論証しなさい。

図表4-10　金商法監査報告書の例

本田技研工業株式会社/有価証券報告書/2007-03-31

独立監査人の監査報告書

平成19年6月22日

本田技研工業株式会社

取締役会　御中

あずさ監査法人

指定社員　　　　公認会計士　　佐藤　正典　㊞
業務執行社員

指定社員　　　　公認会計士　　袖川　兼輔　㊞
業務執行社員

指定社員　　　　公認会計士　　大津　修二　㊞
業務執行社員

　当監査法人は、証券取引法第193条の2の規定に基づく監査証明を行うため、「経理の状況」に掲げられている本田技研工業株式会社の平成17年4月1日から平成18年3月31日までの連結会計年度の連結財務諸表、すなわち、連結貸借対照表、連結損益計算書、連結資本勘定計算書、連結キャッシュ・フロー計算書及び連結附属明細表について監査を行った。この連結財務諸表の作成責任は経営者にあり、当監査法人の責任は独立の立場から連結財務諸表に対する意見を表明することにある。
　当監査法人は、我が国において一般に公正妥当と認められる監査の基準に準拠して監査を行った。監査の基準は、当監査法人に連結財務諸表に重要な虚偽の表示がないかどうかの合理的な保証を得ることを求めている。監査は、試査を基礎として行われ、経営者が採用した会計方針及びその適用方法並びに経営者によって行われた見積りの評価も含め全体としての連結財務諸表の表示を検討することを含んでいる。当監査法人は、監査の結果として意見表明のための合理的な基礎を得たと判断している。
　当監査法人は、上記の連結財務諸表が、米国において一般に公正妥当と認められる企業会計の基準(連結財務諸表の注記事項1参照)に準拠して、本田技研工業株式会社及び連結子会社の平成18年3月31日現在の財政状態並びに同日をもって終了する連結会計年度の経営成績及びキャッシュ・フローの状況をすべての重要な点において適正に表示しているものと認める。
　会社と当監査法人又は業務執行社員との間には、公認会計士法の規定により記載すべき利害関係はない。

以　上

(注)　上記は、監査報告書の原本に記載された事項を電子化したものであり、その原本は当社が別途保管しています。

問題2　法律に基づく監査制度に関して，以下の設問に答えなさい。

設問①　わが国において法律によって企業に強制される監査として，どのようなものがあるか，その保護の対象と内容，主体について，説明しなさい。

設問②　会社法監査において，何故，公認会計士ないし監査法人による監査が必要となるのか説明しなさい。

設問③　経営者によって作成・公表される会計情報に対して監査人が表明する意見には，どのようなものがあるか，説明しなさい。

設問④　法律に基づく監査制度において表明される監査人の意見は，利用者によってそれぞれどのように利用されるか，解答しなさい。

第5章

企業法

本章のねらい

　企業法には，会社法をはじめ商法（商法総則・商行為法）や金融商品取引法も含まれます。しかし，ここでは特に企業法の中心的役割を示す会社法について解説をします。また，会社法といってもすべてを網羅的に扱うことは止めました。会社法の中でも興味を持って読んでいただき，また重要なところを特に扱いました。法学の文章ですから該当の条文を付記していますが，まずは特に意識することなく読み進めてください。

　企業法を学習する上で重要なことは法の趣旨を理解することです。いいかえると，なぜそのような法制度ないし条文になっているのかということを理解することが重要なのです。この趣旨があるから，法制度や条文が必然的に生まれるのです。法制度や条文の中身だけを追いかけるのではなく，その趣旨を理解してください。そうすればおのずと企業法の全体が見え，法制度や条文の中身が見えてきます。本文でも特に「趣旨」を強く意識して記述しています。みなさんも「趣旨」（なぜそのような制度があるのか）に注意して理解するように心がけて下さい。

第1節 会社総論

1 企業形態

(1) 個人企業

　企業形態として最も原始的なものが個人企業です。これは自らが企業取引の主体として活動し，そこから得られる利益はすべてその個人企業に帰属します。その反面，企業活動のリスクはすべて個人企業が負担しなければなりません。さらに，個人による資金調達には限界があります。

(2) 組合（民法上の組合）

　個人で企業を営むのではなく，複数人が集まって企業を営む場合には，組合（民法上の組合）が結成されます。これにより，複数人が資金を拠出することで個人企業よりも多くの資金を調達できます。さらに，損失は個人で負担するのではなく，複数人で負担すればよいことになります。当然その代わりに，利益も複数人で分配します。ところで，民法上の組合は，法人と異なり，自己の名において契約を締結することができません。よって，組合を構成する組合員が契約の主体となります。また，民法上の組合ではその構成員である組合員間で組合契約が締結されます。その結果として，あまり多人数となることができません。

(3) 会　　社

　会社という企業形態では，原則としてその構成員は1人でもかまいませんが，複数人で構成することができます。さらに，民法上の組合と異なり，その構成員同士が契約によって結びつくのではなく構成員は会社との契約によって結びつきます。会社は法人であって，その名において契約を締結することができます。その結果として，会社財産とその構成員の財産とは明確に区

別されます(ただし,後述するように,合名会社・合資会社の無限責任社員)。会社は組合よりも多人数をその構成員とすることに適しており,より多くの資金調達が期待でき,構成員のリスクも分散させることができます。さらに,会社財産とその構成員の財産とが区別されることから,より構成員のリスクは小さいものとなります(「法人性」を参照)。

図表5-1　企業形態のイメージ

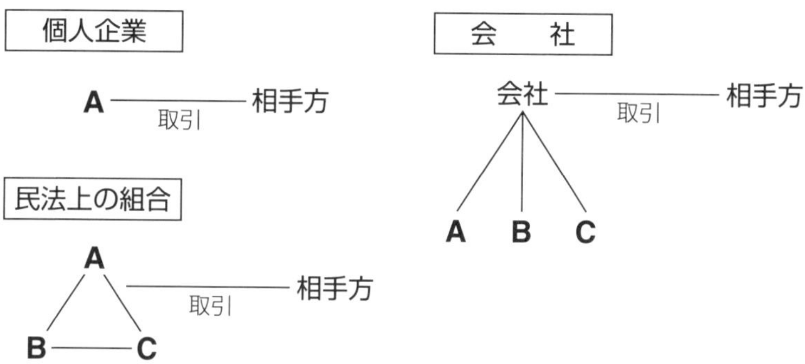

2　会社の意義

会社とは,一般に「営利社団法人」であるといわれます。つまり,会社には,「営利性」,「社団性」,「法人性」があるということですが,それぞれはいったい何を意味しているのでしょうか。

(1)「営利性」

ここにいう「**営利性**」とは,会社が対外的に営利活動を行い,かつそれによって得た利益をその構成員に分配することをいいます。具体的には,会社の構成員は,会社に対して,会社の利益の配当を受ける権利(剰余金分配請求権)および会社を解散したときに残っている財産を分配するよう請求する権利(残余財産分配請求権)をもっています。また,当然のことですが,「営利性」があるからといって,会社が慈善事業に対する寄付を行うことができないというわけではありません。

(2)「社団性」

「社団」とは，複数人の集まりのことをいいます。会社は通常多くの構成員からなっていますので，会社は社団といえます（たとえば株式会社では多くの株主がいます）。

それでは，会社の構成員が1人しかいない場合には，「社団」とはいえないのでしょうか。「社団」といえないのであれば，会社ではなくなるのでしょうか。会社はその構成員が1人であってもかまわないとされています。このような会社を「一人会社」と呼びます（ただし，合資会社）。「一人会社」は，厳密には「社団」とはいえませんが，一般的に「潜在的な社団性」があると考えられています。たとえば，株式会社では，株主が1人の場合に「一人会社」となりますが，それは1人の株主がその会社の発行するすべての株式（100％の株式）を保有していることを意味します。しかし，その株主が株式の一部を他人に売却すれば，それで株主は複数になります。つまり，株主が1人であっても，その株式を譲渡すればすぐにでも株主が複数になる点をとらえて，「一人会社」であっても潜在的な社団性はあるといわれます。

(3)「法人性」

会社は「法人」です（会社3）。すなわち，会社法を学習する上では，「人」とはわれわれのような「自然人」のみならず，法律上「人」と認められた存在，すなわち「法人」も含まれるということです。会社が「法人」であるとはどのようなことでしょうか。それはわれわれ「自然人」と同様に，会社が権利義務の帰属主体となることを意味します。たとえば，「会社」自身が売買契約をすることができ，その結果，商品を引渡す義務を負ったり，代金を請求する権利をもったりすることができます。このような権利・義務を有することができるのは「人」だけです。会社もまた「人」なのです。

会社が「法人」であるということは，他にも大きな意味をもちます。会社はその構成員とは別人格をもつということです。このことは，次の二つに表れます。一つは，①会社の債権者はその構成員に対して請求することができないということと，もう一つは，その逆で②構成員の債権者は会社に対して

請求することができないということです。たとえば，①会社が借金をした場合には，それは会社の借金であって構成員の借金ではないということ，②逆に構成員自身が借金をした場合に，それは構成員自身の借金であって会社の借金ではないということです。これは当然のように感じるかもしれませんが，前に説明しました「民法上の組合」ではこの区別はありません（よって個人的な債務であっても事業用の財産から弁済することが要求されることがあります）。なお，①会社の債権者はその構成員に対して請求することができないという点についてですが，次に説明します合名会社・合資会社の場合には注意が必要です。

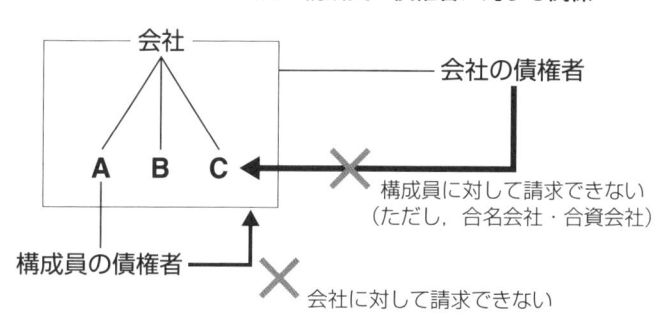

図表5-2　法人・構成員の債権者に対する関係

構成員に対して請求できない
（ただし，合名会社・合資会社）

構成員の債権者

会社に対して請求できない

3　会社の種類

(1) 4種類の会社

会社法では，四つの種類の会社を設立することを認めています。株式会社・合名会社・合資会社・合同会社です。合名会社・合資会社・合同会社をまとめて持分会社と呼びます。それぞれの会社はその社員（会社の構成員）の責任と信頼関係の違いから特徴づけられます。会社法では「社員」という言葉は会社に対する「出資者」を意味するのであって，一般用語として使われる「会社員」とは意味が異なります。ちなみに，会社の中で働くいわゆる「会社員」は，会社法では「使用人」と呼ばれます（従業員という言葉が使われることもあります）。

(2) 合名会社

合名会社とは，すべての社員が会社債権者に対して直接連帯無限の責任を負う会社をいいます（会社576Ⅱ，580Ⅰ）。「直接」とは，会社債権者に対して直接債務を弁済する責任を負うことをいい，「連帯」とは，それぞれの社員が会社債権者に対して連帯して責任を負うことを意味し，「無限」とは，会社の債務につきすべて際限なく社員自らが責任を負うことを意味します。すなわち，社員の責任が非常に重い会社です。ただし，その責任は二次的・従属的であって，たとえば，会社財産があるときには社員は責任を追及されません（会社580Ⅰ①）。

合名会社では，原則としてすべての社員が会社の業務を執行し，会社を代表します（会社590，599）。社員が会社の経営を行うという，所有と経営の一致がみられる会社です。

社員の地位のことを持分といい，よって持分の全部を他人に譲渡すると，社員の地位が他人に移り，その他人が社員になります。持分の譲渡には原則として社員全員の同意を必要とします（会社585）。これは会社における社員間の人的な信頼関係を重視しているからです。

以上のことをまとめますと，合名会社は人的な信用（対会社債権者），信頼関係（社員間）を重視した会社であるといえます。

(3) 合資会社

合資会社は，無限責任社員と有限責任社員の2種類の社員からなる会社をいいます（会社576Ⅲ，580ⅠⅡ）。無限責任社員は合名会社の社員と同じです。有限責任社員とは，会社債権者に対しては，その出資額を限度として責任を負う社員をいいます（会社580Ⅱ）。たとえば，会社が多額の債務を抱えてつぶれた場合に，無限責任社員であればその債務につき無限に責任を負いますが，有限責任社員は，その出資額が300万円であれば，300万円を限度に責任を負えばよく，それを超えて責任を負うことはありません。会社の経営および持分の譲渡に関しては，合名会社と同様です。

(4) 合同会社

合同会社は，出資額を限度として責任を負う有限責任社員のみからなる会社です（会社576Ⅳ，580Ⅱ）。合同会社には無限責任社員はいません。よって，合同会社の場合には，会社財産の確保のための特別な規定が存在しています（会社625以下参照）。また，会社の経営および持分の譲渡に関しては，合名会社とほぼ同様です。

(5) 株式会社

株式会社は，すべての社員（株主）が会社債権者に対して間接有限の責任を負う会社です（会社104）。これは株主は株式会社の債権者から直接責任を追及されることはないということを意味します。それでは株主は無責任なのかというとそれは違います。株主は有限責任を負いますが，有限責任とは，株主は出資の価額を限度として責任を負うということです（会社104）。さらにその責任は間接的です。つまり，株主が出資した財産は会社財産となり，そして会社債権者は会社財産から債権を回収するとう意味で，間接的に責任を負っているのです。結局は，株主の責任は合名会社の社員と比べると軽いものといえます。

会社の経営は，出資者である社員（株主）によってではなく，取締役等によってなされます（会社348Ⅰ，349Ⅰ等）。所有と経営の分離がみられる会社です。

株式会社の持分すなわち社員の地位は株式と呼ばれます。株式（持分）の譲渡は原則として自由です（会社127）。これは株式会社における社員（株主）間の人的な信頼関係が希薄であることの現れです。

以上のことをまとめますと，株式会社は，会社債権者は会社財産を重視し，株主間の人的な信頼関係は希薄な会社であるといえます。

図表5-3 社員（株主）の責任

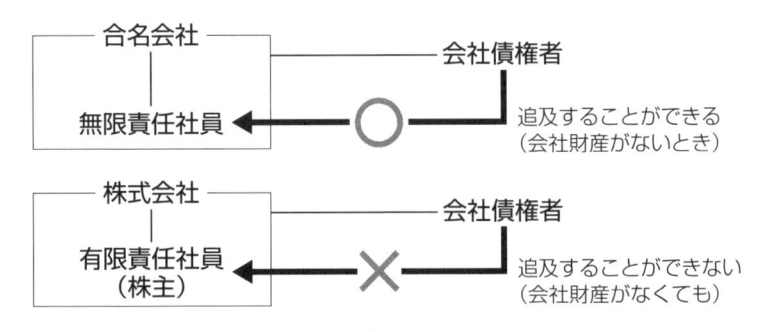

```
合名会社 ──────── 会社債権者
  │                    │
無限責任社員 ←── ○ ── 追及することができる
                       （会社財産がないとき）

株式会社 ──────── 会社債権者
  │                    │
有限責任社員 ←── × ── 追及することができない
（株主）                （会社財産がなくても）
```

4 株式会社の基本制度

株式会社の基本制度として，(1)**株式制度**，(2)**株主有限責任の原則**，(3)**資本制度**があります。

(1) 株式制度

株式とは，株式会社の社員たる地位です。その特徴のひとつとして，株式は「細分化」されています。すなわち，少しの資金しかもたない者であっても，株式会社に参加することができ，その結果として，多くの者が株式会社に参加し，株式会社は多くの資金を集めることができます。次に，株式は「割合的単位」の形をとります。たとえば1株をもつ者に対しては1個の議決権を与え，10株をもつ者に対しては10個の議決権を与えるというように，株主の法律関係が明確になります。このことから，株主の数がたとえ多数になっても，その処理を容易に行うことができます。すなわち，株式は「均等に細分化された割合的単位」の形をとり，このことから，多数の者が株式会社に参加することができ（資本の集中が容易になり），その法律関係が明確に（多数の処理が容易に）なります。

(2) 株主有限責任の原則

株式会社の特徴で説明した通り，株主は会社債権者に対して有限責任しか

負いません。よって、株主のリスクは合名会社の無限責任社員に比べて小さくなります。このことから、より多数の者が株式会社に参加することが期待でき、多くの資金を調達することが可能になります。

(3) 資本制度

　株主有限責任の原則から、さらに、会社債権者は会社の財産がなくなったときに、株主から債権の回収をすることはできません。そこで、会社債権者の担保となるのは会社財産だけです。ですから、会社債権者保護のために、会社財産を確保すべきという要請がはたらきます。その結果として、資本制度が存在します。資本金とは、会社が確保すべき財産の基準となる金額を意味し、これは、登記（会社911Ⅲ⑤）および貸借対照表（会社440）により公示されます。資本金の額は、原則として設立または株式の発行に際して株主となる者が払込みまたは給付をした財産の額とされ（会社445Ⅰ、ただしⅡ）、最低資本金の額は特に定められていません。

　資本制度の内容として、資本金として示された額について現実に出資がなされなければなりません。これを「資本充実の原則」といいます。たとえば、資本金1億円としていながら、実際その会社に1億円の出資がなされていなければ、1億円の財産があると思って取引をした者（債権者）は不測の損害を被ってしまいます。

　さらに、資本金として現実に出資された財産は維持されなければなりません。これを「資本維持の原則」といいます。つまり、株主からせっかく現実に出資されたのに、それをまた株主に払戻してしまっては意味がなくなるからです。そこで、株主に対して出資された財産を払戻すことは禁止され、株主に配当をするときであっても分配可能剰余金の範囲内でしか配当をすることができません（会社446、461）。

　また、資本金の額の減少についても厳格な規制が置かれています。これを「資本不変の原則」といいます。これは、資本充実・維持の原則が、会社は資本金の額に相当する財産が拠出され、保有されねばならないとするのに対して、資本不変の原則は、その資本金の額そのものを減少してしまうことを

規制するものです。たとえ資本充実・維持の原則があっても，その財産の拠出・維持の基準となる資本金の額が自由に減少されてしまっては意味がないからです（たとえば資本金の額を1億円から1000万円に減少されてしまえば，1000万円の財産を維持していればよいとなってしまいます）。そこで，資本金の額を減少する場合には，債権者はそのことにつき異議を述べる機会が与えられています（会社449）。

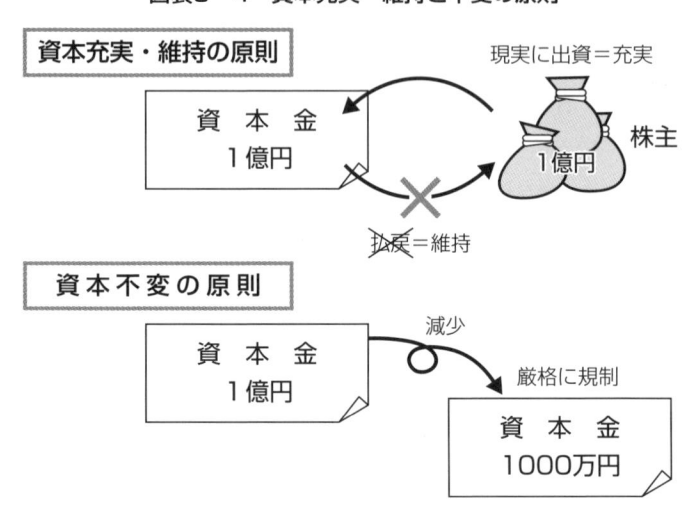

図表5-4　資本充実・維持と不変の原則

第2節 株式会社の設立

1 設立の意義

　株式会社を設立するということは，株式会社として経済活動を行うことができる実体を形成し，さらに会社が法人となるために法人格を取得するという手続きを行うことです。すなわち，会社の設立手続は，実体の形成と法人格の取得手続きからなります。実体の形成手続きには，①株式会社の根本規則である定款の作成，②株式会社の構成員である株主の確定，③株式会社の活動資金としての出資の履行，④株式会社の運営を行う機関の具備が必要になり，そして法人格の取得には，⑤株式会社の設立登記が必要になります。①から⑤までの株式会社の設立手続きについては，会社法が詳細な規定を置いて規制しています（会社25以下）。

　ところで，株式会社の設立方法には，発起設立と募集設立とがあり，発起設立とは発起人が設立時発行株式の全部を引き受ける設立方法（会社25Ⅰ①）であって，募集設立とは発起人が設立時発行株式を引き受けるほか，設立時発行株式を引き受ける者を募集する設立方法（会社25Ⅰ②）をいいます。株式会社を設立する場合には，このどちらかを選択することになります。

2 定款の作成

(1) 定款作成の手続き

　株式会社を設立するには，まず，発起人が**定款**を作成しなければなりません。これには発起人全員の署名または記名押印が必要とされます（会社26Ⅰ）。発起人によって作成された定款は，次に，公証人の認証を受ける必要があります（会社30Ⅰ）。不正が起きないよう内容を明確にし，後日紛争となるのを避けるためです。公証人の認証によって，定款としての効力が発生します。

さらに，後で説明しますように，定款に変態設立事項の記載があるときには，検査役の調査が要求されます。作成された定款は，発起人が定めた場所（株式会社成立後はその本店および支店）に備え置かれ，発起人（株式会社成立後はその株主および債権者）は，その定款の閲覧・謄写を請求することができます（会社31）。

(2) 発 起 人

発起人は，会社設立の企画者であって，設立事務を遂行する者です（実質的意義）。しかし，会社法上は，発起人とは，定款に発起人として署名した者をいいます（形式的意義）。これは，発起人は会社設立につき重い責任が課せられているなどして，誰が発起人であるかを明確にするためです。発起人は会社設立事務を遂行しますが，その権限の範囲内で行った行為は，成立後の会社に帰属します。逆に，権限外の行為（たとえば会社設立前の営業行為）を行ったとしても，それは成立後の会社には帰属しないで，発起人自身に帰属することになります。

(3) 定款の内容

発起人は，定款，すなわち会社の組織および活動に関する根本規則を作成しなければなりません。

定款には，まず，絶対的記載事項という必ず記載しなければならない事項があり，この記載を欠くと定款自身が無効となるものです。定款の絶対的記載事項としては，株式会社の①目的，②商号，③本店所在地，④設立に際して出資される財産の価額またはその最低額，⑤発起人の氏名または名称および住所，⑥発行可能株式総数があります（会社27①～⑤，37）。株式会社の定款には，公証人の認証が必要ですが，⑥発行可能株式総数については公証人の認証は不要です。よって，⑥発行可能株式総数は，会社成立時までに定めればよいということになります。

次に，定款の記載事項には，相対的記載事項という定款に記載しなければ効力を生じない事項というものがあります（会社28）。これは，絶対的記載事

項と異なり，記載がなくても定款自体が無効となるわけではありません。これについては，株式の内容に関する定め（株式の譲渡制限等，会社107Ⅱ）など多数存在しますが，設立において重要なものは変態設立事項（会社28）です。変態設立事項とは，株式会社の設立において，その濫用のおそれがあり特に危険な事項であるとして，会社法上厳格に規制されるものです（これを「危険な約束」と呼ぶこともあります）。

変態設立事項には①現物出資，②財産引受け，③発起人の報酬その他特別利益，④設立費用があります。

①現物出資とは，金銭以外の財産の出資をいいます（会社28①）。これは，出資された財産が過大評価された場合（たとえば1000万円の土地建物を5000万円として出資した場合），会社債権者を害し（資本の充実を害する），他の株主に対して不公平になる（実際には1000万円の出資なのに5000万円分の株式を手に入れる）という弊害が生じるので，変態設立事項として規制されます。

②財産引受けとは，会社の成立を条件として会社のために財産を譲り受ける契約をいいます（会社28②）。たとえば，立地条件のよい店舗を他人に先を越されないように，会社設立という条件付で，売買契約を締結しておく場合がこれにあたります。これもまた，現物出資と同様に財産が過大評価されるおそれがあり，現物出資の脱法行為（1000万円の土地建物を5000万円として会社に出資するのではなく，会社に売却しても結局同じことになる）として行われるおそれがあるからです。

③発起人の報酬等は，発起人による設立手続という職務の対価として与えられるものですが（会社28③），これを発起人が自由に決めることができるとなると，発起人に濫用（お手盛り）の危険があります。

④設立費用は設立のために支出した費用（たとえば文房具代）をいいます（会社28④）。本来であれば，当然その費用は会社に対して求償できそうですが，無制限な支出を防ぐ意味で，変態設立事項としています。ただし，会社設立に必要であってその額が決まっているような定款の認証の手数料など，株式会社に損害を与えるおそれがないものは除かれます（次の検査役の調査も不

要です）（会社28④括弧書き）。

　上記の①から④までの変態設立事項については，濫用のおそれがないように，裁判所が選任する検査役の調査が必要になります（会社33）。ただし，現物出資財産等が少額（500万円を超えない）である場合など，例外的に調査が不要な場合もあります（会社33Ⅹ）。

　最後に，定款の記載事項には，任意的記載事項があります。これは，定款外で定めても効力が認められる事項ですが，あえて，定款で定めることによってその事項が明確になり，その変更には定款変更の手続き，すなわち，株主総会の特別決議（会社466，309Ⅱ⑪）が必要になります（会社29）。たとえば，任意的記載事項としては，株主総会の議長を社長と定めておく場合などがあります。

3　株主の確定

　株式会社を設立するためには，株式会社の設立時に発行する株式，すなわち設立時発行株式に関する事項について決めなければなりません。これは，発起人全員の同意によって，①発起人が割当てを受ける設立時発行株式の数，②設立時発行株式と引換えに払い込む金銭の額，③成立後の会社の資本金および資本準備金の額について決定します（会社32Ⅰ）。ちなみに，発起人は必ず1株は引受けなければなりません。無責任な会社の設立を防ぐためです。

　しかし，発起設立の場合には，発起人による株式の引受けしかありませんからこれでよいのですが（会社32Ⅰ），募集設立の場合には，発起人による株式の引受け以外に（会社32Ⅰ），他に株式引受人を募集するという手続が必要です。この場合には，①設立時募集株式の数や払込金額などの募集事項の決定（発起人全員の同意）（会社57），②株式を引受けようとする者に対する申込みの通知（会社59Ⅰ），③株式を引受けようとする者による申込み（会社59Ⅲ），④発起人による割当て（申込者のうち誰が何株引受けるかを決める）（会社60），⑤申込者による株式の引受け（会社62①）という手続の流れになります。

　これらの手続によって，会社が成立した場合に，誰が何株の株主になるか

が確定します。

4 出資の履行

　株式会社が活動を行うには当然に資金が必要であり，そのために上で株式を引受けた者（発起人および設立時募集株式の引受人）は出資を履行しなければなりません。発起設立の場合には，発起人による出資の履行だけですが（会社34），募集設立の場合には，発起人による出資の履行（会社34）と設立時募集株式の引受人による払込み（会社63）が必要となります。

　まず，発起人は，設立時発行株式の引受け後遅滞なく，金銭の全額の払込みまたは金銭以外の財産（現物出資）の全部の給付をしなければなりません（会社34Ⅰ）。また，設立時募集株式の引受人は，払込期日または払込期間内に，払込み金額の全額の払込みをしなければなりません（会社63Ⅰ）。金銭による出資は，発起人および設立時募集株式の引受人の両者に認められていますが，現物出資は発起人にしか認められていません。

　金銭の払込みは発起人が定めた銀行等の払込取扱場所においてなされなければなりません（会社34Ⅱ，63Ⅰ）。また，募集設立においては，発起人は払込取扱銀行等に対して払込金保管証明書の交付を請求することができます（会社64Ⅰ，なお払込金保管証明責任につき会社64Ⅱ）。発起人が出資の履行をしない場合には，一定の期日までに履行をしなければならない旨を通知し（会社36Ⅰ Ⅱ），それでも履行をしないときは，その履行をすることによって設立時発行株式の株主となる権利を失います（会社36Ⅲ）。設立時募集株式引受人が払込みをしない場合には，その払込みをすることによって設立時発行株式の株主となる権利を失います（会社63Ⅲ）。

5 機関の具備

　株式会社の成立後には，株式会社の運営を行う機関の具備が必要になります。そこで，取締役などの役員等を選任する必要がありますが，設立時に選

任される役員等を成立後の役員等と区別して，設立時役員等と呼びます。設立時役員等たとえば設立時取締役は，会社成立後は取締役となりますが，会社成立前は設立時取締役として，設立手続の調査を行うなどの独特の職務があります（会社46）。

設立時役員等の選任は，発起設立の場合には，発起人の議決権の過半数により行われます（会社40ⅠⅡ）。すなわち，ここでは発起人の議決権多数決（それぞれ引受けた株式1株につき1つの議決権）が行われ，つまり，多くの出資をした者が多くの議決権を有するという資本多数決が採用されています。募集設立の場合には，創立総会を開催し，その決議によって設立時役員等の選任がおこなわれます（会社88）。創立総会とは，成立後の会社の株主総会にあたるものですが，募集設立の場合にはその開催が強制されています。なぜなら，発起人以外に設立時募集株式の引受人が存在し，この者が不利益を被らないように，特に公正さが要求されるからです。創立総会の決議は，設立時株主の議決権の過半数でかつ出席設立時株主の議決権の3分の2以上の多数によって行われます（会社73Ⅰ）（後述の株主総会の決議と比較してください）。

6 株式会社の成立（設立登記）

株式会社は設立の登記によって成立します（会社49,911）。会社の設立には主務官庁の許可などは必要なく，法律上要求された手続に則っていれば設立が認められます。これを準則主義といいます。**設立登記**を行った効果としては，発起人・設立時募集株式の引受人は設立時発行株式の株主となり（会社50Ⅰ，102Ⅱ），設立時役員等は株式会社の役員等となります。また，設立中に発起人がその権限の範囲内で行った行為は，すべて成立後の会社に帰属します。

第3節 株　　式

1 株主の権利と義務

(1) 株主の義務

株主はその有する株式の引受価額を限度として出資義務を負うだけです（会社104）。それ以外に株主は義務を負いません。さらにこの出資義務も，厳密には株主になる以前に出資義務（株式の引受価額の払込み義務）は履行されており，株主になってからは義務は存在しないといえます。

(2) 株主の権利

これに対して，株主は株式会社に対して多くの権利をもっています。これらの株主の権利はその内容から大きく「**自益権**」と「**共益権**」の二つに分類されます。「自益権」とは株主が株式会社から経済的な利益を受ける権利をいいます。その代表的なものとして，剰余金の配当請求権および残余財産分配請求権があります（会社105 I ①②）。また，「共益権」とは株主が株式会社の経営に参加・関与することのできる権利をいいます。その代表的なものとして，株主総会における議決権があります（会社105 I ③）。

さらに，株主の権利は，1株（ないし1議決権）の株主でも行使できる権利と，一定割合または一定数以上の株式または議決権を有する株主のみが行使できる権利とに区別されます。前者を**単独株主権**，後者を**少数株主権**と呼びます。株主の権利のうち，ほとんどが単独株主権であり，すべての自益権および共益権のうち議決権や株主代表訴訟提起権などがこれに含まれます。これに対して，少数株主権には，たとえば，総株主の議決権の3パーセント以上を有する株主にのみ認められる権利として，株主総会招集請求権（会社297）などがあります（その他，会社303，305など）。株主の権利のうち少数株主権とされているものは，株主による濫用を抑制するためにその要件を厳格

にしています。

(3) 株主平等の原則

株主は，その有する株式の内容および数に応じて，平等に取り扱われます（会社109Ⅰ）。これを**株主平等の原則**といいます。注意しなければならないのは，これは株主が一人一人平等に扱われることを意味するのではありません。たとえば，Aが1株の株主，Bが10株の株主であれば，AとBとを同様に扱うのではなく，BはAの10倍の権利が与えられねばならないことを意味します（たとえば，Aには1議決権，Bには10議決権が与えられます）。具体的には，剰余金の配当（会社454Ⅲ），残余財産の分配（会社504Ⅲ）および株主総会における議決権（会社308Ⅰ）について，平等に扱う旨の規定があります。この株主平等の原則は，少数派の株主を保護することを目的としています。すなわち，株主総会における多数決または取締役会の決定によっても，特定の株主を不利益に扱うなどということは株主平等原則に違反するので認められません。

この株主平等の原則には例外があります。まずは，「株式の内容に応じて」株主は平等に扱われなければなりませんから，株式の内容が異なれば異なる扱いをすることができます。種類株式（会社108）という株式の内容の異なる株式（たとえば，剰余金の配当につき優先権の与えられた種類株式（会社108Ⅰ①）など）については株主平等の原則の例外といえます。また，公開会社でない会社では，株主ごとに異なる取扱を行う旨の定款の定めを設けることができますし（会社109Ⅱ），上で説明しました少数株主権もまた，株式数に応じて平等な扱いをしていませんので，株主平等の原則の例外です。最後に，一定数の株式を1単元として定めて，1単元株に1議決権を与えるという単元株制度もあります（会社308Ⅰただし書）。

株主平等の原則に違反する行為はすべて無効です。ただし，不利益な扱いを受ける株主が承認している場合にはこの限りではありません。不利益を受ける株主を保護する制度として株主平等の原則があるからです。

2 株式譲渡自由の原則

(1) 株式譲渡自由の原則

　株主は株式を自由に譲渡（通常は売却）することができます（会社127）。これは株式の譲渡は自由でなければならないという**株式譲渡自由の原則**を意味します。では，なぜ株式の譲渡は自由でなければならないのでしょうか。それを考える上で，まず，株主が株式会社に対して投下した資本を回収するためにはどうすればいいでしょうか。資本維持の原則から，原則として株主に対して出資の払戻しが認められていません。そこで，株主は株式会社から出資を返還してもらうことはできないので，株式を他人に譲渡（売却）して投下資本を回収することになります。すなわち，株式の譲渡は株主が投下資本を回収する原則として唯一の手段なのです。よって，それを確保するために株式の譲渡は自由でなければならないのです［自由でなければならないという必要性の趣旨］。また，株式会社においては株主の個性（誰が株主であるのかということ）は重視されていません。よって，基本的には株主は誰がなってもかまわない，つまり株式が誰から誰に譲渡されてもかまわないのです［自由であってもかまわないという許容性の趣旨］。

図表5-5　株式の譲渡と株主の投下資本の回収

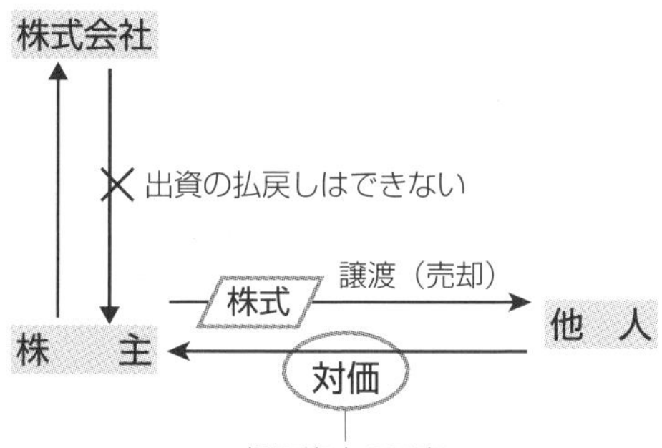

```
        株式会社
          ↑↓
          ×  出資の払戻しはできない
          
                    譲渡（売却）
 株　主  ──株式──→  他　人
        ←──対価──
              投下資本の回収
```

(2) 例外——譲渡制限株式

　株式譲渡自由の原則から，株式会社がその発行する株式を譲渡することを禁止することはできません（株主は投下資本回収の途が絶たれてしまいます）。しかし，例外的に，株式会社の定款に定めを置いて，株式の内容を**譲渡制限株式**とすることができます（会社107Ⅰ①）。譲渡制限株式というのは，譲渡による株式の取得についてその株式会社の承認を要するものをいいます（会社107Ⅰ①）。なぜ，譲渡制限株式という制度があるのでしょうか。株式会社の中には，少人数で気心の知れた者達だけが株主となって会社が運営されている場合があります（たとえば同族会社）。そのような株式会社では，誰が株主になってもよいというわけではなく，好ましくない者が株主になっては困るわけです。そこで，株主の個性が重視される株式会社のために，譲渡制限株式という制度が存在するのです。

　しかし，譲渡制限株式の制度は，株主の投下資本回収の妨げにはならないようにしなければなりません。よって，株式会社にとっては好ましくない者が株主となるのを防ぎ，かつ株式を譲渡して投下資本の回収をしたいと思っている株主にとっては投下資本の回収のできるという制度でなければなりません。会社法は，譲渡によって譲渡制限株式を取得するには会社の承認が必要であるとします。会社の承認手続きは，株主総会または取締役会設置会社にあっては取締役会の承認を要します。譲渡制限株式を譲渡するにはその譲渡承認の請求をしなければなりません。また，承認がなされなければ，株式会社かまたは会社が指定する者が株式を買い取るよう請求することができます。つまり，この場合には，たとえばAはBに対して株式の譲渡をしようとしていますが，株式会社はBを株主として好ましく思っていない場合に，株式会社は譲渡の承認をしませんが，株式会社は自らその株式を買い取るか買い取る者を指定しなければばなりません。このように，Aは仮に会社が譲渡の承認をしない場合で

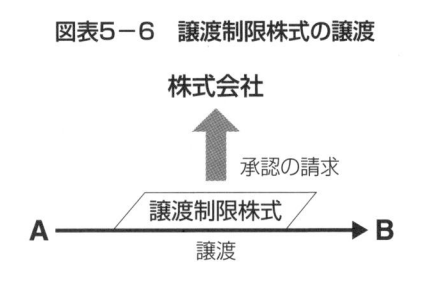

図表5-6　譲渡制限株式の譲渡

株式会社

↑ 承認の請求

A ————譲渡制限株式————▶ B
　　　　　譲渡

あっても，投下資本の回収をすることができます。以上は，会社の発行するすべての株式を譲渡制限株式とする場合でしたが，特定の種類の株式だけを譲渡制限するという譲渡制限種類株式とすることもできます（会社108Ⅰ④）。

その他の株式譲渡自由の原則の例外として，権利株（株式引受人の地位）の譲渡制限（会社35・50Ⅱ・63Ⅱ・208Ⅳ），株券発行会社における株券発行前の株式の譲渡制限（会社128Ⅱ）があります。これは，会社の事務処理が煩雑になるのを避けるために設けられたものです。その他，自己株式の取得規制（会社155以下等）もまた，譲渡の相手方（会社である）を制限しているという意味では譲渡制限の一種と考えられます。

(3) 自己株式の取得

株式会社が自社の株式を取得することを**自己株式の取得**といいます。自己株式の取得は，無制限には許容されておらず，会社法によって規制されています。自己株式の取得を規制する必要性としては，①「出資の払戻しとなる」，②「株主平等の原則に違反するおそれがある」，③「会社支配の不公正を招くおそれがある」，④「内部者取引に利用されるおそれがある」ということがあげられます。

①「出資の払戻しとなる」とは，株式会社が自社の株式を取得してこれに対して対価を支払った場合には，「資本維持の原則」に反して，株主から出資された資金を返還することになってしまいます。②「株主平等の原則に違反するおそれがある」とは，株式会社がある株主から株式を取得するが，ある株主からは取得しないということが行われてしまえば，株主の取扱が不平等になってしまうということです。③「会社支配の不公正を招くおそれがある」とは，株式会社が取得した株式の議決権を取締役ないし代表取締役が行使するようでは，自らの会社支配等のために利用されてしまうのではないかということです。④「内部者取引等に利用されるおそれがある」とは，たとえば，株式会社が自己株式を市場から大量に取得する場合には，その株価が上昇することになりますが，取締役ら内部者がその情報を利用して，自らの利益を図るおそれがあるということです。自己株式の取得には，以上のよう

な弊害がありますが，①から③は会社法で，④は金融商品取引法で規制されます。

実際にどのような規制がなされているのか，株主との合意による自己株式の取得（会社156）について概観します。特定の株主から自己株式の取得をする場合には，株主総会の特別決議を必要とします（会社160Ⅰ，309Ⅱ②）。これは他の株主の利益保護を図るためです（株主平等の原則を配慮）。また，取得の際に対価を与えることになりますが，剰余金の分配可能額を超えてはならないとされています（会社461Ⅰ②）。これは出資の払戻しとなることを防止するためです。さらに，取得した自己株式には，議決権その他の共益権，剰余金の配当などは認められません（会社308Ⅱ，453）。議決権の行使が認められないのは，会社支配の不公正を招くおそれがあるからです。

3 株式の譲渡方法と株主名簿

(1) 株式の譲渡方法

株式の譲渡方法は株券を発行していない会社と発行している会社とで異なります。「株券」は「株式を表章した有価証券」です。会社法では，株券の発行は任意であって，株式会社が株券を発行する場合には定款で別段の定めを置く必要があります（会社117Ⅵ括弧書き）。

①株券を発行しない会社では，株式譲渡の当事者間の意思表示によって株式の譲渡が成立します（効力要件）。しかし，これは当事者間における株式譲渡の成立であって，会社や第三者に対する対抗要件を備えるためには，株主名簿の名義書換が必要です（会社130Ⅰ）。すなわち，株式の譲渡当事者間では株式の譲渡が成立したとしても（その時点で株式の譲受人は株主になります），会社に対して自らが株主であることを主張できるのとは別の問題です（株主名簿の名義書換をしていなければ譲受人は株主ではありますが，会社に対して権利行使をすることができません）。この感覚は慣れないとわかりにくいとは思いますが，AがBに対して株式を譲渡した場合に，BがAに対して，株式の譲渡があり自分が株主であることを主張するのと，Bが会社

（または第三者）に対して，主張するのとではその要件が異なるということです。

これに対して，②株券発行会社では，株式譲渡の当事者間の意思表示のみならず，株券の交付が必要です（効力要件）（会社128Ⅰ）。会社に対する対抗要件を備えるためには，株主名簿の名義書換が必要です。（会社130ⅠⅡ）

図表5-7　株式の譲渡と株主名簿

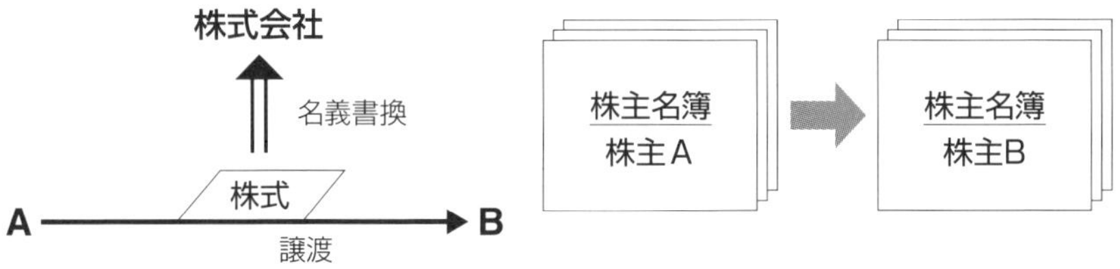

(2) 株主名簿

株主名簿とは，株主（および株券）に関する事項を記載・記録した帳簿です（会社121）。株式会社では必ず株主名簿を作成しなければなりません。それでは，なぜ株主名簿制度があるのでしょうか。まず，株主の権利行使は1回限りというわけではなく，反復的・継続的です（たとえば，株主である限りは株主総会があるたびに議決権行使をすることができます）。そして，株主は多数で，かつ株式譲渡自由の原則から会社が関知しないところで変動します。このような株主の権利行使を円滑に処理するために株主名簿制度があります。

株主名簿の効果としては，株主は株主名簿の名義書換をすればその記載に基づいて権利行使をすることができます。同時に，株主が株主名簿の名義書換をしていない限りは，会社に対して自らが株主であることを対抗できません（会社130）。また，会社は株主名簿の記載に基づいて権利行使を認めれば足ります（会社126Ⅰ）。会社は株主名簿の記載に従って処理をしていれば，仮に株主名簿上の株主が真の株主でなかったとしても，原則として会社は責任を追及されることはありません。

株式を譲受けて株主となった者が株式会社に対して権利行使をするには，

株主名簿の名義書換が必要になりますが，株主名簿の名義書換手続きは，株式を取得した者が会社に対して株主名簿の名義書換を請求します（会社133Ⅰ）。その際，原則として株式の取得者と株主として株主名簿に記載・記録されていた者が共同して行います（会社133Ⅱ）。ただし，株券発行会社では，株券を提示することによって単独で行うことができます。

第4節 資金調達

1 募集株式の発行等

(1) 意　義

募集株式とは，募集に応じて株式の引受の申込みをした者に対して割り当てる株式（会社199Ⅰ括弧書き）をいいます。募集株式には，会社の設立後に，新たに発行される株式および処分される自己株式を含みます。取得した自己株式を再売却するのと新たに株式を発行するのとは実質的に同じだからです。新たな株式の発行と既に取得した自己株式の処分をあわせて「募集株式の発行等」と呼びます。

(2) 募集株式の発行等と既存株主の利益

募集株式が発行されると既存の株主はどのような影響を受けるでしょうか。①既存株主の持株比率の減少（会社支配面の利益）と②株価の下落（経済面の利益）の2点についてです。

①会社支配面の利益に影響を受けるというのは，募集株式が特定の第三者に対して発行された場合には，既存の株主にとっては，発行済株式総数が増加して，自己の株式数は増えませんから，持株比率が減少してしまうということです。②経済面の利益に影響を受けるというのは，募集株式が特定の第三者に対して特に有利な価額（特に低い価額）で発行された場合に，全体としての株価が下がってしまうため，既存の株主が経済的に損害を被ってしまうということです。この場合，特に有利な価額で株式を引受けた特定の第三者のみが経済的に利益を得ます。

ただし，株主の持株比率に応じて株主に株式の割当を受ける権利を与えて株式の募集を行う「株主割当」という方法による限りでは，既存株主の利益は会社支配面においても経済面においても害されることはありません。とこ

ろが，一般に株式引受人を募集する「公募」という方法や特定の第三者に対して募集株式を発行する「第三者割当」の方法による場合には既存株主の利益が害されるおそれがあります。

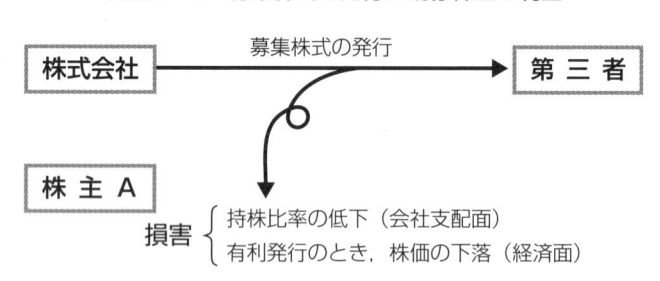

図表5-8　募集株式の発行と既存株主の利益

```
  ┌─────────┐    募集株式の発行    ┌─────────┐
  │ 株式会社 │ ──────────────────→ │ 第 三 者 │
  └─────────┘                      └─────────┘
                   │
                   ↓
  ┌─────────┐
  │ 株 主 A │
  └─────────┘
         損害 ┌ 持株比率の低下（会社支配面）
              └ 有利発行のとき，株価の下落（経済面）
```

(3) 募集株式の発行等（募集事項）の決定権限

　募集株式の発行の際に，既存の株主は以上のような影響を受けますが，会社法はどのような規制を設けているのでしょうか。会社法では，これを公開会社と公開会社でない会社を区別して規制しています。**公開会社**とは，その発行する全部または一部の株式の内容として譲渡による当該株式の取得について株式会社の承認を要する旨の定款の定めを設けていない株式会社をいいます（会社2⑤）（参照，譲渡制限株式）。これ以外の会社は公開会社でない会社となります。

　公開会社でない会社では，募集株式を発行する場合には，原則として株主総会の特別決議を要求しています（会社199Ⅱ，309Ⅱ⑤）。これは，募集株式を発行するのに株主の判断を仰ぐことによって，株主の支配面および経済面の利益を保護しているのです。

　これに対して，公開会社では，募集株式を発行する場合には，原則として取締役会の決議のみで足ります（会社201Ⅰ・199Ⅱ）。つまり，募集株式の発行等に株主は関与することができないのです。ただし，第三者に対して特に有利な払込金額で募集株式を発行する場合には株主総会の特別決議が必要です（会社200Ⅰ・199Ⅲ・202Ⅴ，309Ⅱ⑤）。これは，株主の経済面の利益の保護は図りますが，会社支配面の利益は原則として保護しないということです。

というのは，公開会社においては，資金調達の機動性を確保することを優先しています。また，持株比率の維持に関しては，公開会社の場合には自ら買増しをすることによって対応することができると考えられるからです（株式の譲渡は制限されておらず自由）。ところが，募集株式の発行が著しく不公正な方法（会社支配を目的とした場合等）によるときは，募集株式の発行を差止めることができます（会社210）。

2 社債の発行

社債とは，会社法の規定によって会社が行う割り当てによって発生する当該会社を債務者とする金銭債権であって，会社法676条各号に掲げる事項について定めに従い償還されるものをいいます（会社2㉓）。社債の発行は，株式会社のみならず，持分会社においても可能ですが，ここでは株式会社を中心に説明します。社債は会社の債務であって，募集社債の発行は業務執行行為であって，取締役または取締役会の決定によります（会社348，362Ⅳ⑤）。

しかし，その特徴として，社債は一般公衆からの多額かつ長期的な資金調達であるといえます。そこで，一般の投資家である社債権者を保護する必要があります。そのため，会社法は，社債管理者および社債権者集会の制度を置きます。すなわち，社債を発行する場合には，銀行や信託会社等の資格を有する社債管理者の設置が強制されます（会社702，703）。社債権者のために，社債を管理し必要に応じて適切な措置をとるためです（会社705等）。次に，社債権者集会が組織されます（会社715）。これは個々の社債権者に団体的行動をとることを可能にし，会社にとっても社債権者に対して団体的な取扱を可能にするためです。

3 株式と社債の比較

株式を発行しても社債を発行しても資金調達をすることができるという点で，共通点があります。その大きな共通点としては，一般公衆からの多額か

つ長期的な資金調達であるという点と有価証券を発行することができるという点にあります。

ところが，株式と社債には次のような相違点があります。その地位（性質）として，株式は，株主としての地位（株主権）であり，株主総会への参加等が認められるのに対して，社債は，債権者としての地位（金銭債権）であり，会社経営には一切参加できません。その払戻しについては，株式の場合には原則として認められないのに対して（出資金は原則として資本金を構成します），社債の場合には当然に認められます（払込金は会社の借入金を構成します）。また，剰余金の分配・利息の支払いについては，株式の場合には剰余金があるときには配当が認められるのに対して，社債の場合には一定額の利息の支払がなされます（剰余金の有無に関わらず）。

	社　債	株　式
性　質	金銭債権	社員権
会社経営に参加する権利	なし	株主総会における議決権，その他監督是正権
発行の決定機関	原則として取締役ないし取締役会	原則として株主総会（ただし，公開会社の場合には，有利発行でなければ取締役会）
発行制限	なし	発行可能株式数の範囲
元本の払戻し	あり	原則として払戻し禁止
利息・剰余金の配当	定期に一定額	配当可能な剰余金があるときに限る
存続期間	一定期間（償還まで）	原則として会社の存続中
会社解散の場合	通常の債権者と同順位で，元本および利息の支払を受ける	会社債権者（社債権者）に劣後して，残余財産から株式数に応じて配分を受ける

第5節　機　関

1　機関総論

(1) 機関の意義

　会社は法人です。つまり法律上は人として扱われます。法律上の人は我々のような自然人と法律によって認められた法人とがあります。しかし，自然人は頭脳および身体（手足・口）を使って意思決定および行為をするのに対して，法人には頭脳もなければ身体もありません。そこで，法人ないし会社の意思決定および行為を行う者（その集団）が必要になります。これが**機関**なのです。

(2) 機関の種類

　株式会社の機関構成では，所有と経営の分離がはかられています（第三者機関ともいいます）。株式会社に対して出資をしている株主（所有）は，経営を行いません。株主は多数かつ変動し，また，そのような株主に経営意思・能力があるとは限らないからです。そこで，株主（株主総会）は，会社の経営を行う者として経営者（取締役）を選任し，その経営を委ねるのです。

　株式会社には，その機関として意思決定機関，業務執行・代表機関，監査・監督機関が用意されています。

　意思決定機関としては，株主総会があります。株主総会とは，株主によって構成される株式会社の最高意思決定機関です。また，取締役または取締役会も業務執行に関する意思決定を行うことがあります。取締役とは，会社の経営を委ねられる者で（機関設計により権限は異なる），取締役会とは，取締役によって構成される業務執行の意思決定を行い，さらに取締役の監督をする機関です。

　株式会社ではこれらの意思決定機関で決定した事項を実際に執行する必要

があります。その業務執行・代表機関として、代表取締役があります。代表取締役とは、株式会社の代表および業務執行を行う機関です。

通常は以上の機関によって、会社の運営が行われますが、会社の運営が適切に行われているかを監査する機関として、監査役があります。監査役は、取締役の職務を監査する機関です。なお、監査役会という会議体が組織される場合もあります。その他、計算書類等の監査を行う者として会計監査人、取締役と共同して計算書類等を作成する者として会計参与があります。

また、株式会社はその機関構成として委員会設置会社を選択することもできます。委員会とは、3名以上の取締役により構成される指名委員会・監査委員会・報酬委員会をいいます。委員会設置会社では、特定の意思決定・業務執行機関（会社代表機関）として執行役（代表執行役）が置かれます。

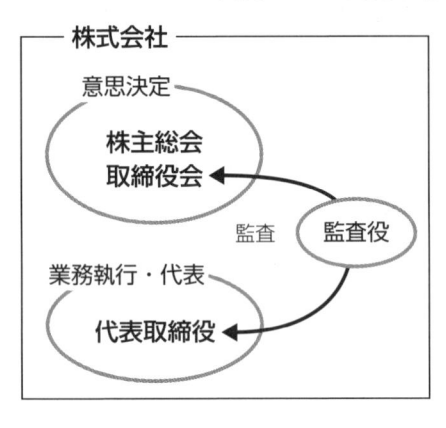

図表5-9　取締役会設置会社の機関イメージ

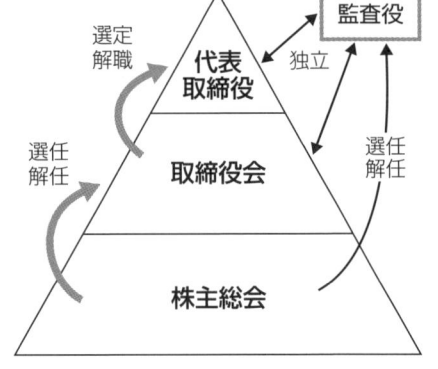

(3) 機関設計

株式会社は以上のような機関をどのようにも置くことができるとは限りません。すなわち、**機関設計**には一定のルールがあります。まず、すべての株式会社で、株主総会と取締役の設置が必要です（会社326Ⅰ）。株式会社では制度上所有と経営が分離していますので、株主総会のほか会社の経営を行う者として取締役を置かなければなりません。

次に、公開会社では、取締役会の設置が必要です（会社327Ⅰ①）。公開会

社では，一般に，株主が多数存在しかつ変動し，また通常株主の経営意思・能力がないと考えられますので，株式会社の基本的な事項ないし株主に重大な影響を及ぼす事項は株主総会が決定しますが，業務執行に関する事項は取締役会の決定に委ねます。また同時に株主による経営に対するチェックが困難であると考えられますから，取締役会による取締役相互の牽制によるチェックが行われます。

取締役会の設置は，公開会社の場合には強制ですが，そうでない会社でも任意に設置することができます。取締役会設置会社（会社2⑦）では監査役，監査役会または委員会の設置が要求されています（会社327Ⅱ）。取締役会設置会社では，取締役会の権限が大きくかつ株主総会の権限が限定されるため，取締役会や代表取締役の職務が適正になされているかのチェックが要求されるからです。ただし，公開会社でない会計参与設置会社では監査役を置かなくてもよいとされています（会社327Ⅱ但書））。なお，取締役会設置会社では，代表取締役の選定が必要となります（会社362Ⅱ③）。

また，大会社では，会計監査人の設置が要求されています（会社328）。**大会社**とは，資本金の額が5億円以上であるかまたは負債の合計額が200億円以上である株式会社をいいます（会社2⑥）。このような会社では，債権者の数またはその債権額が多いため，計算書類等の適正さをより強く要求して，会社財産を確保する必要性が大きいからです。また，大会社でなくとも任意で会計監査人を設置することは可能です。また，会計監査人設置会社（会社2⑪）では監査役，監査役会または委員会の設置が必要です（会社327ⅢⅤ・328Ⅰ）。これは会計監査人と監査役とが相互に連携して，職務を行う必要があるからです。

ところで，取締役会設置会社は，委員会設置会社（指名委員会，監査委員会および報酬委員会を置く会社）を選択することができます（会社2⑫・327Ⅰ③Ⅱ）。この場合には，委員会のほか，執行役および会計監査人を置かなければなりません（会社402Ⅰ，327Ⅴ）。また，監査役を置くことはできません（会社327Ⅳ）。監査委員会が存在し，機関の重複を避けるためです。

結局，公開会社でない会社の株主総会以外の機関設計としては以下のよう

になります。①取締役，②取締役＋監査役，③取締役＋監査役＋会計監査人，④取締役会＋会計参与，⑤取締役会＋監査役，⑥取締役会＋監査役会，⑦取締役会＋監査役＋会計監査人，⑧取締役会＋監査役会＋会計監査人，⑨取締役会＋委員会＋会計監査人です。なお，公開会社でない株式会社でかつ大会社の場合は，上のうち③⑦⑧⑨に限定されます。次に，公開会社の株主総会以外の機関設計としては以下のようになります。①取締役会＋監査役，②取締役会＋監査役会，③取締役会＋監査役＋会計監査人，④取締役会＋監査役会＋会計監査人，⑤取締役会＋委員会＋会計監査人です。なお公開会社でかつ大会社の場合には上のうち④⑤に限定されます。

機関設計（株主総会以外の機関）

公開会社でない会社	①取締役
	②取締役＋監査役
	③取締役＋監査役＋会計監査人
	④取締役会＋会計参与 （なお，会計参与は他のすべての機関構成に設置可）
	⑤取締役会＋監査役
	⑥取締役会＋監査役会
	⑦取締役会＋監査役＋会計監査人
	⑧取締役会＋監査役会＋会計監査人
	⑨取締役会＋委員会＋会計監査人
公開会社	①取締役会＋監査役
	②取締役会＋監査役会
	③取締役会＋監査役＋会計監査人
	④取締役会＋監査役会＋会計監査人
	⑤取締役会＋委員会＋会計監査人

（注）大会社の場合には，　　　　に限定されます。

2 株主総会

(1) 権限

株主総会の権限は，株式会社の機関構成によって異なります。取締役会設

置会社でない会社では，会社法に規定する事項および株式会社の組織，運営，管理その他株式会社に関する一切の事項について決議することができます（会社295Ⅰ）。すなわち，取締役会設置会社でない会社では，株主総会は株式会社の最高かつ万能の意思決定機関であるといえます。これに対して，取締役会設置会社では，会社法に規定する事項および定款で定めた事項に限り決議することができます（会社295Ⅱ）。すなわち，取締役会設置会社では，株主総会は，株式会社の最高の意思決定機関ではあるが，万能の機関ではないといえます。会社法に規定する事項には，会社の基礎的事項（定款変更・合併など）や役員の選解任等があります。

(2) 株主総会の手続の流れ

株主総会の手続は，①招集，②議事，③株主による議決権行使，④決議，の順に行われますが，⑤決議に瑕疵（キズのこと）があるときにはその措置が必要になります。会社法は，それぞれの趣旨に応じた規制を設けています。

①招集においては，主に株主に対して株主総会の出席や判断の機会が与えられることが重要な機能となります（会社296以下）。よって，株主総会の招集通知は，公開会社では株主総会の2週間前までに，公開会社でない会社では株主総会の1週間前までに発することが必要です（会社299Ⅰ）。また，取締役会設置会社では，招集通知は，書面または電磁的方法（株主の承諾があるとき）によって行わなければなりません（会社299ⅡⅢ）。

②株主総会の議事運営では，株主の意思が反映される運営が要求されます。よって，株主の質問がある場合には，取締役等には説明義務があります（会社314）。また，適正な運営を図るため，議長には，総会の秩序を維持し，議事を整理し，かつ秩序を乱す者を退場させる権限があります（会社315）。なお，総会屋等を排除するため，会社は何人に対しても株主の権利行使に関して（たとえば議決権の行使に関して）財産上の利益を供与してはならない，という利益供与の禁止規定があります（会社120）。

③株主による議決権行使は，株主が会社の経営に参加することができる原則として唯一の機会ですから，株主の議決権行使の保障を図り，不当な侵害

を受けないよう規制する必要があります。株主の議決権は，原則として，1株につき1個の議決権があります（会社308Ⅰ）。これを1株1議決権の原則といいます。例外として，自己株式には議決権が認められない（会社308Ⅱ）などがあります（その他，単元未満株式（会社308Ⅰ但書），相互保有株式（会社308Ⅰ括弧書き），議決権制限株式（会社108Ⅰ③），非公開会社において株主ごとに議決権につき異なる定めをした場合（会社109Ⅱ））。

株主の議決権行使は，原則として，株主総会に出席して議決権を行使します。しかし，それでは株主総会当日に株主総会に出席できない株主もいるでしょうから，会社法は代理人による議決権の行使も認めています（会社310Ⅰ）。さらに，株式会社は，書面投票という書面による議決権行使（会社298Ⅰ③）やインターネットを利用した電磁的方法による議決権行使（会社298Ⅰ④）を任意に採用することができます。ただし，議決権を有する株主の数が1000人以上の会社では，遠隔地にいる株主も多いと考えられますので，書面投票を行うことが義務づけられています（会社298Ⅱ）。

④株主総会の決議においては，重要度に応じた決議要件を要求しています（会社309）。

株主総会の決議は原則として，**普通決議**によって行われます。普通決議とは，議決権を行使できる株主の議決権の過半数が出席し（定足数），その出席株主の議決権の過半数（決議要件）によって行います（会社309Ⅰ）。これは重要なことですが，この定足数は定款の規定により排除することができます（会社309Ⅰ）。というのは，定足数を定款で排除しておけば，株主総会の出席議決権が仮に少なくても株主総会が有効に成立するからです（ほとんどの会社で定足数の排除は行われています）。ただし，役員を選任または解任する普通決議については，その定足数は，議決権を行使できる株主の議決権の3分の1にまで緩和することができるに過ぎません（会社341）。なぜなら，役員の選解任という重要な事項についてあまりにも少数の議決権によってのみ決せられるのは妥当ではないからです。

株式会社の組織再編等の株主にとって重大な影響を及ぼすべき事項については，株主総会の特別決議が要求されます（会社309Ⅱ①〜⑫）。**特別決議**とは，

議決権を行使できる株主の議決権の過半数が出席し（定足数），その出席株主の議決権の3分の2以上の多数（決議要件）によって行います（会社309Ⅱ）。この場合の定足数は，定款によって，議決権を行使できる株主の議決権の3分の1にまで緩和することができるに過ぎません。決議する内容が重要だからです。

　その他，**特殊決議**というものがあります。ここでは一つだけ示しておきます。たとえば，全部の株式の内容として譲渡制限を設ける定款変更をする場合には，株主総会の特殊決議が必要になります。これは，議決権を行使できる株主の半数以上かつ議決権を行使できる株主の議決権の3分の2以上の多数（決議要件）によって行います（会社309Ⅲ①）。この決議のポイントは，株主の頭数多数決（「株主の半数以上」）と議決権多数決が併用されている点と，その割合（半数以上や3分の2以上）は出席株主ではなく議決権を行使できるすべての株主の割合であるということです（普通決議や特別決議と比較してください）。よって，特殊決議は非常に厳格な決議要件となっています。これは，その決議内容が，いままでは自由に譲渡することのできる株式が譲渡制限株式に変わってしまうという，株主にとっては切実な内容ですから，より多くの株主の意見を反映させる特殊決議が要求されているのです（その他，会社309Ⅲ②③Ⅳ参照）。

　最後に，⑤決議に瑕疵があるときには，適切な是正が必要になります（会社830，831）。株主総会の決議に瑕疵がある場合には，その内容・程度に応じて，株主総会決議の取消し・不存在・無効に分類されます。

　株主総会の決議を取り消すことができるのは次の場合です。①株主総会の招集手続きまたは決議方法に法令・定款違反がある場合またはそれが著しく不公正である場合，②決議内容の定款違反，③特別利害関係人の議決権行使によって著しく不公正な決議がなされた場合です。株主総会決議にこれらの事項があったときには，株主総会決議の取消しを主張することができますが，この主張には，主張方法・主張期間・主張権者につき制限があります。決議取消しの主張方法は，訴えによらねばならず，主張期間は決議の日から3ヶ月以内で，主張権者は株主や取締役，監査役等に限られます。これは，いっ

たん株主総会の決議がなされるとこれに基づいた取引等が行われ，多数の利害関係人がこれに関わってくるため，その決議を取り消すとなると混乱を招かないよう法律関係の安定が要請されるからです。株主総会の取消し判決がなされると，その効力は，訴えた株主等のみならず第三者（他の株主等）にも及びます（会社838）。法律関係を画一的に処理する必要があるからです。

　株主総会決議に著しい手続的瑕疵がある場合，たとえば議事録に株主総会に関する記載が存在するだけで一切株主総会が開催されていない場合には，株主総会決議の不存在となります。また，株主総会の決議内容が法令に違反する場合，たとえば株主平等の原則（会社109Ⅰ）に違反する株主総会の決議があった場合には，株主総会決議の無効となります。これらの株主総会決議の不存在および無効は，その主張方法に制限はありませんが，株主総会決議の不存在または無効確認の訴えを提起することができます（会社830ⅠⅡ）。

3　取締役・取締役会・代表取締役

(1) 取　締　役

　どのような株式会社であっても，**取締役**が選任されねばなりません。しかし，その取締役の権限は取締役会を設置している会社とそうでない会社とでは異なります。取締役会設置会社でない株式会社では，取締役は業務執行の意思決定を行い（取締役が複数いる場合，取締役の過半数により決定）（会社348Ⅱ），業務を執行し，会社を代表する機関です（会社348Ⅰ・349ⅠⅡ）。取締役会設置会社では，取締役は取締役会の構成員であり，代表取締役の前提であるに過ぎません（すなわち機関ではありません）。この場合，取締役会が業務執行の意思決定および業務執行の監督を行う機関であって，さらに，代表取締役が業務を執行し会社を代表する機関，また業務担当取締役として業務を執行する機関（任意）があります。つまり，取締役会の有無によって取締役の権限が異なるのです。

　取締役の員数は1人でもよいのですが，取締役会設置会社では取締役会を構成する必要があるため3人以上が要求されます。取締役の資格は自然人で

あればよいのですが（法人は不可）（会社331Ⅰ①），会社法上の犯罪により刑に処せられ一定の期間を経過していない者など一定の欠格事由があります（会社331Ⅰ②〜④）。なお，職務の性質上，その株式会社の会計参与，監査役および会計監査人との兼任が禁止されています（会社333Ⅲ①，335Ⅱ，337Ⅲ①）。また，公開会社では，広く人材を求めることができるように，取締役の資格を株主に限定する旨の定款の定めを置くことはできないものとなっています（会社331Ⅱ）。

取締役の選任・解任は，株主総会の普通決議によって行われます（会社329Ⅰ，339Ⅰ）。ただし，その定足数を総株主の議決権の3分の1未満にすることはできません（会社341）。取締役の任期は2年です（会社332Ⅰ）。ただし，公開会社でない会社では10年まで伸長可能です（会社332Ⅱ）。

(2) 取締役会

取締役会とは，取締役全員で構成される会議体です（会社362Ⅰ）。これは，すべての株式会社で設置可能ですが，公開会社では必ず設置しなければなりません。取締役会の権限は，Ⅰ.業務執行の意思決定およびⅡ.業務執行の監督です。

Ⅰ.業務執行の意思決定（会社362Ⅱ①）とは，株主総会決議事項以外の業務執行事項全般であって，①重要な財産の処分・譲受，②多額の借財，③支配人などの選解任，④支店などの設置・変更・廃止，⑤社債の発行，⑥内部統制システムの整備，⑦その他重要な業務執行などの事項は取締役会の専決事項であって，代表取締役・業務担当取締役に委任できないとされています（会社362Ⅳ）。すなわち，①〜⑦の業務執行は重要なので必ず取締役会の決議で決めなければなりませんが，それ以外の事項の決定については，代表取締役等にゆだねてもかまいません。ところで，①重要な財産の処分・譲受および②多額の借財については3人以上の特別取締役（取締役が6人以上かつ社外取締役が1人以上いる会社で選任可能）の過半数の決議にゆだねることができます（会社373Ⅰ）。

Ⅱ.業務執行の監督（会社362Ⅱ②）は，業務執行に対する適法性（法令・

定款に違反しないか）および妥当性（違反ではないが会社にとって妥当か）を監督するものです。取締役相互の牽制により，取締役の違法・不当な行為を抑制するのがねらいです。

取締役会の招集手続きは，株主総会と異なり，その機動性が要求されることから，以下のような手続きとなります。原則として，各取締役が取締役会を招集することができ（会社366Ⅰ），その通知は特に書面による必要がなく（口頭でもよい），会日の１週間前までに通知すればよいことになっています（会社368Ⅰ）。

取締役会の議決権の行使は，１人１議決権によって行われます。議決権の代理行使は認められておらず，原則として，書面投票または電磁的方法による投票も認められていません。これは取締役の一人一人が経営能力のあるものとして選任され，その取締役の協議や意見の交換が重要であると考えられているからです（一人の取締役の意見によって，他の取締役全員の考え方が変わることも考えられます）。その決議は，決議に加わることのできる取締役の過半数が出席し（定足数），その出席者の過半数（決議要件）によって行われます（会社369Ⅰ）。

(3) 代表取締役

株主総会と取締役会は意思決定をする機関です。よって，その意思決定を実行に移す機関が必要になります。それが**代表取締役**です。代表取締役は，取締役の中から取締役会の決議によって選定されます（会社362Ⅱ③）。ただし，取締役会を設置していない会社では，株主総会の決議等によって選定されます（会社349Ⅲ）。

代表取締役とは，業務の執行および会社の代表を行う株式会社の機関です（会社349ⅠⅣ）。さらに，一般に取締役会により日常的な業務執行の意思決定をする権限が委任されています。代表取締役は，会社の事業に関して一切の裁判上・裁判外の行為をなす権限を有します（会社349Ⅳ）。ただし，会社と取締役の訴訟の際には，この限りではありません（監査役などが代表）（会社386）。代表取締役が会社を代表して取締役の責任を追及することは期待で

きないからです。また，会社が代表取締役の代表権に制限を加えても善意の第三者（代表権に制限が加えられていることを知らない第三者）に対抗することができません（会社349Ⅴ）。すなわち，代表取締役の会社代表権は包括的（会社の一切の事業に及ぶ）かつ不可制限的（制限をしても善意の第三者に対抗することができない）といえます。

代表取締役は，株主総会または取締役会の決議に基づいて業務を執行します。ただし，上で述べましたように，取締役会により日常的な業務執行の意思決定をする権限が委任されていますので，この日常的な業務に関しては自ら決定し執行することができます。

4 取締役と会社の関係

(1) 取締役の義務

取締役の会社に対する一般的な義務として，「受任者は，委任の本旨に従い，善良な管理者の注意をもって，委任事務を処理する義務を負う（民644）」とする**善管注意義務**（受任者とはここでは取締役を指します）と「取締役は，法令及び定款並びに株主総会の決議を遵守し，株式会社のため忠実にその職務を行わなければならない（会社355）」とする**忠実義務**があります。善管注意義務は，取締役と会社の関係は委任関係（会社330）があることから生じるものです。この2つの義務は一般に同じ内容の義務を示すものと考えられています。にもかかわらず，取締役には善管注意義務のみならず忠実義務の規定が会社法にあるのは，取締役にはその義務内容をより明確にし，注意を喚起するために設けられたと考えられえています（ちなみに，監査役には，忠実義務に相当する規定はなく，善管注意義務の規定のみが適用されます）。

会社と取締役の利益衝突がある場合には特別の配慮が必要です。すなわち，取締役が，地位や情報等を利用して自己の利益を図るおそれがある場合です。以下の場合がこれにあたります。①取締役が自己または第三者のために会社の事業の部類に属する取引をする場合〔**競業避止義務**〕（会社356Ⅰ①），②取締役が自己または第三者のために会社を相手に取引をする場合〔**利益相反取**

引・直接取引〕（会社356Ⅰ②），③会社が取締役の債務を保証する場合，その他会社と第三者との取引で会社と取締役の利益が相反する場合〔**利益相反取引・間接取引**〕（会社356Ⅰ③）です。これらの場合には，取締役は，株主総会または取締役会設置会社では取締役会（会社365）で，その取引につき重要な事実を開示し，承認を受けることが要求されます（会社356）。

図表5-10　取締役が利益を得て、会社が損害を被る取引

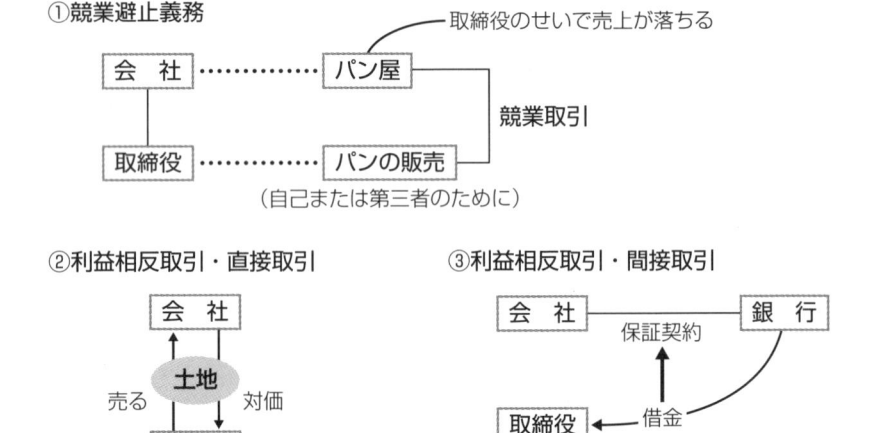

①競業避止義務

会社 ……… パン屋　　取締役のせいで売上が落ちる
取締役 ……… パンの販売　　競業取引
（自己または第三者のために）

②利益相反取引・直接取引

会社　土地　取締役
売る　対価

③利益相反取引・間接取引

会社 ─保証契約─ 銀行
取締役 ←借金─

(2) 取締役の報酬

取締役の報酬を決定するということは，本来は業務執行の範囲であるから，取締役または取締役会の権限の範囲ということになります。しかし，それでは取締役が自分で自分の報酬を決定するという不都合が生じてしまいます（取締役によるお手盛りのおそれ）。よって，会社法では，取締役の報酬，賞与その他の職務執行の対価として株式会社から受ける財産上の利益を取締役の報酬等とし，その取締役の報酬等は，定款の定めまたは株主総会の決議によって定めることとされています（会社361）。

5 監査役

(1) 監査役の意義とその地位

　取締役等の不正行為や義務違反によって，最終的に損害をこうむるのは株主です。株主が常に取締役の行動に目を光らせておくことができればよいのですが，通常は難しいでしょう。そこで，取締役の職務の執行を監査する者が必要になります。それが監査役です（会社381Ⅰ前段）。会社法においては，監査役の監査という職務の性質上，監査役が取締役から独立しているということ（監査役の独立性）を強く要請します。すなわち，取締役の影響を受けるようであればその職務を行うことはできないからです。また，独立性とも共通しますが，監査役の地位の安定性の確保もまた強く要請されます。なぜなら，その地位が不安定で，簡単に解任されるようであれば，取締役の職務を監査するという職務を安心して果たすことはできないと考えられるからです。

　すべての株式会社が定款で監査役を設置する旨を定めることができます（会社326Ⅱ）。ただし，取締役会設置会社は監査役を置かなければなりません（会社327Ⅱ）。株式会社の意思決定権限が取締役会に集中するので（株主総会の権限が限定されます），株主に代わって監査をする監査役が必要になるからです。ただし，公開会社でも大会社でもない会社では，会計参与を設置すれば，監査役を置く必要はありません（会社327Ⅱ但書）。

　資格については，取締役と同様の欠格事由があります（会社335Ⅰ・331ⅠⅡ）。また，その独立性の確保から，取締役等との兼任が禁止されています（会社335Ⅱ）。監査役の選任は株主総会の普通決議によってなされますが（会社329Ⅰ），解任は株主総会の特別決議が必要になります（会社339Ⅰ，309Ⅱ⑦）。監査役の地位の安定性を図ることを目的としています。なお，監査役は，その選解任について，①選任に関する議案は監査役の同意を要する（会社343Ⅰ），②監査役の選任を株主総会の目的とすることおよび選任に関する議案を株主総会に提出することを取締役に請求することができる（会社343Ⅱ），③監査役は，株主総会において選任・解任・辞任に関して意見を述べることができ，

また辞任した場合にはその理由を述べることができる（会社345Ⅳ）などの権利が認められています。取締役の都合のいい監査役の人事とならないよう配慮されています。監査役の任期は取締役の任期よりも長く，原則4年（短縮不可）です（会社336Ⅰ）。

(2) 監査役の権限

監査役の権限は，取締役（会計参与設置会社にあっては取締役と会計参与）の職務の執行を監査することです（会社381Ⅰ前段）。監査権限は，業務監査と会計監査に及びますが，公開会社でない会社では（監査役会設置会社および会計監査人設置会社を除く），定款の定めにより監査役の権限を会計監査に限定することができます（会社389Ⅰ）。監査役は，株式会社の計算書類の適正性を担保するために，監査報告を作成しなければなりません（会社381Ⅰ後段）。その他の権限として，会社・子会社の業務および財産状況調査権（会社381ⅡⅢ，なおⅣ），取締役の不正行為を発見したときの取締役（または取締役会）に対する報告義務（会社382），取締役会への出席および意見陳述義務（会社383），株主総会への提出議案等の調査および調査結果の株主総会に対する報告義務（会社384），取締役の違法行為の差止め（会社385），取締役と会社との訴訟における会社の代表（会社386）などがあります。

(3) 監査役と会社の関係

監査役と会社との関係は委任に関する規定に従います（会社330）。よって，取締役と同様に会社に対して善管注意義務を負います（民644）。監査役の報酬等は，定款の定めまたは株主総会の決議により定めます（会社387Ⅰ）。これを取締役が決定するようでは監査役の独立性は保たれないからです。さらに，監査役が，会社に対して，費用の前払い等の請求をした場合には，会社はその費用等が職務の執行に必要でないことを証明した場合を除いて，拒むことができないとされています（会社388）。監査役の独立性と監査の実効性を確保するためです。

(4) 監査役会

　監査役が設置されている会社では，監査役会が組織される場合があります。監査役会とは，すべての監査役で組織される会議体をいいます。（会社390Ⅰ）。監査役会の監査役は3人以上で，そのうち半数以上は社外監査役でなければならないとされています（会社335Ⅲ，なお390Ⅲ）。**社外監査役**とは，株式会社の監査役であって，過去に当該株式会社またはその子会社の取締役，会計参与もしくは執行役または支配人その他の使用人となったことがない者をいいます（会社2⑯）。つまり，その会社とはこれまでまったく無関係の独立した者であるということができます。

　監査役会は，すべての株式会社が定款で監査役会を設置する旨を定めることができますが（会社326Ⅱ），大会社（公開会社でない会社および委員会設置会社を除く）は監査役会を設置しなければならないとされています（会社328Ⅰ）。これは，大規模な会社に対して組織的かつ効率的な監査ができるように監査役会の設置を強制しています。

　監査役会の権限および職務は，①監査報告の作成（会社390Ⅱ①），②常勤の監査役の選定・解職（会社390Ⅱ②），③監査の方針，会社の業務および財産の状況の調査方法その他の監査役の職務の執行に関する事項の決定（会社390Ⅱ③）です。ただし，③の決定があっても，監査役は個々に監査役としての権限をもっていますので，その監査役の権限の行使を妨げることはできません（監査役の独任性）（会社390Ⅱ但書）。

6　会計参与・会計監査人

(1) 会計参与

　会計参与とは，取締役（委員会設置会社にあっては執行役）と共同して，計算書類およびその付属明細書，臨時計算書類，連結計算書類を作成する者をいいます（会社374ⅠⅥ）。会計参与は，すべての株式会社において定款で設置する旨を定めることができます（会社326Ⅱ）。また，取締役会設置会社では監査役を置かなければなりませんが，公開会社でも大会社でもない会社

では、会計参与を設置すれば、監査役を置く必要はありません（会社327Ⅱ）。会計参与は、その資格として、公認会計士・監査法人・税理士・税理士法人に限られます（会社333Ⅰ）。なお、監査法人・税理士法人が選任された場合には、その社員の中から職務を行う者を選定し、会社に通知しなければなりません（会社333Ⅱ）。また、取締役等との兼任が禁止されるなど、欠格事由があります（会社333Ⅲ）。会計参与の選任・解任は、株主総会の普通決議によります（会社329、339）。ただし、会計参与は、株主総会において選任・解任・辞任に関して意見を述べることができ、辞任した場合にはその理由を述べることができます（会社345ⅠⅡ）。会計参与の任期は、原則として2年です（会社334Ⅰ・332）。

会計参与の権限および職務は、まず、計算書類等の作成です。これは、取締役と共同して、計算書類（会社435Ⅱ）およびその付属明細書、臨時計算書類（会社441Ⅰ）、連結計算書類（会社444Ⅰ）を作成します（会社374Ⅰ前段）。この点について、会計参与は、計算書類等の作成に関する事項について取締役と意見を異にするときは、株主総会において意見を述べることができます（会社377Ⅰ）。次に、会計参与は、その株式会社の計算の適正性を担保するために、会計参与報告を作成します（会社374Ⅰ後段）。会計参与報告の内容は、職務を行うにつき会社と合意した事項のうち主なもの、計算関係書類作成のために採用している会計処理の原則、計算関係書類の作成に用いた資料の種類等が含まれます（会社施規102）。

(2) 会計監査人

会計監査人とは、計算書類およびその付属明細書、臨時計算書類、連結計算書類を監査する者をいいます（会社396Ⅰ前段）。すべての株式会社が定款で会計監査人を設置する旨を定めることができますが（会社326Ⅱ）、大会社では必ず会計監査人を置かなければなりません（会社328）。大会社では、債権者の数または債権額が多く、計算書類の適正さを確保する必要性が高いからです。なお、委員会設置会社でも会計監査人を置かなければなりません（会社327Ⅴ）。会計監査人となることができる者は、公認会計士・監査法人に限

られます（会社337Ⅰ）。なお，監査法人が選任された場合には，その社員の中から職務を行う者を選定し，会社に通知しなければなりません（会社337Ⅱ）。ここでも，取締役等との兼任は禁止されるなど，欠格事由に該当する者は会計監査人になることはできません（会社337Ⅲ）。会計監査人の選解任は，株主総会の普通決議によります（会社329，339）。会計監査人の任期は，原則1年ですが（会社338Ⅰ，ただしⅢ），会計監査人は任期満了となる定時総会において，別段の決議がされなかったときは，再任されたものとみなされます（会社338Ⅱ）。なお，会計監査人の選解任に関しては，監査役が会計監査人の選任に関する同意権や解任権を有するなど，監査役の関与が認められています（会社340，344）。

会計監査人の権限と職務は，計算書類等の監査と会計監査報告の作成です。すなわち，会計監査人は，計算書類（会社435Ⅱ）およびその付属明細書，臨時計算書類（会社441Ⅰ），連結計算書類（会社444Ⅰ）を監査し（会社396Ⅰ前段），さらに，その会社の計算の適正性を担保するために，会計監査報告を作成します（会社396Ⅰ後段）。なお，会計監査人は，計算書類等が法令・定款に適合するかどうかについて監査役と意見を異にするときは，株主総会において意見を述べることができます（会社398ⅠⅢⅣ，なおⅡ）。

7 委員会設置会社

委員会設置会社とは，指名委員会，監査委員会および報酬委員会を置く株式会社をいいます（会社2⑫）。株式会社は，取締役会設置会社であれば，委員会設置会社を選択できます（会社327Ⅰ③Ⅱ）。委員会設置会社を選択した場合には，委員会（会社2⑫），執行役（会社402Ⅰ）および会計監査人（会社327Ⅴ）を置かなければなりません。なお，この場合，機関の重複を避けるため，監査役を置くことはできません（会社327Ⅳ）。

委員会設置会社の場合には，その取締役および取締役会は上で説明したようこととは少し異なります。まず，取締役会の権限として，経営の基本方針等の業務執行の意思決定を行いますが（会社416Ⅰ①），取締役会の専決事項（譲

渡制限株式に関する承認等の重要事項（会社416Ⅳ①〜⑳））を除いて，業務執行の決定を執行役に委任することができます（会社416Ⅳ）。そして，取締役会は，執行役等の職務執行の監督を行います（会社416Ⅰ②）。委員会設置会社の取締役の任期は1年です（会社332Ⅲ）。取締役は業務の執行をすることはできません（会社415）。業務の執行は執行役が行うからです。また，取締役は執行役を兼任することができますが，使用人を兼任することはできません（会社331Ⅲ）。執行役は職務の遂行上取締役を兼任する必要性があると考えられる場合がありますが，使用人の場合はその必要性はなく，さらに取締役は取締役会の一員として執行役を監督することになりますが，使用人は執行役の部下にあたるため，取締役が使用人と兼任しているとその監督が困難になると考えられるからです。

　委員会設置会社では，**指名委員会**，**監査委員会**および**報酬委員会**の3委員会を設置しなければなりません（会社2⑫）。各委員会は3人以上の取締役で，かつその過半数は社外取締役（会社2⑮）によって構成されます（会社400Ⅰ〜Ⅲ）。ただし，監査委員は，その職務の性質上，当該会社または子会社の執行役・業務執行取締役，会計参与もしくは支配人その他の使用人を兼ねることができません（会社331Ⅲ，333Ⅲ，400Ⅳ）。各委員は取締役会によって選定・解職されます（会社400Ⅱ，401Ⅰ）。それぞれの委員会の権限は次のようになっています。指名委員会は，株主総会に提出する取締役・会計参与の選任・解任に関する議案の内容を決定します（会社404Ⅰ）。監査委員会は，執行役等の職務の執行の監査，監査報告の作成，会計監査人の選解任・不再任に関する議案の決定をします（会社404Ⅱ）。報酬委員会は執行役・取締役・会計参与が受ける個人別の報酬の内容を決定します（会社404Ⅲ）。

　委員会設置会社では，取締役は業務の執行をしないため，業務の執行を行う**執行役**を選任しなければなりません。執行役の選解任は取締役会の決議によって行われます（会社402Ⅱ，403ⅠなおⅡ）。その任期は原則として1年です（会社402ⅦなおⅧ）。執行役の権限は，取締役会によって委任された業務執行の決定（会社418①）および業務の執行（会社418②）です。また，**代表執行役**が取締役会により執行役の中から選定されねばなりません（会社420Ⅰ，解

職につきⅡ）。権限等については，代表取締役の規定に準じます（会社420Ⅲ・349ⅣⅤ，421）。

8 役員等の損害賠償責任

(1) 役員等の会社に対する責任

　役員等が会社に対する義務に違反し，会社に損害が発生した場合には，会社に対する損害賠償責任が生じます。ここにいう役員等とは，取締役，会計参与，監査役，執行役，会計監査人をいいます（会社423Ⅰ括弧書き）。まず，役員等の一般的責任として，**任務懈怠責任**（任務を怠ったことから生ずる責任）があります。特に，役員等は会社に対して委任関係に基づく善管注意義務（民644），さらに取締役・執行役は忠実義務（会社355, 419Ⅱ）を負っています。この義務に違反すれば，当然に役員等は会社に対して債務不履行に基づく損害賠償責任を負います（民415）。これについて，会社法は役員等の責任を明確かつ厳格に定めています（会社423Ⅰ）。そして，役員等が会社に対する責任を負う場合，他の役員等も責任を負う場合には連帯責任となります（会社430）。なお，**経営判断の原則**というものがあり，取締役の経営判断が会社に損害を与えたとき，その判断が誠実かつ合理的な範囲でなされた場合，任務懈怠とはならないとするものです。これは取締役の経営が萎縮してしまうのを防ぐことを目的としています。

　次に，個別的責任として，以下のものがあります。①取締役・執行役が競業避止義務規定（会社356Ⅰ）に違反した場合には，競業取引によって取締役または第三者が得た利益の額は会社の損害額と推定されます（会社423Ⅱ）。これは取締役の競業取引によって会社が被った損害額を立証するのが困難だからです。②取締役・執行役の利益相反取引によって会社に損害が生じた場合には，その取引をした取締役・執行役（直接取引），取引により利益が会社と相反する取締役・執行役（間接取引），取引をすることを決定した取締役・執行役，取引に関する取締役会決議に賛成した取締役（議事録に異議をとどめない取締役には賛成の推定がはたらきます（会社369Ⅴ））は任務を怠った

ものと推定されます（会社423Ⅲ）。会社の犠牲において取締役・執行役が利益を得ることは，違法性が高いと考えられるため責任を厳格にしたのです。なお，自己のために会社と取引（直接取引）をした取締役・執行役は自己に過失がなかったことを立証したとしても責任を負わなければなりません（無過失責任）（会社428Ⅰ）。これは，取締役・執行役の過失の有無を問わず，会社との取引によって得た利益を会社に吐き出させる趣旨です。その他，特別の責任として，剰余金の配当等に関する責任（会社462）や株主権の行使に関する利益供与に違反した場合の責任（会社120）があります。

(2) 責任の免除

　会社法423条の役員等の責任は，原則として総株主の同意がなければ免除することができません（会社424）。よって，1株の株主でも，責任の免除に反対した場合には，免除することができません。会社の損害はすべての株主の損害となってしまうため，これは仕方がありません。しかし，これでは株主数の多い会社では，**責任の免除**は絶望的となってしまいます。そこで，一定限度額までの免除は株主全員の同意がなくても，株主総会の特別決議等があればできることとしました。すなわち，役員等の任務懈怠に悪意または重大な過失がない場合には，役員等の責任を一定の限度額まで免除することができるとしたのです（会社425，426）。一定限度額というのは，たとえば代表取締役であれば，職務遂行の対価の6年間相当分（取締役は4年間，監査役は2年間）と新株予約権に関する財産上の利益の合計額を限度として免除することができます。また，人材確保のため，社外取締役等の責任については，定款で定めた額の範囲内であらかじめ株式会社が定めた額と最低責任限度額とのいずれか高い額を限度とする旨の契約を社外取締役等と締結することができる旨の定款の定めを置くことができます（会社427）。

(3) 役員等の第三者に対する責任

　役員等は上で説明しましたように会社に対して責任を負うことがありますが，さらに，役員等がその職務を行うについて悪意または重過失があったと

きは，その役員等はこれによって第三者に生じた損害を連帯して賠償する責任を負うことになります（会社429Ⅰ，430）。また，役員等が計算書類等の虚偽記載・虚偽登記等を行った場合も同様に責任を負います（会社429Ⅱ）。後者の責任は，役員等が注意を怠らなかったことを証明したときはこの限りではありません。これは，虚偽記載等の重大性とこれを信じた第三者の保護から立証責任を転換しています。

　通常は，役員等自身が第三者と直接の取引関係には立たないので，会社法上第三者に対してなんら責任を負うことはないように思われます。しかし，この役員等の第三者に対する責任は，第三者を保護するために特別に役員等に対して法定の責任を課したものと考えられています。というのは，株式会社の役員等の権限は強大であって，さらにその会社が一般社会に与える影響が大きいので，役員等の責任を厳格にしたものです。役員等が職務を行うについて悪意または重過失があるとは，会社に対する任務違反について悪意または重過失がある場合を意味します。また，役員等が第三者に対して責任を負う範囲は，間接責任および直接責任が含まれます。間接責任とは，たとえば，取締役の会社に対する任務懈怠によって会社の財産が減少して（ひいては倒産して），その結果として会社債権者に損害を与えてしまう場合です。直接損害とは，たとえば，取締役が会社の取引の相手方に対して支払いの見込みのない手形を振り出して，結局不渡りとなり，その相手方に損害を与えた場合などがあげられます。

　第三者に対して責任を負う者は，積極的に任務違反をした取締役などの役員等は当然ですが，その取締役の任務違反を看過した場合には，監視義務違反をした取締役もまたその対象となります。なぜなら，取締役会は取締役・執行役等の職務の執行を監督する権限を有するからです（会社362Ⅱ②，416Ⅰ②）

図表5-11　間接損害と直接損害

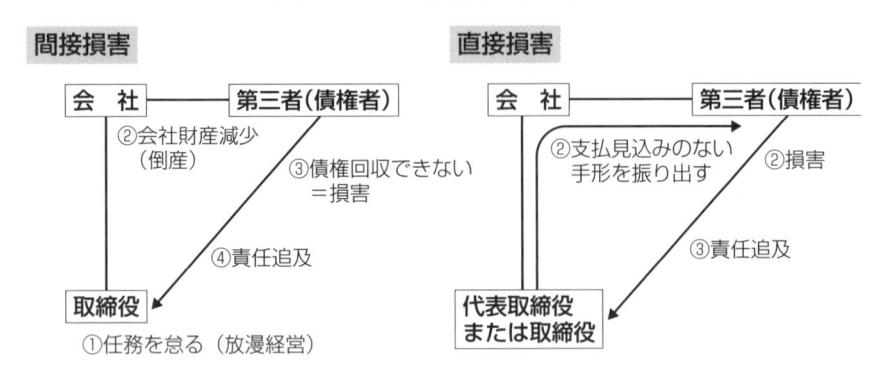

間接損害

会社 ──── 第三者(債権者)
②会社財産減少
　（倒産）
　　　　　　③債権回収できない
　　　　　　　＝損害
　　　　④責任追及
取締役
①任務を怠る（放漫経営）

直接損害

会社 ──── 第三者(債権者)
　　　②支払見込みのない
　　　手形を振り出す　　②損害
　　　　　　③責任追及
代表取締役
または取締役

9　株主による役員等の監督是正措置

(1) 株主代表訴訟

　役員等の会社に対する責任については，その責任の追及は会社自身が行います。しかし，たとえば取締役の責任を代表取締役が会社を代表して追及することは，その仲間意識から通常期待できません。よって，訴訟による取締役に対する責任追及の場合には，監査役設置会社では監査役が会社を代表して責任を追及することになります（会社386）。しかし，ここでも監査役が会社を代表して訴訟を提起するとは限りません。そこで，株主が会社を代表して訴えを提起する制度があります。これを株主代表訴訟といいます。

　株主代表訴訟を提訴することのできる株主は，公開会社の場合には，6ヶ月前から引き続き株式を有する株主（非公開会社の場合は6ヶ月という保有期間は不要）であって，1株の株主であってもかまいません（会社847ⅠⅡ）。株主代表訴訟の手続としては，まず株主がいきなり会社を代表して取締役等を訴えることができるわけではありません。ここでは監査役設置会社における取締役の責任追及を例に挙げて説明します。まずは，①株主が，会社すなわちここでは監査役に取締役の責任を追及する訴えの提起をするよう請求します（会社847Ⅰ）。そして，②60日以内に訴えが提起されない場合に（不

提訴の場合は，請求した株主に対してその理由を通知しなければなりません）（会社847Ⅳ），③株主が会社を代表して取締役の責任を追及する訴えを提起することができます（会社847Ⅲ）。ただし，例外的に，会社の訴えを待っていては会社に回復し得ない損害が生ずるおそれがある場合には，株主は直ちに（60日間を待たずに）訴えを提起することができます（会社847Ⅴ）。

ここで重要なことは，判決の効力は，会社を代表して訴訟を行った株主に及ぶのではなく，会社に対して及ぶということです（民訴115Ⅰ）。すなわち，株主代表訴訟といっても，株主が会社を代表して（会社のために），取締役が会社に対して果たすべき損害賠償責任の追及をしたわけですから，たとえば損害賠償金は，会社に対して支払われるのであって，株主に対して支払われるわけではありません。ただし，勝訴した場合の株主の権利としては，弁護士報酬等の訴訟追行費用を会社に請求することができます（会社852Ⅰ）。会社のために訴訟を行ったからです。それに対して，敗訴した場合には，もしその株主が悪意であった場合（取締役に対する嫌がらせ等）には，損害賠償義務を負います（会社852Ⅱ）。

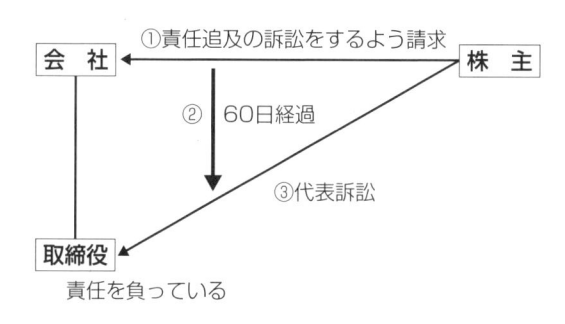

図表5－12　株主代表訴訟の手続

会　社　①責任追及の訴訟をするよう請求　株　主
②　60日経過
③代表訴訟
取締役
責任を負っている

(2) 株主による違法行為差止め請求権

株主代表訴訟というのは，役員等が違法行為などを行った後つまり事後的な措置ですが，これが事前に防ぐことができるのであればそのほうがよいでしょう。そこで，役員等の違法行為に対する事前の株主がとりうる措置として，**株主による違法行為差止め請求権**というものがあります（会社360）。違

法行為差止め請求権を行使することのできる株主は，代表訴訟と同様，公開会社の場合には，6ヶ月前から引き続き株式を有する株主（非公開会社の場合は6ヶ月という保有期間は不要）であって，1株の株主であってもかまいません。この株主は，①取締役が株式会社の目的の範囲外の行為その他法令もしくは定款に違反する行為をし，またはこれらの行為をするおそれがある場合であって，かつ②当該行為によって当該株式会社に著しい損害が生ずるおそれがあるときには，当該取締役に対し，当該行為をやめることを請求することができます（会社360Ⅰ）。監査役設置会社等では，②の「著しい損害」は「回復することができない損害」となります（会社360Ⅲ）。そもそも，監査役がいるような会社では監査役が取締役等の違法行為を差し止めるべきだからです。よって，監査役の存在しない会社では，株主はより早い段階で差し止めることができるのです。

第6節 企業の結合と再編

1 事業譲渡

　一般に事業用の財産を購入したり売却したりすることはよく行われることであり，特に問題とすることはありません。ただし，なかでも会社にとって重要な財産を処分したり譲り受けたりする場合には，その重要性から取締役会設置会社では取締役会の承認を必要としています（会社362Ⅳ①）。

　しかし，**事業の譲渡**，すなわち一定の事業目的のために組織化された有機的一体として機能する財産（ノウハウの伝授・得意先の紹介等を含む）の譲渡については，単なる事業用財産の譲渡とは区別されます。なぜなら，事業の譲渡または譲受は，会社経営のあり方に重大な影響を及ぼしますし，特に譲渡の場合にはそのような事業を期待していた株主の保護を図る必要性があるからです。

　そこで，**事業の譲渡**（事業の全部の譲渡のみならず重要な一部の譲渡を含む）の手続きには，事業譲渡会社において株主総会の特別決議による承認が，また事業の譲受（事業の全部の譲受に限る）の手続きには，事業譲受会社において株主総会の特別決議による承認が必要とされます（会社467Ⅰ，309Ⅱ⑪）。なお，事業の譲渡・譲受が承認された場合において，この株主総会の決議に反対した株主には株式買取請求権が認められています（会社469Ⅰ）。すなわち，反対した株主は，株式を公正な価額で会社に買い取ってもらい，その会社を去ることができるということです。

　なお，次で説明します合併などと異なり，会社債権者の保護は特に必要とされません（ただし，会社22, 23）。なぜなら，事業を譲渡する場合であっても，それに相当する対価が支払われることになるからです。

図表5-13　事業譲渡

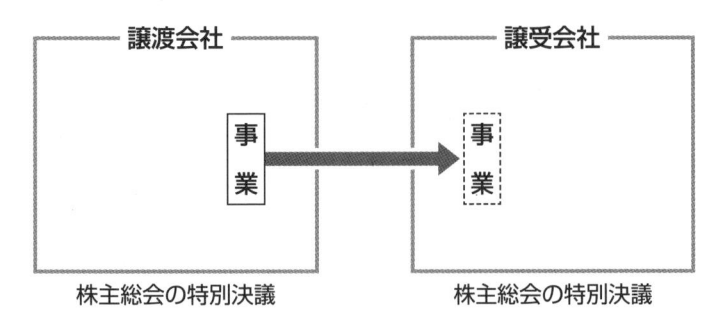

譲渡会社　　　　　　　　譲受会社

事業　→　事業

株主総会の特別決議　　　株主総会の特別決議

2 合　併

　合併とは，2つ以上の会社が契約によって1つの会社になることをいいます。合併には，吸収合併と新設合併とがあり，**吸収合併**とは消滅会社の権利義務の全部を合併後存続会社に承継させるものをいい（会社2㉗），**新設合併**とは消滅会社（2社以上）の権利義務の全部を新設会社（新たに設立される会社）に承継させるものをいいます（会社2㉘）。しかし，実際には新設合併はあまり利用されません。なぜなら，新たに営業の許認可や上場手続が必要になるなど，手続が煩雑になりコストもかかるからです。

　合併が行われる場合には，合併両当事会社の株主保護が必要です。なぜなら，①消滅会社の株主はその会社の株主ではいられなくなり，②存続会社の株主にとっては会社が本質的に変更し，③合併比率・対価によってはそれぞれの会社の株主が損害を被るからです。さらに，合併両当事会社の債権者保護も必要です。なぜなら，消滅会社の会社債権者は債務者が変更してしまうし，存続会社の会社債権者にとっては会社財産が大きく変動するからです。

　そこで合併手続として，次のことが要求されます。

　　a）消滅会社および存続会社における合併契約等の内容の開示（会社782，794，803）。それぞれの会社の株主や会社債権者に対して，合併契約等の内容を示します。これらの内容は，備置開始日（たとえば株主総会の2

週間前（会社782Ⅱ等））から合併効力発生日後6ヶ月経過する日までの間，本店に備え置かなければなりません。

b）消滅会社および存続会社における株主総会の特別決議による承認（会社783Ⅰ，795Ⅰ，804Ⅰ，309Ⅱ⑫）。原則として，合併をする場合には合併当事会社の株主総会の特別決議が必要となります。株主総会の決議に反対した株主には株式買取請求権が認められています（会社785等）。

c）消滅会社および存続会社における債権者保護手続（会社789Ⅰ①，799Ⅰ①，810Ⅰ①）。会社債権者には当該合併に対して，異議を申立てる機会が与えられています。なお，会社は合併に関する必要事項を公告し，または知れている債権者に格別にしなければなりません。

d）存続会社および新設会社における合併により承継した権利義務等の開示（会社801，815ⅠⅢ）。これは合併後に，実際にどのような合併が行われたのかを示すものです。つまり，株主や債権者に示したような内容の合併が行われたかどうかを示すものです。

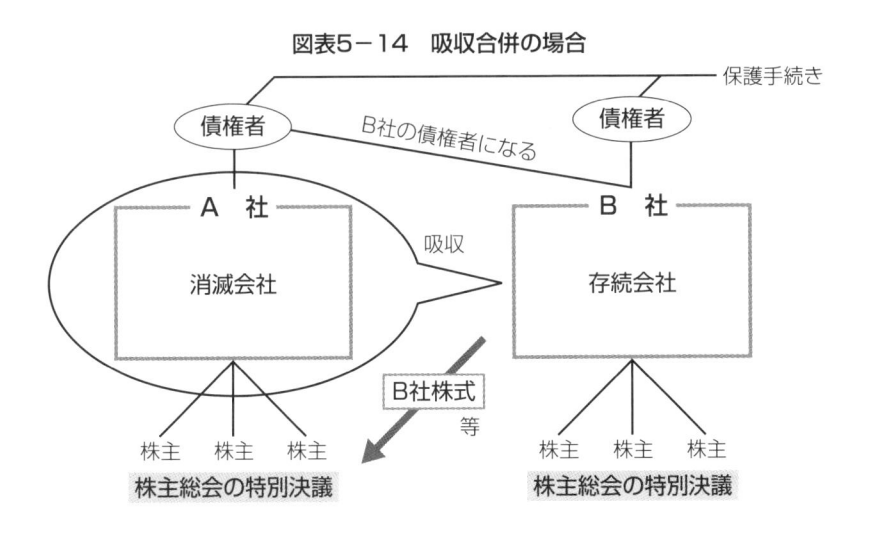

図表5－14　吸収合併の場合

3 会社分割

　会社分割には，吸収分割と新設分割とがあります。**吸収分割**とは，会社がその事業に関する権利義務の全部または一部を分割後承継会社に承継させることをいいます（会社2㉙）。これに対して，**新設分割**とは，会社がその事業に関する権利義務の全部または一部を分割により設立会社に承継させることをいいます（会社2㉚）。会社分割と事業譲渡は似ていますが，会社分割にいう「その事業に関する権利義務」は，包括的に承継会社または設立会社に移転し，分割の対象となる分割会社の債権者は移転により承継会社または設立会社の債権者となります。この点で，債権者にとって債務者の変更のない事業譲渡とは異なります。

　会社分割が行われる場合には，会社分割両当事会社の株主保護が必要になります。なぜなら，①会社分割によって会社が本質的に変更し，また②分割比率や対価によっては損害を被るからです。さらに，債権者保護の必要性が生じる場合があります。なぜなら，上で示しましたように，特定の会社債権者にとっては債務者が変更してしまうからです。

　そこで，会社分割の手続として，次のことが要求されます。

　a）分割会社および承継会社における分割契約等の内容の開示（会社782，794，803）。それぞれの会社の株主や会社債権者に対して，会社分割契約等の内容を示します。これらの内容は，備置開始日（たとえば株主総会の2週間前（会社782Ⅱ等））から効力発生日後6ヶ月経過する日までの間，本店に備え置かなければなりません。

　b）分割会社および承継会社の株主総会の特別決議による承認（会社783Ⅰ，795Ⅰ，804Ⅰ，309Ⅱ⑫）。原則として，会社分割をする場合には当事会社の株主総会の特別決議が必要となります。株主総会の決議に反対した株主には株式買取請求権が認められています（会社785等）。

　c）分割会社および承継会社における債権者保護手続（会社789Ⅰ②，799Ⅰ②，810Ⅰ②）。分割会社の債権者は，会社分割の結果，分割会社ではなく承継会社の債権者となり，分割会社に対して債務の履行を請求するこ

とができなくなる場合があります。承継会社の債権者にとっては，さらに債権者が追加されます。このような場合には，当該債権者は，会社分割に対して異議を申し立てることができます。

d）分割会社，承継会社および設立会社における分割により承継した権利義務等の開示（会社791，801，811，815ⅡⅢ）。これは会社分割後に，実際にどのような会社分割が行われたのかを示すものです。つまり，株主や債権者に示したような内容の会社分割が行われたかどうかを示すものです。

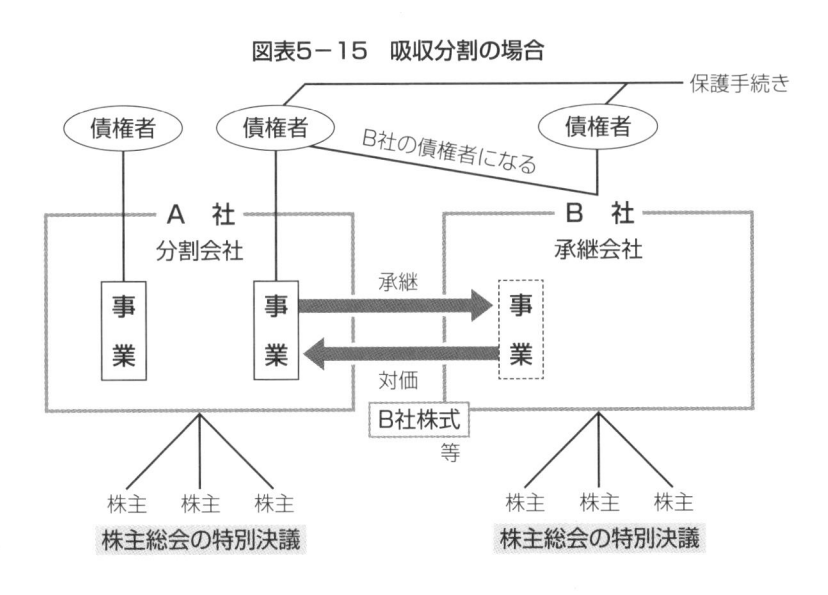

図表5－15　吸収分割の場合

4　株式移転と株式交換─完全親子会社化（持株会社化）─

株式交換とは，完全子会社となる会社の株式全部を既存の完全親会社となる会社に取得させることをいいます（会社2㉛）。これに対して，**株式移転**とは，完全子会社となる会社の株式全部を新設する完全親会社に取得させることをいいます（会社2㉜）。いずれも完全親子会社関係を作り出すための手段です。**持株会社**とは，他社の株式を保有し，支配することを目的とする会社

です。さらに，自ら事業を行う会社を事業持株会社，自ら事業を行わない会社を純粋持株会社といいます。

　株式交換または株式移転が行われる場合には，株主保護が必要になります。なぜなら，①株式交換・株式移転比率または対価によっては株主が損害を被り，②完全子会社となる株主は従前の会社に対する権利行使が間接的になってしまうからです。なお，株式交換または株式移転が行われる場合には，会社の財産・債権・債務の移転を伴わないため，原則として，債権者保護の必要はありません（ただし，特定の債権者の保護につき，会社789Ⅰ③・799Ⅰ③・810Ⅰ③参照）。

　株式交換または株式移転の手続としては，次のことが要求されます。

　a）交換完全子会社，交換完全親会社および移転完全子会社における株式交換および移転契約等の内容の開示（会社782, 794, 803）。それぞれの会社の株主（または会社債権者）に対して，株式交換契約等の内容を示します。これらの内容は，備置開始日（たとえば株主総会の2週間前（会社782Ⅱ等））から効力発生日後6ヶ月経過する日までの間，本店に備え置かなければなりません。

　b）交換完全子会社，交換完全親会社および移転完全子会社における株主総会の特別決議による承認（会社783Ⅰ，795Ⅰ，804Ⅰ，309Ⅱ⑫）。原則として，株式交換・移転をする場合には当事会社の株主総会の特別決議が必要となります。株主総会の決議に反対した株主には株式買取請求権が認められています（会社785等）。

　c）交換完全子会社，交換完全親会社，移転完全子会社および移転設立完全親会社取得される株式等の開示（会社791, 801, 811, 815Ⅲ）。これは株式交換または移転後に，実際にどのような株式交換または移転が行われたのかを示すものです。つまり，株主（または会社債権者）に示したような内容の株式交換または移転が行われたかどうかを示すものです。

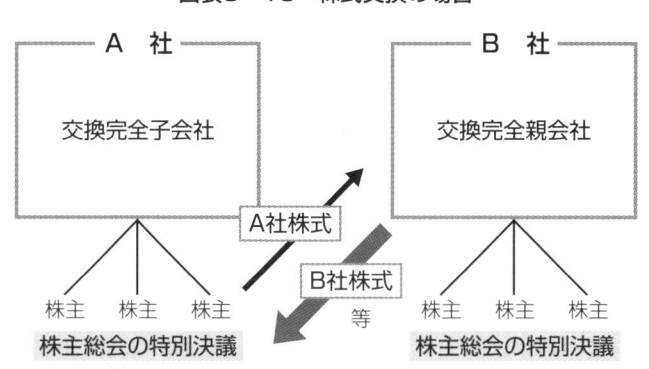

図表5−16 株式交換の場合

```
┌─ A 社 ─┐        ┌─ B 社 ─┐
│交換完全子会社│        │交換完全親会社│
└────────┘        └────────┘
         A社株式 ↗
         B社株式 ↘
  株主 株主 株主  等   株主 株主 株主
  株主総会の特別決議      株主総会の特別決議
```

◆練習問題

問題1 合名会社と株式会社について，以下の文章の（　）に当てはまる適当な語句を答えなさい。

　合名会社の社員は，会社の債務につき会社債権者に対して直接連帯（　ア　）の責任を負う。これに対して，株式会社の社員すなわち株主は，会社の債務につき会社債権者に対して間接（　イ　）の責任を負うにすぎない。合名会社の社員は，原則として会社の（　ウ　）権限および会社代表権を有する。株主は会社の（　ウ　）権限および会社代表権を有さず，会社の経営は専ら（　エ　）に委ねられる。すなわち，合名会社においては（　オ　）と（　カ　）は一致しているといえるが，株式会社においては，（　オ　）と（　カ　）は分離しているといえる。

問題2 株式会社の機関構成について，以下の文章の（　）に当てはまる適当な語句を答えなさい。

　株式会社の機関として，すべての株式会社に（　キ　）が設置される。公開会社では，（　ク　）を設置しなければならない。（　ク　）設置会社では，公開会社でなくとも原則として（　ケ　）を設置しなければならない。（　コ　）設置会社以外の（　ク　）設置会社は（　ケ　）を設置しなければならないが，公開会社ではない（　サ　）設置会社は，（　ケ　）を設置しなくてもよい。大会社は，（　シ　）を設置しなければならない。（　コ　）設置会社は，大会社でなくても，（　シ　）を設置しなければならない。

第6章

会計専門職のセンス

本章のねらい

　本章では，会計専門職のセンスについてご紹介します。会計専門職には，様々な資格と仕事がありますから，まず，これらを紹介します。

　次に，どんな仕事であっても同じなのですが，プロフェッショナルとして会計専門職の仕事をするときに，どのようなセンスが要求されるかを紹介します。具体的には，「聞く・見る」「話す・見せる」「自分のモノにする」「雰囲気」の4点です。そして，その後に，会計専門職に就くために必要な素養，学習方法のポイントを説明します。ここでは特に重要となる「論理的思考」を取り上げています。最後に，いざ会計専門職に就くときには，いろいろある会計専門職の仕事の中から選択をするわけですが，その選択における留意点を紹介します。

　本章の内容を紹介した出版物は多々ありますが，会計の書籍の中に会計専門職を意識して紹介しているものはほとんどありません。しかし，少し心がけておくだけで，会計専門職の仕事に就くときも就いてからも，それを知らない他の人よりずっと楽になります。大いに参考にしていただければと思います。

第1節 会計専門職の仕事

　会計専門職は，会計に関連するさまざまな職業のプロフェッショナルであり，スペシャリストです。資本主義社会，貨幣経済であるかぎり，会計はどこに行っても存在します。ですから，会計専門職の仕事はどんな場所にも存在します。しかし，どこでも同じ仕事かというと，そうではありません。会計専門職が携わる仕事はいろいろあります。会計専門職に要求されるセンスは，仕事の内容によって少しずつ違うのです。ここでは，まず，会計専門職にはどのような仕事があるのかを紹介します。そして，その後，会計専門職のセンスについて述べることにします。

1 公認会計士

　会計専門職の代表的な職業の一つが，**公認会計士**という資格の職業です。公認会計士の資格を取得すると，会計・監査のプロフェッショナルとして認められることになり，同時にそのように仕事をすることが期待されることになります。日本には約2万人の公認会計士がいます。

　公認会計士の仕事は，独立した立場としての監査証明が主たる業務です。その他には，会計業務，税務業務，マネージメント・コンサルティング・サービスがあります。監査証明業務は，公認会計士だけが行うことができる業務です。

　監査証明業務は，企業だけでなく学校法人，地方公共団体などが対象となり，会計情報の適正性について意見を表明し，会計情報の信頼性を保証する業務です。監査には，金融商品取引法に基づく監査，会社法に基づく監査，国および地方公共団体から補助金を得ている学校法人の監査といった法定監査と，法定監査以外の任意監査があります。

　会計業務は，会計帳簿・財務書類の調製，会計制度・会計システムの立案

や指導，内部統制組織の立案や指導といった業務です。この業務には，原則として公認会計士の資格は必要ではありませんが，会計・監査のプロフェッショナルとして公認会計士への要望が多い仕事です。

税務業務は，税理士登録をすることで行うことができます。税務相談，税務指導，税務申告などが主な業務になります。

マネージメント・コンサルティング・サービスは，文字通り経営コンサルティングの仕事です。コンサルティングの対象は経営全般です。企業の経営戦略の立案や指導，企業結合・組織再編，情報システムの開発などに係わる仕事となります。

公認会計士は，会計・監査のプロフェッショナルとして，様々な業務に関わります。そして，公認会計士の使命は，「**公認会計士**は，監査及び会計の専門家として，独立した立場において，財務書類その他の財務に関する情報の信頼性を確保することにより，会社等の公正な事業活動，投資者及び債権者の保護等を図り，もって国民経済の健全な発展に寄与することを使命とする。」（公認会計士法第1条）とされおり，公認会計士はクライアントである企業だけでなく，社会全体に貢献する仕事です。

日本公認会計士協会のURL …… http://www.hp.jicpa.or.jp/

2　税　理　士

公認会計士と並んで会計専門職の代表的な職業の一つが，**税理士**という資格の職業です。税理士の資格を取得すると，経理・税務のプロフェッショナルとして認められ，同時にそのように仕事をすることが期待されるようになります。日本には約7万人の税理士がいます。

税理士の仕事は，税務業務が主たる業務です。税務の代行・代理，税務相談などが税務業務に含められます。税務代理や税務相談は，税理士だけが行うことのできる業務です。

税務代理は，税法や行政不服審査法に基づく申告・申請や不服申立てなど

税務調査や処分に対する主張を代理・代行する仕事です。特に，税務書類（申告書，申請書等）の作成およびそれに付随した財務書類や会計帳簿の記帳代行が，税務代理の業務の多くを占めます。また，税務代理に関連して，税務調査の立ち会いも重要な仕事です。（会計帳簿等の記帳代行は，税理士の資格がなくてもできます。）

税務相談は，税務申告や申告書作成に関連した租税の課税標準等の計算に関する事項について，相談に応じる仕事です。

そして，「**税理士**は，税務に関する専門家として，独立した公正な立場において，申告納税制度の理念にそって，納税義務者の信頼にこたえ，租税に関する法令に規定された納税義務の適正な実現を図ることを使命とする」（税理士法第1条）とされています。

日本税理士会連合会のURL …… http://www.nichizeiren.or.jp/

3 国税専門官

国税専門官は，国税局や税務署で税のスペシャリストとして，国税調査官，国税徴収官，国税査察官の職種に分かれて仕事を行います。国税庁の使命は，納税者の自発的な納税義務の履行を適正かつ円滑に実現することであり，内国税の賦課・徴収を行う官庁である国税庁（国税局・税務署を含む）の中で勤務することになります。採用には，国家Ⅰ種試験（事務系）採用，国家Ⅰ種試験（技術系）採用，国税専門官試験採用，国家Ⅲ種試験採用があり，国税庁の組織（国税局・税務署を含む）には，約56,000人が働いています。

国税調査官の仕事は，納税義務者（個人や法人）を訪問し，直接税である所得税や法人税等，および間接税である消費税や酒税等の申告が適正に行われているか調査・検査を行う仕事です。国税徴収官の仕事は，納付期限までに納付されない税金の督促や滞納処分，納税に関する指導などです。国税査察官の仕事は，裁判官の許可状を得て，大口かつ悪質な脱税者に対する捜査・差押え等の強制調査，刑事罰を求める告発などです。

国税庁のURL ⋯⋯ http://www.nta.go.jp/index.htm
（概要・採用 ⋯⋯ http://www.nta.go.jp/soshiki/index.htm）

4 認定事業再生士

　事業再生士は，事業再生の担い手となる職業です。事業再生には，会計・経営・法律等の専門知識と経験が必要となり，事業再生士の資格を取得すると，事業再生のプロフェッショナルとして認められます。

　事業再生士補は，認定事業再生士を補助する仕事を行います。また，認定事業再生士は，事業再生を行うための基本的な調査，分析および企画・提案を行い，事業再生の手助けをする仕事を行います。

　認定事業再生士（CTP）は，その資格取得とともに，Association of Certified Turnaround Professionals（ACTP）との協定により，CTP資格者としてACTPに登録され，米国CTP資格者に準じた業務基準，倫理規定および資格更新規定が適用されます。

　　日本事業再生士協会 ⋯⋯ http://www.actp.jp/

5 企業や公的機関内の会計専門職

　会計の専門家として，経理部門，財務部門，内部監査部門等で企業活動の重要な部署で業務を行います。単なる経理担当者としてではなく，高度な会計知識を保有した人材として期待されます。そのため，企業では，上場準備，予算制度の設計・改訂，M&A，内部統制などの業務に関与することになります。また，公的機関では，その機関ごとに特有の会計関連業務に関与します。

　会計専門職には様々な資格・職種があります。公認会計士をベースに，もう少し説明を加えます。公認会計士は税理士登録によって税理士の資格を取

得することができ，また，企業や公的機関での採用も多くなっています。公認会計士の主たる業務は，独立した立場としての監査証明ですが，法定監査の場合，上場企業を対象にその様々な経理状況や会計システム，管理システムに触れることになります。エクセレント・カンパニーのこうしたシステムに触れることは，マネジメント・コンサルティング・サービスへの知識量と経験を増加させることにつながります。

さらには，株式公開（IPO），M＆A，リスク・マネジメント，環境監査，システム監査へと業務内容は拡大していきます。あるいは，コンサルティング業務から企業経営に参画するということもあります。

会計専門職は，もちろん会計のプロフェッショナルとして認められることですが，そこからボーダレスに仕事を拡張していくことのできる仕事なのです。

第2節 プロフェッショナルとしてのセンス

　会計専門職に限らず，世の中にはたくさんのプロフェッショナルがいます。これらのプロフェッショナルに共通するセンス，会計専門職に必要なセンス，会計専門職の特定の仕事に要求されるセンスがあります。プロフェッショナルは，当然アマチュアではありませんから，行う仕事はすべてプロとして意識を持って行わなければなりません。また，プロフェッショナルの仕事は，当然遊びではありませんから，基本的に対価を得て行われます。そして，相手もプロフェッショナルとして認識しています。つまり，プロフェッショナルの仕事は，基本的に対価を得て，プロ意識を持って行い，相手の要求水準を満たす結果を出すことです。少なくともこれができなければ，プロフェッショナルとしての評価は下がり，ともすればプロフェッショナル失格の烙印を押されることになります。公認会計士や税理士は資格ですから，試験に合格さえすればその資格を使用することができますが，プロフェッショナルは，その先にあります。

　プロフェッショナルとしての会計専門職のセンスに必要なセンスについて考えてみましょう。

1　聞く・見るのもセンス

　公認会計士の主たる業務は監査証明です。監査は"Audit"，語源は「聞くこと」と言われています。オーディオ（Audio），オーディエンス・聴衆（Audience），聴覚科学（Audio logy）など音や聞くことに関連した言葉と同じです。そこで，会計専門職のプロフェッショナルとしてのセンスに，まず「聞く」「見る」をあげました。

　「聞く」ことも「見る」ことも受動的な行為ですが，能動的な行為でもあります。大切なことは，能動的な行為として「聞く」「見る」ことです。

仕事なのだから，相手の言っていることを正確に聞くのは重要です。ということではありません。もちろんそれは重要なことですが，当然のことです。
　たとえば，監査業務では，会計帳簿や関係書類・証憑を見たり，関係者に事情を聞いたりします。監査業務でなくとも，このようなことは行います。まったく関係のない事実に見えても，実際には相互に影響し合っていたり，間接的に因果関係がある場合もあります。「見たり」「聞いたり」した事柄を整理して，無関係であることの確証を持つことも含めて，それぞれ関係づけていくセンスが必要です。
　「見る」「聞く」の範囲は，仕事をしている場に限定されません。「見たり」「聞いたり」した内容だけでなく，話の仕方や抑揚など様々な側面も，そして，会社に来る前，会社の中，仕事の場に至るまでのいろいろなシチュエーションの中で，「見たり」「聞いたり」しています。このときでも，受動的な「見る」「聞く」から，能動的な「見る」「聞く」に変え，よく観察することが重要です。「今日は○○の仕事だから」とその場に行くまでを漫然と過ごしてしまうと，受動的な行為になってしまいます。そこで目にする耳にする事柄は，実際に起こっていることです。会計は，実際に起きていたことが記録されています。仕事の場で「見たり」「聞いたり」することは，必ず帳簿の外で起こっています。せっかくそれを見たり聞いたりしても，受動的な行為のままでは，仕事の場での「見たり」「聞いたり」にはつながりません。意識して「見る」「聞く」ことで，事柄の整理や関連づけができるようになります。ですから，プロフェッショナルとして，「見る」「聞く」ことのセンスが必要なのです。

2 話す・見せるのもセンス

　プロフェッショナルとして出した結果は，行った仕事を話し見せることで相手に伝わります。会計専門職の仕事の結果は，製品のように物品として渡すことができないものも多く含まれます。仕事の結果が製品のような物品であれば，その製品自身が結果の多くを語ってくれることもあります。会計専

門職の仕事でも，記帳代行ならば正確で見やすい会計帳簿は，あるいは調査ならば報告書や証明書などは，それ自身が仕事の結果を相手に伝えてくれます。しかしそれでも，製品の製造と同様に，報告書をどのように作成するかによって，報告書の内容の伝わり方は異なってきます。ましてや，口頭でなされる指導や助言といったものは，製品のように手渡されるわけではなく，話し方次第で変わってしまいます。たとえどれほど素晴らしい内容の助言であったとしても，伝わり方やタイミングが悪ければ稚拙な助言や質の悪いサービスになってしまいます。

　ですから，プロフェッショナルとしての会計専門職は高度な専門知識さえを有していればよいというわけではなく，仕事をする上で，そして仕事の結果を示す上で，コミュニケーションやプレゼンテーションの能力やセンスが必要となります。とくにコミュニケーションは，一方的に「話す」「見せる」だけでなく「聞く」「見る」ことも重要です。このような「話す」「見せる」ことは，「聞く」「見る」ことのセンスに裏付けされている部分が多分にあります。

3 自分のものにするセンス

　「見る」「聞く」そして「見せる」「話す」を能動的な行為として行うと，自分が関与した事象，自分が見聞きした事柄などが，自分のもの（知識・経験）となります。しかし，これも能動的に行わなければ，「自分のモノ」にはなかなかなりません。覚える気のないことや苦手なことが，なかなか身につかなかったり記憶に留まらなかったりするのと同じです。それと比べれば，真剣にしたことや好きなことは，遙かに多くのことを吸収します。「自分のモノ」にすることは，仕事の場だけに限らず，自宅であろうと電車の中であろうとどこでもできます。そのためには，関連書籍を読んだり，講習を聞いたりすることも大切です。

　関連書籍を読んだり，講習に参加したりすることは，自ら行わなければできませんから，能動的な行為ですが，「自分のモノ」にするつもりで行わな

ければ結局は受動的な行為と同じになってしまいます。ですから，もっと能動的な行為にしていかなければなりません。「何故そうなるのか？」，自分なりに考え，具体的な事例に当てはめて検証する。そうすることで，「自分のモノ」になっていきます。

　プロフェッショナルは，「下手の横好き」ではありません。仕事の場，その他の場において，ただ目の前のものを機械的にこなすのではなく，そこから学び検証する，そして自己研鑽をし「自分のモノ」にすることが必要です。

4　雰囲気もセンス

　「雰囲気」と表現すると非常に抽象的でわかりづらいかもしれません。人はよくわからない相手に対して見た目で判断することがあります。それは豪奢なスーツや質素で地味なスーツに身を包めということではありません。相手が認識していれば，どんな格好であっても仕事はできます。だからといって，どんな格好をしてもよいということでもありません。それは，言葉遣いや身振り手振りも同じです。衣服と同様，プロフェッショナルとして高度な知識があれば，どんな言葉遣いでも身振りでもかまわないことにはならないのです。ぞんざいや高慢な態度や言葉遣い，あるいは自信なく不安な態度や言葉遣いはふさわしくありません。表面上取り繕っていても，雰囲気に出てしまいます。

　プロフェッショナルとして，自分の知識と経験に自信を持つことが大切です。過不足のない自己評価が，自然にプロフェッショナルの雰囲気を作り出していきます。外見を作り出すことも重要ですが，内面からあふれるモノと併せて雰囲気が作られます。またそうした雰囲気を創出することができるのも，プロフェッショナルが持つセンスとして必要です。

　ここであげたプロフェッショナルとしてのセンスは，誰しもが最初から持っているセンスではありません。幸運にも最初からセンスのいい人もいます。しかし，多くの場合，そうではありません。これらのセンスは，ある程度そ

してプロフェッショナルとして問題のない水準まで，このセンスを磨き引き上げることができます。それをするのもしないのも，やはり「自分」なのです。これがプロフェッショナルとしてのセンスです。もちろん，高度な専門知識が必要であることは言うまでもありません。

第3節 会計専門職の素養

1 会計専門職の学習に必要なもの

　この本を読んでいる人の中には，**会計専門職**の仕事に就くべく既に勉強をしている人もいれば，これから勉強を始めるという人も多いと思います。そして，これから勉強を始める人は不安も多いと思います。しかし，会計学を今まで全く学習していないからといってゼロからのスタートになる，というのは正しくありません。

　実はこれまでに学習してきた内容が，会計専門職のための学習に非常に役に立つのです。さらには，そのような学習がなければ，逆にたとえ会計学をがむしゃらに学習してきただけでは，会計専門職のための学習としては足らないことがあります。

　たとえば，これまでは，「法学部，経済学部，文学部などで学習をしてきたので，会計学については全くわからない」という人，また「これらの学部でもまじめに学習をしてこなかった」という人もいるかもしれません。このような人は，「会計専門職の学習をしても全くついていけず身につけることもできないのか」，また「商学部等で会計学を学習してきた人にずいぶんと遅れをとってしまうのか」，というとそうではありません。会計学の直接の知識を身につけていなくても，これまでの学部等での学習や経験から会計専門職のための素養が十分に身につけられていることがあります。この「会計専門職の素養」を身につけていれば，会計専門職のための学習を行ううえで既にかなり前進しているのです。すなわち，既にこの「素養」を身につけた状態では，会計専門職の学習は短時間かつスムーズに行うことができますし，会計専門職の学習を面白いと感じることができます。

2 会計専門職の素養とは

　会計専門職を学ぶ上での素養は，ひと言でいうと論理的思考能力です。

　論理的思考能力の中身は，まず，物事を全体として捉えることができるということです。具体的には，①全体の中で最も言いたいことは何なのか，重要なことは何なのかを捉えることができるということです。学習すべき内容は，すべて同じトーンというわけではありません。たとえばその中でも，幹となる部分もあれば枝葉となる部分もあります。枝葉は全く重要でないというわけではありませんが，すばやく幹を見つけることによって，全体が見えるようになり，そして，枝葉もよりクリアに見えるようになります。この能力が身についていれば，たとえば会計学を学ぶ場合でも全体ないし中心となる点を理解した上で，より細かな内容を学習するようになりますので，理解も早くなりますし，学習していて大きな間違いをするということがありません。

　次は，②どのような流れで結論が導かれるのか，ということを理解することです（①と共通する部分がありますが）。変なたとえですが，「AがあるからBがある。Bに違反したらCになる。」という場合に，細かな部分（たとえばBばかり）しか見えないのではなく，このような流れを大きく理解できたら，次の学習が，『A′があるから・・・』となれば，「B′がある。B′に違反したらC′になる。」ということが，おのずと見えてきます。これはごく単純化した例ですが，これが見える人もいれば見えない人もいます。たとえ会計専門職の学習が初めてであっても，このような能力（素養）を身につけていれば，次にどのようになるのかが予測できますし，場合によれば，ほとんど学習しなくてもその部分を理解できるということにもなり，学習のスピードは上がります。逆にこのような能力が皆無であれば，学習の効率が悪く，かなり以前から学習していたとしても，すぐに人に追い越されてしまいます。

　最後に，③文章を正確に読むことができるということです。こちらは上のように全体としてみるのとは違って，詳細を読み取ることができるという能力です。①で見たように，重要な個所がわかったとしても，その個所を誤解

して読んでしまったのでは意味がありません（せっかくの①の能力も無駄になってしまいます）。問題となっている個所を読むだけですから，簡単ではないかと感じるかもしれませんが，意味がいくつにも読み取れるような場合に，このセンスがない人は，間違ったように読む可能性が大いにあります。この問題で厄介なのは，自分が間違っていることに気づかないことです。早く気がついて修正できるのであればいいのですが，間違えた理解をした上で学習を進めてしまった場合には，取り返しのつかないぐらいに大きく間違った理解をしてしまっていることがあります。

　この正確に読むというコツは，難しい内容だからといって斜めに見たりしないで下さい。まっすぐに見たとおりに純粋に考え，理解していただきたいです。最悪なのはわからない，難しいからといって，自分を満足させるためにこれはこうだろうといって，勝手な理解をして納得してしまうことです。もしも難しいことがあればわからないこととしておいておく（考え中とする）のがいいでしょう。つまり学習をしている中で，既に勉強して理解した部分と，まだ勉強していない部分との二つに分けるのではなく，勉強したけれどもよくわからない部分というのを残しておいてください。これを，自分流の理解をして，理解をした部分として押し込んだ場合に，今後勉強をするうえで大きな傷となって後々尾を引くことがありますので注意が必要です。

　これまでに述べましたことは，資格のための試験等には必ずしも直接には結びつかないものであることから，無視したり軽視したりしがちですが，学習をするにも試験に合格するにも必要不可欠なことです。そこで，初学者の人はこれまでの学習や経験で身につけた素養を生かして，また既に学習をしている人でもこの素養に欠けると感じる人は，上で述べたことを身につけられるよう意識しながら，会計専門職にむけた学習を行っていただきたいと思います。

　最後に，会計専門職の学習をするうえでの素養について述べてきましたが，このような素養は，会計専門職の職業に就いた後でも，当然に必要となり役に立つものとなるでしょう。

第6章 会計専門職のセンス

3 練習問題

　以下に，会計専門職の素養を試す問題を挙げましたのでぜひチャレンジしてください（関西大学大学院会計研究科入試［素養重視方式］2008年5月11日実施）。題材は，会計不祥事と金融商品取引法の改正案についての国会答弁ですので，その内容も知っておいてよいのではないでしょうか。

問題

　次の資料［第166回国会　衆議院　財務金融委員会　第18号（平成19年6月6日（水曜日））会議録（部分）］を読んで以下の問いに答えなさい。

(1) 資料中の法律案に対するF参考人の意見を簡潔にまとめなさい。

(2) 資料中の法律案に対するS参考人の意見を簡潔にまとめなさい。

(3) 非違事例ないし会計不祥事に対しては何が原因であったとして述べられていますか。

(4) 会計監査人に対する関係で監査役はどのような監査をすることが必要であると述べられていますか。

(5) 公認会計士の監査報酬のあり方としてどのようなものが述べられていますか。

(6) F参考人とS参考人に共通する見解を示しなさい。

　資料［第166回国会　衆議院　財務金融委員会　第18号（平成19年6月6日（水曜日））会議録（部分）］（固有名詞は記号化するなど一部改作しています）

○I委員長　これより会議を開きます。
　内閣提出，公認会計士法等の一部を改正する法律案を議題といたします。
　この際，お諮りいたします。
　本案審査のため，本日，参考人として日本公認会計士協会会長F君，社団法人日本監査役協会会長S君の出席を求め，意見を聴取いたしたいと存じますが，御異議ございませんか。

　　　　〔「異議なし」と呼ぶ者あり〕

○Ⅰ委員長　御異議なしと認めます。よって，そのように決しました。

───────────

○Ⅰ委員長　これより質疑に入ります。
　ただいま参考人として，日本公認会計士協会会長Ｆ君，社団法人日本監査役協会会長Ｓ君，以上二名の方々に御出席をいただいております。
　この際，参考人各位に一言ごあいさつ申し上げます。
　本日は，御多用中のところ本委員会に御出席賜りまして，まことにありがとうございます。参考人各位におかれましては，それぞれのお立場から忌憚のない御意見をお述べいただきたいと存じます。
　次に，議事の順序について申し上げます。
　まず，参考人各位からお一人十分以内で御意見をお述べいただき，その後，委員からの質疑にお答えいただきたいと存じます。
　なお，念のため申し上げますが，御発言の際にはその都度委員長の許可を得て御発言くださるようお願いいたします。また，参考人は委員に対し質疑をすることができないことになっておりますので，あらかじめ御了承願います。
　それでは，まずＦ参考人，お願いいたします。

○Ｆ参考人　公認会計士協会のＦでございます。
　本日は，公認会計士法改正案の国会審議の場において所信を表明する機会を与えていただきましたことに感謝申し上げます。
　まず，上場会社の監査の職責を担っていた公認会計士に有罪判決が下されたという，公認会計士監査の信頼性が大きく問われる会計不祥事が一昨年から相次いで起こりましたことに対しまして，遺憾の意を述べさせていただきます。貯蓄から投資へとの政府の金融政策のもとで，個人金融資産が資本市場へシフトする兆しが見えていた中でこのような事件が発覚したことはまことに残念であります。
　私どもは，社会の厳しい批判を厳粛に受けとめ，まず，自分の業務はみずからが改善し，それを協会が指導し監督するという自主規制の強化によって，公認会計士監査の信頼性確保に精力的に取り組む決意であります。
　改正法につきまして所信を表明する前に，昨今の一連の会計不祥事を踏まえ，

協会が取り組んでいる自主規制強化策について御説明させていただきます。

まず第一に，協会は，監査事務所の品質管理体制の向上を図るために，監査事務所の業務運営体制を監督指導する品質管理レビュー体制を大幅に強化するとともに，レビュー基準等を整備してまいりました。

第二に，監査人の独立性確保の観点から，国際水準の倫理規則の整備を行いました。特に，監査人のローテーションを強化し，上場会社を100社以上監査する監査法人の監査責任者には，米国並みに5年・5年のローテーションを実施しております。

第三に，協会は会員に年間40単位の専門研修受講を義務づけておりますが，監査を担当する会員に対して，当該継続的専門研修の中で，職業倫理四単位，監査の品質管理四単位の科目受講を強制しております。

さらに，本年4月から，上場会社監査事務所登録制度を導入しております。

当該制度は，上場会社を監査する事務所に対して，協会に設けた上場会社監査事務所部会に登録を義務づけ，登録した事務所に対する協会の品質管理レビューを強化しまして，監査の品質管理体制の充実を図り，上場会社の財務報告の信頼性を確保する制度であります。

登録制度の特徴は，品質管理レビューの結果，監査の品質管理体制に重要な欠陥が発見された場合には，当該指摘事項を登録名簿において一般に開示するとともに，当該指摘事項に対して適切な改善措置を講じない監査事務所に対しましては登録から取り消すという制裁的措置を採用している点であります。その意味では，上場会社を監査している会員にとって相当厳しい自主規制施策であります。

協会は，このように，公認会計士監査の信頼性の向上を図るために最大限の努力をしておりますので，協会の自主規制による取り組みに御理解と御支援をお願い申し上げます。

次に，今回の公認会計士法の改正案につきまして所信を申し上げます。

改正案には，協会が長年にわたり要望してまいりました事項も織り込まれておりますが，全体としては厳しいものであると受けとめております。しかし，協会として，改正案を厳守し，かつ自主規制の強化策を推進し，公認会計士監査の信頼性の向上に一層努力していく決意であります。

まず最初に，今回の改正案について，協会の二つの要請事項が受け入れられたことにつきまして感謝申し上げます。

その一つが有限責任制の導入であります。

会計不祥事が判明し、監査人に責任がある場合に、関与監査人が無限責任を負うことは当然といたしましても、大規模監査法人に勤務する他の社員が連帯責任を負うという制度は、監査法人の一般社員に過重な負担を強いるものであり、公認会計士が監査の世界から離反する大きな要因となっております。

有限責任制は欧米主要国では既に導入されている制度であり、協会は従来から強くお願い申してまいりました。当該制度の導入は、我が国の監査基盤の強化に相当貢献するものと考えております。

二つ目は、今回の改正案に刑事罰が織り込まれなかったことであります。

金融審議会におきまして刑事罰の導入が検討されましたが、協会は、刑事告発されただけで監査法人が崩壊すると、その導入に強く反対してまいりました。エンロン事件におけるアーサー・アンダーセン、今回のみすず監査法人の自主解散を見ましても、協会の懸念は現実化しております。

改正案では、協会の意見が理解されたものと受けとめております。

協会は、この改正法案を受け入れ、監査の信頼性の回復、向上に全力を挙げて取り組んでいく所存でありますが、改正法案の運用につきまして、次の点に御配慮を要望したいと思います。

第一に行政罰の運用であります。

改正案では、刑事罰の導入にかわって行政罰の多様化が図られ、従来の行政罰、戒告、業務停止、登録抹消または解散命令に加え、課徴金と業務管理体制の改善命令が新たに追加されました。協会は、行政罰の多様化はやむを得ないものと考えておりますが、監査人が萎縮し、行政の顔色をうかがいながら監査業務を遂行するという監査環境にならないよう、課徴金を含む行政罰の適正な運用を強くお願い申し上げます。

課徴金の適用につきましては、量刑基準等を整備し、その運用の透明性と公正性を確保していただきたいと存じます。

また、業務改善の一環として、重大な責任を有すると認められる社員について、一定期間、その職務に従事することを全部または一部禁止することができるとされております。

当該業務禁止命令の運用につきましても、対象となる重要な社員及び禁止される職務の範囲等について、同様に明確な基準を開示し、適切かつ公正な運用をお願いしたいと思います。

第二に，改正案では，監査法人等に対する報告徴収，立入検査権限の公認会計士・監査審査会への委任が明記されております。
　現行制度では，協会が品質管理レビューを実施し，その報告を受けた後に審査会が監査事務所の立入検査が実施できるというシステムになっております。その意味において，審査会への権限委任が政令で拡大することのないように要請したいと存じます。
　協会は，現在，上場会社監査事務所登録制度を導入する等，自主規制により公認会計士監査の信頼性確保に精力的に取り組んでおります。財務情報の信頼性の確保は，第一義的には会計，監査のプロフェッションである会計士協会の自主規制が中心となって遂行し，行政は自主規制の不足する面を補完するという間接規制が本来のあり方であると考えるからです。
　最後に，金融審議会において今後の検討とされましたインセンティブのねじれの問題について御検討をお願いいたします。
　現行会社法のもとでは，財務諸表の作成責任者である経営者が，会計監査人の選任議案提案権や監査報酬の決定権を有しております。これは，経営者からの監査人の独立性という観点から重要な問題であると考えております。
　米国では，外部取締役で構成される監査委員会にこうした権限が付与され，監査人の独立性が確保されております。会社法の分野であると考えられますが，ぜひとも，監査役会の独立性及び専門性の強化を図るとともに，監査役会に会計監査人の選任議案提案権及び監査報酬の決定権を付与することを早急に御検討していただきたいと思います。
　バブル経済崩壊後，企業のビジネスリスクが拡大し，これに対して監査リスクが高まってまいりましたが，こうした監査をめぐる著しい環境変化に公認会計士が必ずしも適応できなかったのではないかと深く反省しています。しかし，財務情報の信頼性確保は公認会計士の努力のみで達成できるものではありませんので，協会は，関係者に対しまして，米国の企業改革法のように総合的措置を投じていただきたいとお願いしてまいりました。
　昨年六月に成立いたしました金融商品取引法により，内部統制報告書や経営者確認書が導入され，財務諸表の作成者である経営者の責任体制の強化が図られることになりました。また，ここ数年，複雑化してきた企業活動に対し，会計基準や監査基準も整備されてきております。
　協会も，倫理規則の整備や品質管理体制の強化充実等の自主規制施策に取り

組んでおります。その意味で，財務報告の信頼性を確保する総合的な基盤が整備されてきており，関係者の御努力と御理解に深く感謝しているところであります。

　私の3年の会長任期は，本年7月まで残すところわずかになりました。この3年間，いろいろな事件が発覚し，社会の批判や期待に対応するための自主規制策強化に全力を挙げて取り組んでまいりました。

　私どもは，改正案を厳粛に受けとめ，公認会計士監査の信頼性回復に全力を挙げて取り組んでおります。今後とも，引き続き，公認会計士業界に対する御支援，御鞭撻をお願いいたしまして，私の所信表明とさせていただきます。

　ありがとうございました。

○Ｉ委員長　ありがとうございました。
　次に，Ｓ参考人，お願いいたします。

○Ｓ参考人　ただいま御紹介いただきました日本監査役協会のＳでございます。
　本日，このような意見陳述の機会を設けていただきまして，まことにありがとうございます。せっかくの機会でございますので，恐縮ですが，冒頭に，私ども日本監査役協会につきまして簡単に御紹介をさせていただきたいと思います。
　私どもの日本監査役協会は，監査役に業務監査権が復活いたしました昭和49年の商法改正を機会に法務大臣から設立を許可された社団法人でございます。自来，30数年にわたりまして，監査役監査制度，これには監査委員会の監査制度も含んでおりますが，その制度の調査研究を通じまして，監査品質の向上を図り，企業不祥事の防止に努め，もって企業の健全性確保に資するということを目的といたしまして活動してまいっております。
　現在，登録会員数は5700社，7700人の監査人を擁する大世帯になっておりまして，きょう現在も会員数は増加を続けております。
　さて，本題に入りますが，ただいまから申し上げます意見，並びに質疑にお答えする意見につきましては，日本監査役協会の統一した意見として取りまとめたものではございませんで，あくまで私個人の意見として申し述べるものであることを最初にお断りさせていただきたいと思います。
　さて，監査役と公認会計士の関係につきまして簡単に御説明申し上げます。
　会社法におきましては，大会社，御承知のように，資本金五億円以上または

負債総額200億円以上の会社でございますが，大会社につきましては会計監査人の選任が義務づけられております。また，大会社でない会社につきましても，会社の任意によりまして会計監査人を選任することは可能であります。ただし，両者の設置には，会社法上，要件が課されておりまして，会計監査人を設置した会社は必ず監査役を設置しなければならないということになっております。つまり，監査役を設置した会社でなければ会計監査人を設置することができないということでございます。

　次に，監査役と会計監査人の監査の関係について具体的に申し上げます。

　監査役は，会計監査人が行った監査の方法と監査の結果につきまして，その相当性を判断し，当該監査の結果を監査役の監査報告書に記載することが義務づけられております。会計監査人の監査結果を相当であると認めた場合には，会社が作成いたします貸借対照表と損益計算書は株主総会の報告事項とすることができますが，逆に，監査役が相当でないと判断しました場合には，貸借対照表と損益計算書は株主総会の決議事項としなければならなくなります。つまり，監査役の判断次第で計算書類の確定手続に大きな影響を与えることになります。

　それでは，会計監査人の監査の方法と結果の相当をどういう点で判断するのかという問題でございますけれども，二点に集約されます。

　一つは，会計監査人の独立性が確保されているかどうか監査することでありまして，もう一点は，職業的専門家として適切な職務を遂行しているかどうかを監査することであります。

　つまり，監査役は，職業的専門家である会計監査人が適切な監査体制のもとで適切な監査を行っているかどうかに重点を置き，会計監査人の監査計画や監査実施結果等の報告を受け，会計監査人に対する質疑応答などを通じまして，会計監査人の監査が相当であるかどうかについて総合的に判断を行っているところであります。

　会社法では，会計監査人は，さらに会計監査人の職務の遂行が適正に行われることを確保するための体制に関する事項，これは会社計算規則159条でございますけれども，この事項を通知する義務が課されておりまして，具体的には，監査法人において定めております独立性に関する事項，契約の受任，継続に関する事項など，会計監査人の側で確保している品質管理体制の状況を監査役に通知するという制度であります。

　監査役としましては，当該通知の内容をよく確認した上で，会計監査人が適

正に職務を遂行しているかどうかを判断することになります。

　以上のような観点から今般の公認会計士法等の一部を改正する法律案を見てみますと，全体としまして，企業財務情報の適正性を確保するために必要となります監査法人のガバナンス体制や品質管理体制の確保さらに監査人の独立性確保などに関する施策が十分に盛り込まれており，評価できるものと考えております。

　中でも，特に監査役と関係のある事項に絞って若干コメントを追加いたしますと，まず，監査法人におきまして確保すべき業務管理体制につきましては，業務の執行の適正を確保するための措置及び業務の品質の管理に関する事項が法案に盛り込まれました。これにつきましては，先ほど申し上げましたように，監査役としましては，既に会社法のもとで高い関心を払って実務に当たっているところでありまして，今後，監査法人における品質管理体制が一層整備されることを期待しているところであります。

　二番目に，大規模監査法人における主任会計士のローテーションルールにつきましては，いわゆる５年・５年という内容になっておりますが，これにつきましては，企業と監査人のなれ合いや癒着を防止しつつ監査業務の継続性の確保を図ったもので，適切な措置であると考えます。

　三つ目に，公認会計士または監査法人に対する行政処分の多様化につきましては，昨年，中央青山監査法人に対する業務の一部停止処分によりまして，当該処分と直接関係しない被監査会社におきましてもその対応に追われる事態となるなど，大変な影響をこうむることになりました。今回の改正によりまして，個別の非違事例に応じた適切な行政処分を問うことが可能となったことは，会計監査人の選任に関しまして一定の権限行使が課されている監査役としまして，評価できるものと考えております。

　以上，簡単ではございますが，私の意見陳述を終わらせていただきます。

○Ｉ委員長　ありがとうございました。
　以上で参考人の意見の開陳は終わりました。
　　　　────────────

○Ｉ委員長　これより参考人に対する質疑を行います。
　質疑の申し出がありますので，順次これを許します。Ｍ君。

第6章　会計専門職のセンス

○M委員　おはようございます。自由民主党のMでございます。

　きょうは，日本公認会計士協会のF会長さん，そして日本監査役協会のS会長さん，お二人にお越しをいただきまして，本当にありがとうございました。大変貴重な意見を拝聴いたしました。

　今回，我々は公認会計士法の改正ということで取り組んでいるわけでございますが，F会長さんからありましたとおり，ここ数年におけるさまざまな監査をめぐる事件というのは，やはり，それに直接かかわる皆さんだけでなくて，一般の国民の方も大変関心を持っていらっしゃる重要な事項だなと思っています。そういう意味で今回の法改正は大変大事なものだというふうに思っておりますので，忌憚のない意見をきょうは聞かせていただきたいというふうに思います。

　先ほど会長が，貯蓄から投資へということで，国がそういう方向で，これから日本の金融資本市場の信頼性というのを確保しながら，一般の投資家が安心して投資ができるような環境を整えていくために何が大事かというと，やはり企業の透明性，ディスクロージャーという部分が大変大事だというのはもう御案内のことだと思います。

　そのために，公認会計士あるいは監査法人の皆さんが行う監査というのは，このディスクロージャー，透明性を確保するためには欠くべからざる大変大事な機能を持っているというふうに私は理解をしております。公認会計士協会さんとしても，例えば，監査の質の維持を図る，そういう観点から品質管理の状況を定期的にレビューするというようなことをずっとやっていらっしゃったということは私も聞いております。

　そういう中で，例えば昨今のカネボウの事件あるいはライブドアの事件，そういうものが起きてしまったという，そこからの取り組みの前の部分で，そもそも何でこういう事件が起きちゃったんだろうということについて，忌憚のないところを会長さんの方からお聞かせいただければと思います。

○F参考人　Fでございます。

　今回，いろいろな非違事例が多数発生して，会計監査人の役割が問われたということ，深く真剣に受けとめております。

　非違事例がなぜこういうふうに大きくなったかということにつきまして，協会でかなり前から品質管理レビュー制度を導入していたわけなんですけれども，

それがきちっと機能しなかったのではないか，こういうような問題があるわけでございます。

　非違事例が発生した理由というのは，大きく，経済的な理由というのがまず背景にあると思います。

　それは，アメリカでも，エンロン，ワールドコム，一連の会計不祥事が発生したその前提として，ITバブルという1990年代の特に後半の経済ブームがありまして，それが収束したということで一連の不祥事が発覚してきた，こういう問題があります。

　日本も同じように，90年代の経済不振からやっと2000年代になって回復を見出した。その中で，過去の清算ができない企業だとか，あるいはベンチャービジネスを育てるというようなことから新しい新興企業が出てきた，ところが内部管理体制等が十分ではなかった，そういうようなところが一挙に噴き出したというふうに理解しております。

　会計士協会としてこのような問題をどういうふうに受けとめるかということなのでございますけれども，会計士監査で問題点として私が認識していますのは，まず第一に独立性の問題があると思います。

　企業の経営者に対する公認会計士の独立性，この辺のところに基本的な問題があったのではないかというふうに思っておりまして，我々の社会的使命というものはあくまでも第三者の立場で企業財務を監査するという立場でございますので，その辺の独立性ということをまず第一に認識してもらわないと，業務そのものの改善がスタートから混乱するということ，そういうことを考えまして，倫理規則の改定とか倫理教育の強化ということを行ってまいりました。

　それと同時に，監査の業務の実施についてやはり問題があったのではないか。特に，監査の実施について，事務所における品質管理体制，そういうところにも問題があったのではないかというふうに思っております。そういう面で，こら辺のところは協会の自主規制を一層強化して，さらなる充実を図っていきたいというふうに思っています。

　一方，企業の側も，やはり，監査法人，監査人に対する認識が，どちらかというと会計顧問あるいはお抱え会計士的な認識があって，企業の中のガバナンスの問題，あと企業の中の内部統制の問題，その辺のところの強化も図っていただけないと，会計士業界としては，我々だけで対応することは難しいというふうに思っています。

もう一つ，今回のいろいろな会計不祥事の特徴的なところは，収益認識基準，循環取引とか，会計基準の盲点をついたような取引が行われている。例えば投資事業組合，SPE，SPCとか，そういうようなものを使って会計粉飾する。その辺のところの会計基準の整備が追いついていなかったこともやはり問題だと認識しております。
 以上でございます。

○M委員　ありがとうございます。
 それで，これは会長さんの御感想で結構なんですけれども，たまたま一昨日，例のライブドア事件の公認会計士に対する懲戒処分というのが発表になっております。三人の方に対して，名前は申し上げませんが，登録の抹消あるいは業務停止9ヶ月，6ヶ月という形で行政処分が下されたわけですけれども，これに対して，率直な御感想がもしあれば聞かせていただきたいと思います。

○F参考人　ライブドアに関与した会計士について厳しい処分が金融庁から公表されたわけですけれども，私どもとしては，これを厳粛に受けとめて，このケースをほかのすべての会員にみずからの業務の改善に使っていただきたい，経験として使っていただきたいというふうに思っております。
 以上です。

○M委員　こういう事件がさまざまあって，制度的に法的な面で今回の公認会計士法の改正ということで，制度面での手当て，改正をやっていくということに加えまして，先ほど会長さんからるる御説明があったように，会員の綱紀の保持あるいは倫理的なものの向上等，あるいは自主規制の強化，さまざまなことをやっておられるわけでございますが，言葉ではやっていると言いながら，実際の具体的な取り組みとしてどういう進捗状況でというようなことのレビューというのも必要になってくると思うんですが，その辺について協会さんの方ではどのように取り組まれていらっしゃるのでしょうか。

○F参考人　この2，3年，大きな不祥事が続いておりまして，協会は，アクションを強めて，いろいろな早目のアクションをとろうということで，基本的には，倫理規則の改正を行ったということと，あと，事務所の品質管理レビュ

ーを，協会が今専属20人のフルタイムの職員でやっているわけですけれども，その中身をかなり濃いものにしたということで，品質管理レビューの内容が今かなり改善していると思います。その結果，いろいろな問題が出てくるということもあると思います。

　それと，私どもは，協会の透明性を高めることも大事だということで，協会の役員に当たる理事会に外部委員を入れる，あるいは外部監査を受ける，そういうようなことで協会の透明性を高めようというようなこともやっております。

　ことしの4月から，上場会社を監査している監査事務所については，もっと一段と高い規律で仕事をしてもらいたいということで，登録制度というものを決定いたしました。今のところ，7月15日までに登録ということなんですけれども，第一弾の登録の状況では，やはり監査業務についてこれほど社会の関心を浴びて責任があるということで，自分はもう今後監査をやらないという会員がかなり出てきているということも事実でございます。

　これは決して監査の市場から締め出すということではなくて，監査の責任の重要性ということを認識して，それに対応できる事務所がきちっと登録に応じていただいて，今後，登録された事務所がきちっとした品質管理体制で業務を運営していく。もし問題があれば外部にも公表するし，さらに問題のある事務所については登録から外すというようなことも考えて，さらに一段と自主規制を強化していきたいというふうに思っております。

〇M委員　ありがとうございました。

　次に，ちょっと視点が変わりますが，監査報酬についてお伺いをしたいというふうに思います。

　S会長さんの方にお伺いした方がいいと思いますけれども，会計監査事務の監査報酬というのは，監査を受ける側の会社の方から払ってもらっているということになっております。この構造が，本来は株式投資家等のために厳しい指摘をするべき立場にある会計監査人の独立性が阻害されている一つの原因なのではないかというような指摘があるというふうに思います。

　この点，例えば上場会社については，上場する証券取引所が会社あるいは株主から一たんお金を徴収して，そこが配分する，報酬を払うというようなことをするという議論があるというふうに承知しております。そういう形で，もう少し第三者が公正な形で報酬を支払う制度にしたらどうだというような議論に

第6章　会計専門職のセンス

対してどのような御所見をお持ちでしょうか。お聞かせ願いたいと思います。

〇Ｓ参考人　お答えいたします。

　監査役協会は，最初にちょっと申し上げましたが，監査の実務，実際に監査につきましていろいろな制度ができますが，それを実務的に効果上がらしめるようなことの検討を主体にしています協会でございまして，現状を申し上げますと，今の報酬の件につきましては，会社法で報酬の同意権というのが与えられまして，実は，ことしの６月から，総会後の問題で，今各社では，その同意権に対してどう対応するんだということを鋭意検討している段階でございます。

　今申されました，報酬自身をどこで決めるかとか，そういう理念といいますか制度といいますか，そういう問題につきましては，現在協会としては検討いたしておりません。そういう段階でございます。

〇Ｍ委員　ちょっとつけ加えてですけれども，例えば欧米の監査法人あるいは監査報酬の払い方ということと比較した場合に，日本における改善策というのを何かお考えのことがあればお聞かせ願いたいし，そうでなければ，今どういう話なのかということをちょっとお聞かせ願いたいと思います。

〇Ｓ参考人　同意権につきまして，私の考えを申し上げたいんです。

　ちょっと話が横になりますが，我々監査役は監査役選任の同意権というのをもらっておりまして，昔は取締役が監査役候補を勝手に決めた。それに対しまして，現在は，株主総会に出す議案を事前に監査役会に同意を求めるというふうになっておりまして，その結果どういうことになったかといいますと，当初はやはり形式でしたが，去年，おととし，ことしなんかは特に，書面で同意をする。しかも，同意するとき，副産物としまして，今まで社長は，監査役はどういう人間がいいかとか，監査役に対する直接の関心というのは余りなかったわけです。それに対しまして，同意権ができたことによりまして，社長と監査役が，監査役というのはどういう人物が必要で，どういうことをやるんだというようなことについての認識が非常に高まりました。そういう意味で，同意権というのは非常にそういう面では効果を発揮している。

　今回の報酬につきましても，先ほど言いましたように，この同意権が有効に機能できるようなことを今各社各社でそれぞれ考えている，そういう段階でご

ざいます。

○M委員　ありがとうございます。
　ちょっと話が飛んでしまって申しわけないんですが，時間がないものですから，最後にお二人に簡単に。
　今回の法案の中で，新しく課徴金の話がございます。これが追加されたということで，いろいろな議論の中では，実は刑事罰ということも，これは先ほどＦ会長さんの方からもお話があったとおりでございまして，議論としてはあったんですが，今回課徴金ということで，行政処分というものに対する罰則の幅を広げるという意味でこういう形になってくるわけです。これに関してお二人から一言，御感想というか御所見があればお伺いをしたいと思います。

○Ｆ参考人　課徴金につきましては，私どもは，今回刑事罰が見送られたということで，やむを得ないというふうに考えております。
　ただ，実際の適用に当たっては，課徴金が乱発をされるということになると，特に中小の事務所については，一般的には，過失があった場合には，監査報酬の一倍，除斥期間七年ということでございますので，かなり大きなダメージを与えて，存続がおかしくなるというようなことがあります。課徴金は戒告の前でもあるというような建前になっておりますので，そういう面で，課徴金が適正に運用されるようにお願いしたいというふうに思っております。
　以上でございます。

○Ｓ参考人　監査という仕事の基本は，制度も大事でございますけれども，あくまで，監査する人間の仕事に対する使命感といいますか，それが基本になるんだろうと思います。
　したがいまして，本来はそういう外部からの強制等がない方が望ましいと思いますけれども，ただ，度を過ごした現象が出てきた段階におきましては，行政がある程度それを是正するという方向に動かれるのはやむを得ないんじゃないかというふうに考えております。

○M委員　Ｆ会長そしてＳ会長，大変貴重な意見をありがとうございました。
　私はこれで終わります。

|解法のポイント|

(1) 監査法人の有限責任制を導入していることおよび刑事罰の導入をしていないことを評価するも，行政罰の運用，公認会計士・監査審査会の権限の拡大およびインセンティブのねじれ問題のそれぞれに関して要請を行っています。

(2) 監査法人のガバナンス体制や品質管理体制の確保および監査人の独立性などに関する施策が盛りこまれている点を評価しています。

(3) 協会による品質管理レビューが機能していない点，新興企業等による内部管理体制等が不十分であった点，企業の経営者に対する公認会計士の独立性が確保されていない点および会計基準の盲点をついた取引が行われた点などが挙げられています。

(4) 監査役は，会計監査人が適切な監査体制の下で適切な監査を行っているか，また会計監査人の監査が相当であるかどうか，について監査をするべきである点が挙げられています。

(5) 監査役会に会計監査人の監査報酬の決定権を付与するという案，および上場会社については，上場する証券取引所が会社あるいは株主から一たんお金を徴収して，そこが配分するという案が挙げられています。

(6) 共通点は少ないですが，両者とも課徴金の導入はやむをえないと考えています。

第4節 適性にあった選択

　一言で**会計専門職**といっても，その選択肢は様々です。その選択は人によってそれぞれ異なります。しかし，共通して言えることは，どの選択肢を選択したとしても評価されることから逃れることはできないということです。試験を受けることも評価ですし，就職して仕事内容を見られるのも評価です。評価のされ方が違うだけなのです。

　たとえば，公認会計士試験を考えてみましょう。現在，年に一度しかありません。試験では公認会計士になるための必要最低限の知識や見解が問われ，受験者の解答によってそれが評価されます。充分であると評価されれば，試験に合格しますし，充分な知識や見解がないと評価されれば不合格になります。しかも，合格しない限りその仕事に就くことができません。不合格となれば次のチャンスが来るまで待たなければならず，その資格に伴う職に就くことのリスクがかなり大きくなります。しかし，試験という形での評価を受ける場合には，メリットがあります。自分の名前は受験番号という数字に記号化され，充分な知識や見解がないと評価されても，評価をした者にはそれが誰なのか特定できません。つまり，不合格であっても評価する側にとってその評価はリセットされて消えてしまうのです。個人単位で前回の受験結果と今回の受験結果を比べられることは絶対にありません。再び受験するときには新たな人間として評価を受けることができます。また，合格後は資格保有ということが，その人の能力をある程度保証し，追加的に説明することも証明することも不要となります。もちろん，それ以上のことは自らが仕事の中で示していくしかありません。

　次に，企業に就職する場合の評価について考えてみましょう。企業に就職する場合，採用試験の時から評価が始まります。採用試験は企業の数だけありますから，同時期にいくつもの採用試験を受けることができます。そのため，仕事に就くというリスクは資格試験（たとえば公認会計士試験）と比べ

ると遙かに小さく，ほとんどの人がどこかの企業の採用試験に合格しています。企業に採用されると，採用試験の評価・結果は就職後も繰り越されます。無事就職し，その後は毎日評価を受けることになります。仕事はいつも誰の仕事であったかが明確です。仕事のこなし方，態度，結果等々がすべて評価対象となり，小さな評価の積み重ねが続きます。しかも，その評価は個人個人につけられ，失敗しても成功してもその個人の評価となり，資格試験のように決してリセットはされません。そして，資格保有をしていなければ，その資格に相当する能力があることを，仕事の結果で示していく必要があります。

　職に就くためのリスク，職に就くときの評価，自らの能力を示すためのコストは，仕事に就くときの入り口次第で変化します。自分の特性にあわせてその入り口を決めることが肝要です。

　また，たとえば公認会計士試験に合格し，公認会計士の資格を持った後，監査法人で監査業務に専念するのもひとつです。しかし，コンサルティング会社でコンサルティングに特化することも，会計事務所を開業し税務業務をメインにすることも，企業の中で会計専門職として，あるいは資格を持ったまままったく異なる職種に展開することも，自ら起業することも自由です。自分のやりたい夢，自分の好きな業務，自分の適性・特性にあわせて，キャリアプランを組みそこに向かって行くことが，自分の心も生活も豊かにしていくことになります。まずは会計専門職をめざし，その後自分の適性あった選択をしていくことで，将来充実した生活を送っている自分に出逢うことが可能になります。

平成19年12月13日
公認会計士・監査審査会

公認会計士試験の出題範囲の要旨について

　公認会計士・監査審査会は，平成20年試験の実施にあたり，出題範囲の要旨の見直しを行いましたのでお知らせいたします。

　公認会計士試験の出題範囲の要旨は，出題範囲を示すためのものであり，項目として掲げているものは，その例示であります。

出題範囲の要旨

財務会計論

　財務会計論の分野には、簿記、財務諸表論、その他企業等の外部利害関係者の経済的意思決定に役立つ情報を提供することを目的とする会計の理論が含まれる。
　簿記は、企業等の簿記手続の理解に必要な基本原理、仕訳、勘定記入、帳簿組織、決算及び決算諸表の作成について出題する。また、財務諸表論は、企業等の財務諸表の作成及び理解に必要な会計理論、会計諸規則及び諸基準並びに会計処理手続について出題する。ここでいう会計諸規則及び諸基準の範囲には、会社計算規則、財務諸表等規則等の他、基本的には企業会計審議会の意見書及び企業会計基準委員会の企業会計基準を含めるが、これらの意見書及び基準の解釈上必要な場合には、企業会計基準委員会の適用指針及び実務対応報告、日本公認会計士協会の実務指針等も適宜出題範囲とする。また、現行の会計諸規則及び諸基準に関する知識のみでなく、それらの背景となる会計理論や代替的な考え方も出題範囲とする。
　なお、平成20年試験においては四半期財務諸表は出題範囲に含めないこととし、公会計及び非営利会計の分野は、当分の間、出題範囲から除外する。

〔注意〕
　短答式試験の出題範囲は、下記の「出題範囲の要旨」の全項目とし、「論文式試験を受験するために必要な知識を体系的に理解しているか否か」を客観的に判定する試験とする。論文式試験は、下記の「出題範囲の要旨」の網掛け部分を重点的に出題する範囲とし、「公認会計士になろうとする者に必要な学識及び応用能力」を最終的に判定する試験とすべく、「特に、受験者が思考力、判断力、応用能力、論述力等を有するかどうか」に評価の重点を置く。

1．財務会計の意義と機能
　(1) 財務会計の意義
　(2) 財務会計の機能
　　　情報提供機能　利害調整機能
2．財務会計の基礎概念
　(1) 会計公準
　　　企業実体の公準　会計期間の公準　貨幣的測定の公準
　(2) 会計主体論
　　　資本主理論　企業実体理論
　(3) 利益概念
　　　当期業績主義と包括主義　現金主義会計と発生主義会計　財産法と損益法　資産負債アプローチと収益費用アプローチ　純利益と包括利益　資本維持論　資産評価と利益計算
　(4) 概念フレームワーク
　　　財務報告の目的　会計情報の質的特性　財務諸表の構成要素　財務諸表における認識と測定
3．複式簿記の基本原理
　(1) 取引と仕訳
　(2) 勘定記入
　(3) 帳簿組織
　(4) 決算手続
　(5) 本支店会計
4．企業会計制度と会計基準
　(1) 会社法会計
　(2) 金融商品取引法会計
　(3) 会計基準
　　　企業会計原則とその一般原則　企業会計基準　会計基準の国際化
5．資産会計総論
　(1) 資産の意義
　　　定義　認識
　(2) 資産の分類
　　　流動資産と固定資産　貨幣性資産と費用性資産　金融資産と事業資産
　(3) 資産の評価
　　　原価主義　時価主義　現在価値
　(4) 費用配分の原理
6．流動資産
　(1) 現金預金
　(2) 金銭債権
　(3) 有価証券
　(4) 棚卸資産
　　　棚卸資産の範囲　取得原価の決定　棚卸計算法と継続記録法　払出原価の計算方法　期末評価
　(5) その他の流動資産
7．固定資産
　(1) 固定資産総論
　　　意義　分類
　(2) 有形固定資産
　　　取得原価の決定　減価償却の方法　個別償却と総合償却　減価償却と取替法　臨時償却と減損　圧縮記帳
　(3) 無形固定資産
　　　取得原価の決定　償却
　(4) 投資その他の資産
　　　投資有価証券　投資不動産　長期前払費用

8．負債
　⑴　負債の意義
　　　定義　認識　偶発債務
　⑵　負債の分類
　　　流動負債と固定負債　法的債務と会計的負債
　⑶　負債の評価
9．繰延資産と引当金
　⑴　繰延資産の意義
　⑵　繰延資産各論
　　　創立費　開業費　開発費　株式交付費　社債発行費等
　⑶　引当金の意義
　⑷　引当金各論
　　　製品保証引当金　退職給付引当金　売上割戻引当金　返品調整引当金　修繕引当金　債務保証損失引当金
10．純資産
　⑴　純資産の意義
　⑵　純資産の分類
　　　株主資本　評価・換算差額等　新株予約権
　⑶　株主資本
　　　資本金　資本剰余金　利益剰余金　自己株式　剰余金の配当等
　⑷　評価・換算差額等
　　　その他有価証券評価差額金　繰延ヘッジ損益
　⑸　新株予約権
11．収益と費用
　⑴　収益と費用の意義
　⑵　収益と費用の分類
　　　経常損益と特別損益　法人税等
　⑶　損益計算の原則
　　　発生主義　実現主義　費用収益の対応
　⑷　収益と費用の認識と測定
　　　売上収益の認識　委託販売　割賦販売　試用販売　予約販売　長期請負工事　時間基準　内部利益の控除　役員賞与
12．財務諸表
　⑴　財務諸表の体系
　⑵　貸借対照表
　　　貸借対照表の種類　棚卸法と誘導法　完全性　総額主義　区分表示　流動性配列と固定性配列　勘定式と報告式
　⑶　損益計算書
　　　総額表示　区分表示　勘定式と報告式
　⑷　株主資本等変動計算書
　⑸　キャッシュ・フロー計算書
　　　キャッシュ・フロー計算書の目的　利益とキャッシュ・フロー　資金概念　キャッシュ・フロー計算書の区分　直接法と間接法
　⑹　附属明細表
　⑺　注記
　　　会計方針　後発事象　偶発事象　時価情報　継続企業情報　1株当たり情報
　⑻　臨時計算書類
13．金融商品
　⑴　金融資産及び金融負債の意義
　⑵　金融資産及び金融負債の発生の認識
　⑶　金融資産及び金融負債の消滅の認識
　⑷　金融資産及び金融負債の評価
　　　金銭債権　有価証券　金銭債務
　⑸　複合金融商品
　　　区分法と一括法　新株予約権付社債
　⑹　デリバティブ
　　　先物　先渡　オプション　スワップ
　⑺　ヘッジ会計
　　　公正価値ヘッジとキャッシュ・フロー・ヘッジ　時価ヘッジ会計と繰延ヘッジ会計
　⑻　注記
14．ストック・オプション等
　⑴　ストック・オプションの意義
　⑵　ストック・オプションの会計処理
　　　公正な評価単位　権利付与　権利確定　権利行使　失効　条件変更
　⑶　財務諸表における表示と注記
15．リース
　⑴　リース取引の意義
　⑵　リース取引の分類
　　　ファイナンス・リース取引　オペレーティング・リース取引
　⑶　ファイナンス・リース取引の会計処理
　　　借手側の会計処理　貸手側の会計処理
　⑷　オペレーティング・リース取引の会計処理
　　　借手側の会計処理　貸手側の会計処理
　⑸　注記
16．退職給付
　⑴　退職給付の意義
　　　退職一時金　退職年金
　⑵　退職給付会計の仕組み
　　　現金主義と発生主義　退職給付債務と年金資産　勤務費用・利息費用・期待運用収益
　⑶　退職給付費用と退職給付引当金の計算方法
　⑷　貸借対照表における表示
　　　退職給付引当金　前払年金費用
　⑸　過去勤務債務と保険数理計算上の差異の会計処理
　⑹　注記
17．研究開発費とソフトウェア
　⑴　研究開発費とソフトウェアの意義

- (2) 研究開発費の会計処理
- (3) ソフトウェアの会計処理
　　受注制作　市場販売目的　自社利用　期末評価
- (4) 財務諸表における表示と注記
18. 固定資産の減損
- (1) 減損の意義
- (2) 減損の兆候と認識
- (3) 減損損失の測定
　　回収可能価額　使用価値　正味売却価額
- (4) 減損損失の配分
- (5) 資産のグルーピング
　　キャッシュ・フロー生成単位　共用資産　のれん
- (6) 財務諸表における表示と注記
19. 法人税等
- (1) 税金の意義と種類
　　所得課税　外形標準課税
- (2) 税効果会計の仕組み
　　税金の期間配分　繰延法　資産負債法
- (3) 一時差異等
　　一時差異　繰越欠損金等
- (4) 繰延税金資産及び繰延税金負債の認識と測定
- (5) 財務諸表における表示と注記
　　法人税等と法人税等調整額　繰延税金資産及び繰延税金負債の相殺表示　注記
20. 連結財務諸表
- (1) 連結財務諸表の意義と目的
　　親会社説と経済的単一体説　少数株主持分
- (2) 連結の範囲
　　子会社　関連会社
- (3) 個別財務諸表の修正
　　会計処理の統一　子会社の資産及び負債の時価評価
- (4) 連結貸借対照表
　　投資と資本の相殺　のれん（連結調整勘定）　段階取得　子会社株式の一部売却　子会社増資　債権債務の相殺

- (5) 連結損益計算書
　　内部取引高の相殺消去　未実現利益の消去　税効果会計
- (6) 持分法
- (7) 連結株主資本等変動計算書
- (8) 連結キャッシュ・フロー計算書
- (9) 注記
　　関連当事者間取引の開示　セグメント情報の開示
21. 企業結合と事業分離
- (1) 企業結合の意義
- (2) パーチェス法と持分プーリング法の判定基準
- (3) パーチェス法による会計処理
　　時価評価　のれん　資本構成
- (4) 持分プーリング法による会計処理
- (5) 共通支配下の企業結合
- (6) 事業分離の会計処理
- (7) 注記
22. 外貨換算
- (1) 外貨換算の意義
- (2) 外貨建取引の換算
- (3) 外貨建資産・負債の換算
　　外貨建金銭債権債務　外貨建有価証券　換算差額の処理
- (4) 外貨建財務諸表の換算
　　換算方法　換算差額の処理
- (5) 在外支店の財務諸表項目の換算
　　資産・負債の換算　収益・費用の換算　換算差額の処理
- (6) 在外子会社等の財務諸表項目の換算
　　資産・負債の換算　収益・費用の換算　換算差額の処理
- (7) 注記
23. 中間財務諸表
- (1) 中間財務諸表の意義と種類
　　半期報告書　四半期報告書　中間連結財務諸表
- (2) 中間財務諸表の目的と作成方法
　　実績主義　予測主義
- (3) 中間財務諸表の注記

管理会計論

> 管理会計論の分野には、原価計算と管理会計が含まれている。原価計算は、材料、仕掛品及び製品等の棚卸資産評価並びに製品に関する売上原価の計算について出題する。また、管理会計は、利益管理、資金管理、戦略的マネジメント等を含み、会計情報等を利用して行う意思決定及び業績管理に関連する内容について出題する。

〔注意〕
　短答式試験の出題範囲は、下記の「出題範囲の要旨」の全項目とし、「論文式試験を受験するために必要な知識を体系的に理解しているか否か」を客観的に判定する試験とする。論文式試験は、下記の「出題範囲の要旨」の網掛け部分を重点的に出題する範囲とし、「公認会計士になろうとする者に必要な学識及び応用能力」を最終的に判定する試験とすべく、「特に、受験者が思

考力、判断力、応用能力、論述力等を有するかどうか」に評価の重点を置く。

I　製品原価計算に関する領域
　1．原価計算の基礎知識
　　⑴　原価計算の意義と目的
　　⑵　原価の意義と種類
　2．実際原価計算
　　⑴　費目別計算
　　⑵　部門別計算
　　⑶　製品別計算
　　⑷　単純個別原価計算と単純総合原価計算の流れ
　3．部門別計算
　　⑴　原価部門の意義
　　⑵　部門個別費と部門共通費
　　⑶　補助部門費の製造部門への配賦
　　⑷　単一基準配賦法と複数基準配賦法
　　⑸　実際配賦と予定配賦
　4．個別原価計算
　　⑴　製造直接費の直課
　　⑵　製造間接費の配賦
　　⑶　製造間接費の配賦基準
　　⑷　実際配賦と予定配賦
　　⑸　一括配賦と部門別配賦
　　⑹　仕損の処理
　5．活動基準原価計算（ABC）
　　⑴　活動基準原価計算の意義
　　⑵　活動基準原価計算の計算原理
　6．総合原価計算
　　⑴　月末仕掛品の評価
　　⑵　仕損・減損・作業屑の処理
　　⑶　工程別総合原価計算
　　⑷　組別総合原価計算
　　⑸　等級別総合原価計算
　7．その他の実際原価計算
　　⑴　連産品の原価計算
　　⑵　副産物等の処理と評価
　8．標準原価計算
　　⑴　標準原価計算の意義
　　⑵　標準原価と原価標準
　　⑶　標準原価差異の算定と分析
　9．直接原価計算
　　⑴　直接原価計算の意義
　　⑵　直接原価計算の計算原理

II　会計情報等を利用した意思決定及び業績管理に関する領域
　1．管理会計の基礎知識
　　⑴　管理会計の意義と目的
　　⑵　管理会計の領域
　2．財務情報分析
　　⑴　財務情報分析の意義と種類
　　⑵　収益性分析
　　⑶　安全性分析
　　⑷　生産性分析
　　⑸　成長性分析
　　⑹　キャッシュ・フロー分析
　3．バランスト・スコアカード
　　⑴　バランスト・スコアカードの意義
　　⑵　バランスト・スコアカードの構造
　　⑶　非財務指標を利用した業績評価
　4．短期利益計画のための管理会計
　　⑴　短期利益計画の意義
　　⑵　CVP分析
　　⑶　貢献利益アプローチ
　　⑷　原価態様と原価予測
　5．予算管理と責任会計
　　⑴　予算管理の意義と機能
　　⑵　予算編成と予算統制
　　⑶　責任会計
　6．資金管理とキャッシュ・フロー管理
　　⑴　資金管理の意義
　　⑵　運転資金の管理
　　⑶　現金資金の管理
　7．原価管理
　　⑴　原価企画の意義
　　⑵　原価企画のプロセス
　　⑶　原価改善の意義
　　⑷　原価維持の意義
　8．活動基準原価管理と活動基準予算
　　⑴　活動基準原価管理の意義
　　⑵　活動基準原価管理のプロセス
　　⑶　活動基準予算の意義
　9．生産・在庫管理と管理会計
　　⑴　JIT会計の意義
　　⑵　バックフラッシュ・コスティングの意義
　　⑶　スループット会計の意義
　　⑷　サプライ・チェーン管理会計の意義
　10．品質管理と管理会計
　　⑴　品質管理会計の意義
　　⑵　品質管理会計のプロセス
　11．差額原価収益分析
　　⑴　差額原価収益分析の意義
　　⑵　差額原価収益分析の手法
　12．設備投資の経済性計算
　　⑴　設備投資の経済性計算の意義
　　⑵　設備投資の経済性計算の手法
　　⑶　リアル・オプションの意義と概要
　13．分権組織とグループ経営の管理会計
　　⑴　分権化と管理会計
　　⑵　事業部制会計とカンパニー制会計
　　⑶　グループ経営のための管理会計
　　⑷　企業価値の評価

監 査 論

監査論の分野には、公認会計士又は監査法人(以下、公認会計士)による財務諸表の監査を中心とした理論、制度及び実務が含まれる。ただし、財務諸表の監査の制度的延長に中間財務諸表の監査、四半期財務諸表の四半期レビュー及び内部統制報告書の監査があり、さらに、より大きな概念枠としては保証業務があるので、これらも出題範囲とする。

また、企業会計審議会が公表する監査基準は公認会計士による監査の中心的規範として出題範囲となるが、あわせて監査基準の理解ないし解釈に必要な場合には、日本公認会計士協会の実務指針等も適宜出題範囲とする。さらに、公認会計士による財務諸表監査に係る諸基準や諸法令(金融商品取引法、会社法、公認会計士法、内閣府令等を含む。)に関する知識のみならず、それらの背景となる監査の理論や考え方、監査人としての職業倫理、関連概念やその他の監査制度(内部監査、監査役監査又は監査委員会監査など)の概要も、公認会計士による財務諸表の監査の性格を理解するうえで出題範囲とする。

〔注意〕
　短答式試験の出題範囲は、下記の「出題範囲の要旨」の全項目とし、「論文式試験を受験するために必要な知識を体系的に理解しているか否か」を客観的に判定する試験とする。論文式試験は、下記の「出題範囲の要旨」の網掛け部分を重点的に出題する範囲とし、「公認会計士になろうとする者に必要な学識及び応用能力」を最終的に判定する試験とすべく、「特に、受験者が思考力、判断力、応用能力、論述力等を有するかどうか」に評価の重点を置く。

1．公認会計士監査の基礎概念
　(1) 公認会計士監査の意義
　　① 公認会計士監査の定義
　　② 公認会計士監査と周辺概念
　　③ 二重責任の原則の意義
　　④ 公認会計士監査をめぐる基礎的理論
　(2) 公認会計士監査の役割と機能
　　① 監査基準における監査の目的
　　② 不正発見に対する公認会計士監査の役割と機能及び限界
　　③ 虚偽表示の発見に対する公認会計士監査の役割と機能及び限界
　(3) 監査人としての要件及び職業倫理
　　① 監査基準及び公認会計士法等に定める人的資質(職業資格、専門的能力、実務経験)
　　② 監査人としての適格性要件の概念(公正不偏性、独立性、職業的懐疑心、守秘義務等)の意義および内容
　　③ 監査人が保持すべき倫理上の要件（日本公認会計士協会の倫理規則等を中心に。）
　(4) 公認会計士監査制度の意義
　　① 公認会計士監査とコーポレート・ガバナンスとの関係
　　② 資本市場における財務内容開示制度と公認会計士監査制度との関係（監査制度の変遷も含む。）
2．公認会計士法
　(1) 公認会計士法の意義と体系
　(2) 公認会計士制度
　(3) 公認会計士の義務と責任
　(4) 監査法人制度の意義と内容
　(5) 公認会計士・監査審査会の目的と役割

3．金融商品取引法監査制度
　(1) 金融商品取引法監査制度の意義と目的
　(2) 有価証券届出書・目論見書の開示制度と公認会計士監査制度との関係
　(3) 有価証券報告書・四半期報告書の開示制度と公認会計士監査制度との関係
　(4) 金融商品取引法のもとでの監査人の権限と責任等
　(5) 監査証明府令に基づく監査人の監査報告書
4．会社法監査制度
　(1) 会社法監査制度の意義と目的
　(2) 会社法及び関係法令に基づく監査制度（監査役・監査役会・監査委員会制度も含む。）
　(3) 会社法及び関係法令に基づく会計監査人の権限と責任等
　(4) 会社法及び関係法令に基づく会計監査人の監査報告書
5．財務情報等に係る保証業務
　(1) 保証業務の意義と定義
　(2) 保証業務の要素
　　① 保証業務の当事者
　　② 保証業務の主題
　　③ 保証業務の規準
　　④ 保証業務の証拠
　　⑤ 保証業務の報告書
6．監査基準（監査基準の意義、および一般基準関係）
　(1) 監査基準の意義
　　① 監査基準生成の歴史的経緯
　　② 監査制度における監査基準の意味と役割（監査基準の構成等も含む。）
　(2) 一般基準の内容

① 監査人としての専門的能力の保持とその向上を要請することの意義
② 公正不偏の態度と独立性の維持を要請することの意義
③ 監査人としての正当な注意の意義、及び監査において職業的懐疑心を保持することの意義
④ 不正・違法行為等に起因する虚偽の表示と監査人の責任との関係
⑤ 監査調書の意義と役割
⑥ 監査業務全般に係る監査事務所としての品質管理の意義
⑦ 個々の監査業務に係る品質管理の意義
⑧ 監査人が守秘義務に従うことの意義
7．監査基準（実施基準関係）
 (1) 基礎的諸概念
  ① 監査要点
  ② 監査証拠
  ③ 監査計画
  ④ 監査上の重要性
  ⑤ 試査
  ⑥ 内部統制
  ⑦ 監査リスク
  ⑧ 統制評価手続
  ⑨ 分析的手続
  ⑩ 実査・立会・確認・質問等の監査手続
  ⑪ 監査調書
  （その他、実施基準を理解する上で必要とされる基礎的な用語や概念を含む。）
 (2) 実施基準の内容
  ① リスク・アプローチに基づく監査実務の体系と性格、及び監査計画策定との関係
  ② 事業上のリスクを含む、企業の事業内容や経営環境を理解する目的と意義
  ③ 内部統制の評価と監査計画との関係
  ④ 監査要点に適合した監査証拠の入手の意味
  ⑤ 監査上の重要性と基準値の設定との関係
  ⑥ 重要な虚偽表示のリスク（固有リスク・統制リスク）の評価の方法
  ⑦ 財務諸表全体に関係する重要な虚偽表示のリスクの評価と対応
  ⑧ 発見リスクの決定と実証手続の選択・適用の意味
  ⑨ 不正及び誤謬による重要な虚偽表示の可能性の評価の意味
  ⑩ 会計上の見積りや収益の認識等、特別な検討を必要とするリスクの意味と監査リスクの評価との関係
  ⑪ 企業の情報技術が監査に及ぼす影響を検討する意味
  ⑫ 他の監査人の監査結果の利用の意義と監査意見との関係
  ⑬ 専門家の業務の利用の意義と監査意見との関係
  ⑭ 内部監査の理解とその利用の意味
  ⑮ 経営者ならびに監査役（あるいは監査委員会）とのコミュニケーションの意義と目的
  ⑯ 経営者による確認書を入手する意義と目的
  ⑰ 継続企業の前提に関する疑義を検討する意味
8．監査基準（報告基準関係）
 (1) 基礎的諸概念
  ① 適正性判断の意義と内容
  ② 監査報告書の性格と機能
  ③ 監査意見と監査証拠及び合理的基礎の関係等
  （その他、報告基準を理解する上で必要とされる基礎的な用語や概念を含む。）
 (2) 報告基準の内容
  ① 監査報告書の標準的書式と記載事項の意味
  ② 適正意見（適正であること）の意味
  ③ 監査意見の種々の形態と記載方法
  ④ 意見に関する除外事項の意味
  ⑤ 監査範囲に関する除外事項の意味
  ⑥ 継続企業の前提に関する疑義の存在と監査意見の関係
  ⑦ 追記情報の意義と役割（後発事象、偶発事象、会計方針の変更などの概念と意味を含む。）
  ⑧ 意見表明に関する審査の必要性
9．財務報告に係る内部統制監査の基準
 (1) 制度化の背景と基本的枠組み
 (2) 財務報告に係る内部統制の監査
  ① 内部統制監査の目的
  ② 内部統制監査と財務諸表監査との関係
  ③ 内部統制監査の実施
  ④ 監査人の報告
10．中間監査基準
 (1) 中間監査の意義及び目的
 (2) 実施基準
  ① 中間監査リスクと財務諸表の監査に係る監査リスクとの関係
  ② 中間監査における重要性の考え方
  ③ 中間監査の監査手続の内容
 (3) 報告基準
  ① 中間財務諸表が有用に表示している旨の意見の意味
  ② 中間監査報告書の標準的書式と記載

　　　　事項の意味
　　③　中間監査に係る意見の種々の形態と記載方法
　　④　継続企業の前提に関する疑義の存在と中間監査手続及び意見の関係
　　⑤　中間監査に係る追記情報（後発事象、偶発事象、会計方針の変更などの概念と意味も含む。）の意義と役割
11．四半期レビュー基準
　(1)　四半期レビュー制度化の背景と意義
　(2)　四半期レビューの目的
　(3)　実施基準
　　①　四半期レビュー計画
　　②　四半期レビュー手続
　　③　追加的手続
　　④　その他
　(4)　報告基準

①　四半期レビュー報告書
②　四半期レビューの結論
③　継続企業の前提
④　その他
12．品質管理基準
　(1)　品質管理基準の意義と体系
　(2)　品質管理の目的
　(3)　品質管理のシステムの構成
　　①　責任、職業倫理及び独立性
　　②　監査契約の新規の締結と更新
　　③　監査実施者の採用・教育・訓練・評価及び選任
　　④　業務の実施
　　⑤　品質管理のシステムの監視
　(4)　監査事務所間の引継
　(5)　共同監査

企　業　法

　企業法の分野には、会社法、商法（海商並びに手形及び小切手に関する部分を除く。）、金融商品取引法（企業内容等の開示に関する部分に限る。）及び監査を受けるべきこととされている組合その他の組織に関する法が含まれる。
　会社法に関しては、会社法の全体を出題範囲とする。
　商法に関しては、同法第１編（総則）及び第２編（商行為）を中心として出題する。
　金融商品取引法については、企業内容等の開示に関する同法第２章を中心として出題する。ただし、特定有価証券に関する部分は、当分の間、出題範囲から除外する。同法第１章（総則）及び監査証明並びに開示に関する民事責任、刑事責任及び行政処分（課徴金制度を含む。）は、出題範囲とする。さらに、同法第２章の２（公開買付けに関する開示）、第２章の３（株券等の大量保有の状況に関する開示）及び第２章の４（開示用電子情報処理組織に関する手続の特例等）についても、出題の範囲とする。
　監査を受けるべきこととされている組合その他の組織に関する法については、当分の間、出題範囲から除外する。

〔注意〕
　　短答式試験の出題範囲は、下記の「出題範囲の要旨」の全項目とし、「論文式試験を受験するために必要な知識を体系的に理解しているか否か」を客観的に判定する試験とする。論文式試験は、下記の「出題範囲の要旨」の網掛け部分を重点的に出題する範囲とし、「公認会計士になろうとする者に必要な学識及び応用能力」を最終的に判定する試験とすべく、「特に、受験者が思考力、判断力、応用能力、論述力等を有するかどうか」に評価の重点を置く。

１．会社法
　(1)　総論・総則
　　会社の意義　会社の種類　会社の法人性　会社の能力　法人格否認の法理　会社法通則　会社の商号　会社の使用人　会社の代理商　事業譲渡の場合の競業禁止等
　(2)　株式会社の設立
　　設立の手続　健全な会社設立の確保　発起設立　募集設立　発起人等の責任
　(3)　株式・新株予約権
　　株式の意義　株式の内容・種類　株主名簿　株式の譲渡・担保化　自己株式の取得　株式の併合　株式の分割　株式の

無償割当て　株式の単位・単元株　募集株式の発行　株券　新株予約権の意義　新株予約権の発行　新株予約権原簿　新株予約権の譲渡・担保化、自己新株予約権の取得　新株予約権の無償割当て　新株予約権の行使　新株予約権に係る証券
　(4)　株式会社の機関
　　機関の意義　株主総会　種類株主総会　株主総会以外の機関の設置　株主総会の招集　株主総会決議の瑕疵　役員・会計監査人の選任・解任　取締役　取締役会　会計参与　監査役　監査役会　会計監査人　委員会設置会社　執行役

役員等の責任
(5) 株式会社の計算等
　　　会計の原則　会計帳簿　計算書類　資本金　準備金　剰余金の配当
(6) 株式会社の基礎的変更
　　　定款の変更　事業の譲渡等　解散　清算
(7) 持分会社
　　　設立　社員　管理　社員の加入・退社　計算等　定款の変更　解散　清算
(8) 社債
　　　社債の意義　社債の発行　社債権者の権利　社債の流通　社債管理者　社債権者集会
(9) 組織変更・組織再編等
　　　組織変更　合併　会社分割　株式交換・株式移転　組織変更・組織再編の手続
(10) 外国会社
(11) 会社の解散命令等
(12) 会社の訴訟・非訟
(13) 会社の登記・公告
(14) 罰則
2．商法
(1) 総則
　　　通則　商人　商業登記　商号　商業帳簿　商業使用人　代理商
(2) 商行為
　　　総則　売買　交互計算　匿名組合　仲立営業　問屋営業　運送取扱営業　運送営業　寄託　保険
3．金融商品取引法
(1) 総則
(2) 企業内容等の開示
(3) 公開買付けに関する開示
(4) 株券等の大量保有の状況に関する開示
(5) 開示用電子情報処理組織による手続の特例等
(6) 開示に関する責任
　　　民事責任　刑事責任　行政処分

租　税　法

　租税法の分野には、租税法総論及び法人税法、所得税法などの租税実体法が含まれる。
　租税実体法については、法人税法を中心として、所得税法、消費税法の構造的理解を問う基礎的出題とする。また必要に応じ、これらに関連する租税特別措置法、並びに法令の解釈・適用に関する実務上の取り扱いを問う。ただし、国際課税については、外国税額控除のみを問うものとする。例えば、非居住者の所得に関連する事項、タックスヘイブン税制、移転価格税制、過少資本税制は出題範囲から除外する。さらに、組織再編成に関する税制及び連結納税制度については、当分の間、出題範囲から除外する。
　また、相続税法、租税手続法、租税訴訟法及び租税罰則法については、当分の間、出題範囲から除外する。

1．租税法総論
(1) 租税法の基本原則
　　　租税法律主義　租税公平主義
(2) 租税法の解釈と適用
　　　租税法と私法　租税回避　信義則　仮装行為
2．法人税法
(1) 納税義務者
(2) 課税所得の計算
　① 課税所得の計算と企業会計
　　　課税所得の計算と企業会計の関係　確定決算主義
　② 資本等取引
　③ 益金の額の計算
　　　資産の販売　資産の譲渡または役務の提供　無償取引　受取配当金　資産の評価益　など
　④ 損金の額の計算
　　　売上原価　販売費及び一般管理費　損失　資産の評価損　給与等　保険料　寄付金　交際費　租税公課　貸倒損失　圧縮記帳　引当金・準備金　など
　⑤ 特殊取引等
　　　長期割賦販売　長期請負工事　リース　有価証券の時価評価損益　デリバティブ取引　外貨建取引の換算　ストックオプション　ヘッジ処理　など
(3) 同族会社
　　　同族会社の判定　同族会社の行為計算の否認　留保金課税
(4) 欠損金と税額の計算
　　　欠損金の取扱い　税額控除（外国税額控除を含む。）　税額計算の手順
(5) 申告
　　　青色申告　更正と決定　清算所得の申告
(6) 納税・還付等
3．所得税法
(1) 納税義務者と課税所得の範囲
(2) 各種所得の帰属と金額の計算

利子所得　配当所得　不動産所得　事
　　　業所得　給与所得　退職所得　山林所
　　　得　譲渡所得　一時所得　雑所得
　(3)　損益通算と損失の繰越控除
　(4)　所得控除
　(5)　税額の計算
　(6)　申告・納税・還付等
　(7)　源泉徴収

４．消費税法
　(1)　課税の対象と課税期間
　　　課税業者　非課税業者
　(2)　納税義務者
　(3)　課税標準と税率
　(4)　税額控除等
　(5)　申告・納税・還付等

経　営　学

経営学の分野には、経営管理と財務管理が含まれる。経営管理は、経営管理の基礎及び経営管理の個別領域のうち、経営戦略、経営計画、経営組織、動機づけ・リーダーシップ、経営統制を出題範囲とする。また、財務管理については、資本調達形態、投資決定、資本コスト、資本構成、配当政策、運転資本管理、企業評価と財務分析、資産選択と資本市場、デリバティブを出題範囲とする。なお、生産管理、販売管理及び労務・人事管理は、当分の間、出題範囲に含めない。

Ⅰ　経営管理
１．経営管理の基礎
　(1)　管理過程としての経営管理
　(2)　全般的経営管理
　(3)　トップ・マネジメントの役割
　(4)　トップ・マネジメントのリーダーシップ
　(5)　経営（企業）理念
　(6)　日本の経営管理
　(7)　グローバル経営管理
２．経営戦略
　(1)　企業戦略
　(2)　多角化戦略
　(3)　事業戦略（競争戦略）
　(4)　製品戦略（マーケティング戦略）
　(5)　垂直統合戦略
　(6)　グローバル戦略
　(7)　合併・買収（M&A）戦略
　(8)　戦略的提携
　(9)　技術経営（MOT）
３．経営計画
　(1)　経営戦略と経営計画
　(2)　経営計画（長期・中期・短期等）
４．経営組織
　(1)　経営戦略と経営組織
　(2)　組織目標
　(3)　組織構造（形態）と組織デザイン
　(4)　組織と環境
　(5)　組織の成長（発展）と組織革新
　(6)　組織学習
　(7)　組織（企業）文化
　(8)　組織間関係
５．動機づけ・リーダーシップ
　(1)　組織均衡
　(2)　動機づけ（モチベーション）
　(3)　ミドル・現場リーダーのリーダーシップ

６．経営統制
　(1)　内部統制と外部統制
　(2)　コーポレート・ガバナンス
　(3)　企業の社会的責任
Ⅱ　財務管理
１．資本調達形態
　(1)　株主資本調達
　(2)　負債による資金調達
　(3)　新株予約権の利用
２．投資決定
　(1)　投資とキャッシュ・フロー
　(2)　投資案の評価方法
　(3)　税制の影響
　(4)　リアル・オプションと投資決定
３．資本コスト
　(1)　源泉別資本コスト
　(2)　加重平均資本コスト
　(3)　税制の影響
４．資本構成
　(1)　レバレッジ効果と財務リスク
　(2)　資本構成と企業価値－MM理論
　(3)　資本構成に影響する要因
　(4)　企業価値とガバナンス
５．配当政策
　(1)　配当と企業価値－MM理論
　(2)　情報の非対称性、市場の不完全性と配当政策
　(3)　自社株取得
６．運転資本管理
　(1)　流動資産管理
　(2)　流動負債管理
　(3)　デリバティブの利用
７．企業評価と財務分析
　(1)　収益性分析
　(2)　成長性分析
　(3)　キャッシュ・フロー分析
　(4)　安全性分析

8．資産選択と資本市場
  (1) 最適ポートフォリオ選択
  (2) 資本資産評価モデル（CAPM）
  (3) マルチファクター・モデル
9．デリバティブ
  (1) 先渡しと先物
  (2) オプション
  (3) スワップ取引
  (4) クレジット・デリバティブ

経 済 学

経済学の分野には、ミクロ経済学とマクロ経済学が含まれる。基礎的な理論の理解を確認した上で、応用力を問う。

Ⅰ　ミクロ経済学
 1．市場と需要・供給
  (1) 需要曲線と供給曲線
  (2) 市場均衡
  (3) 比較静学
  (4) 均衡の安定性
  (5) 価格弾力性
 2．消費者と需要
  (1) 無差別曲線
  (2) 限界代替率
  (3) 代替財・補完財
  (4) 効用最大化
  (5) 上級財・下級財
  (6) 奢侈品・必需品
  (7) 所得弾力性
  (8) ギッフェン財
  (9) 所得効果と代替効果
 3．企業と生産関数・費用関数
  (1) 限界費用
  (2) 平均費用
  (3) 利潤最大化
  (4) 損益分岐点・操業停止点
  (5) 限界生産物・平均生産物
  (6) 生産要素の需要
 4．市場の長期供給曲線
  (1) 短期と長期の費用曲線
  (2) 規模に関する収穫
  (3) 産業の長期均衡
  (4) 費用一定産業・費用低減産業・費用逓増産業
 5．完全競争市場
  (1) 完全競争の条件
  (2) 一般均衡モデル
 6．厚生経済学
  (1) 消費者余剰と生産者余剰
  (2) 課税の効果
  (3) パレート最適
  (4) 厚生経済学の基本定理
 7．不完全競争市場
  (1) 市場構造の分類
  (2) 限界収入
  (3) 独占企業の利潤最大化
  (4) 独占度
  (5) 自然独占
  (6) 複占モデル
  (7) 独占的競争
 8．市場の失敗
  (1) 外部性
  (2) 公共財
 9．不確実性と情報
  (1) レモン市場
  (2) モラルハザード
  (3) 逆選択
 10．ゲーム理論
  (1) 囚人のジレンマ
  (2) ナッシュ均衡
  (3) 展開型ゲーム（ゲームの樹）
 11．異時点間の資源配分
  (1) ２期間の貯蓄と消費の選択
  (2) 割引現在価値
  (3) 時間選好率
 12．国際貿易
  (1) リカード・モデル
  (2) ヘクシャー＝オリーン・モデル
  (3) 関税の効果

Ⅱ　マクロ経済学
 1．国民所得
  (1) GDP統計
  (2) 三面等価の原則
  (3) 名目値と実質値
  (4) 物価指数
  (5) 産業連関表
 2．国民所得の決定
  (1) 有効需要の原理
  (2) 45度線モデル
  (3) 乗数効果（政府支出乗数、租税乗数、均衡予算乗数の定理）
  (4) インフレギャップ・デフレギャップ
 3．IS-LMモデル
  (1) IS-LMモデル
  (2) 国民所得と利子率の決定
  (3) 財政政策の効果
  (4) クラウディング・アウト
  (5) 金融政策の効果
  (6) 流動性のワナ

4．消費と貯蓄の理論
　(1) 限界消費性向と平均消費性向
　(2) 消費関数（ケインズ型消費関数、恒常所得仮説、ライフサイクル仮説　等）
　(3) 流動性制約
　(4) 日本の貯蓄率
　(5) 遺産動機
5．貨幣需要と貨幣供給
　(1) 貨幣の機能
　(2) 貨幣の概念
　(3) 貨幣数量説
　(4) 流動性選好理論
　(5) マネーサプライ・ハイパワードマネー
　(6) 金融政策の手段
6．投資理論
　(1) 資本の限界効率
　(2) 資本の使用者費用
　(3) 資本ストック調整原理
　(4) トービンのQ
　(5) 流動性制約と投資
　(6) 在庫投資
7．労働市場
　(1) ケインズの失業理論（名目賃金の硬直性、非自発的失業）
　(2) 古典派の雇用理論
　(3) 摩擦的失業
　(4) 日本の失業率
8．経済政策の有効性
　(1) 総需要曲線
　(2) 総供給曲線
　(3) 物価水準の決定
　(4) 景気循環の考え方
　(5) ルーカス批判
　(6) ルールと裁量
　(7) 財政赤字と国債
　(8) リカードの等価定理
9．インフレーションと期待
　(1) フィリップス曲線
　(2) 合理的期待形成仮説
　(3) 適応的期待形成仮説
　(4) 財政金融政策の効果
　(5) インフレのコスト
　(6) デフレのコスト
10．経済成長理論
　(1) 均衡成長の条件
　(2) 新古典派経済成長モデル
　(3) 技術進歩
　(4) 黄金律
　(5) 成長会計
11．国際収支
　(1) 国際収支表
　(2) 為替レートの決定
　(3) アブソープション・アプローチ
　(4) ISバランス・アプローチ
12．国際マクロ
　(1) 海外部門を考慮した45度線モデル
　(2) マンデル＝フレミング・モデル
　(3) 財政・金融政策の効果
　(4) 購買力平価説

民　　法

　民法の分野には、(1)取引の主体に関する諸規定を定めた領域（法人等）、取引の効力や代理に関する諸規定を定めた領域（法律行為）などを含む民法典の総則の部分、(2)物の帰属（所有権）や移動（物権変動）に関する諸規定等を定めた領域及び債権担保を目的とした担保物権を定める領域を含む物権法の部分、(3)取引上生じる債権や債務に関する諸規定を定めた領域、契約に関する規定を定める領域及び不法行為に代表される法定債権関係（事務管理・不当利得・不法行為）を定める領域を含む債権法の部分が含まれる。
　これらの財産法（民法第1編［総則］、同第2編［物権］、同第3編［債権］）及び関連する特別法を出題範囲とする。関連する特別法とは、当分の間、借地借家法、消費者契約法、利息制限法、仮登記担保契約に関する法律とする。
　なお、家族法すなわち家族関係に固有の法領域（民法第4編［親族］、同5編［相続］）については、当分の間、出題範囲から除外する。

1．民法総論
　(1) 民法における基本原則
　　　私的自治の原則　所有権絶対の原則　過失責任主義
　(2) 民法と一般条項
　　　信義誠実の原則　公共の福祉　権利濫用の禁止
2．民法総則
　(1) 取引の主体に関する諸規定を定めた領域（法人等）
　　　法人の種類　権利能力なき社団・財団　法人の権利能力・行為能力　法人の不法行為能力
　(2) 法律行為の有効・無効に関する諸規定を定めた領域(法律行為)
　　　心裡留保　虚偽表示　錯誤　詐欺・強迫
　(3) 代理制度
　　　代理の種類　自己契約と双方代理　表

見代理　無権代理
(4) 条件・期限
　　　条件の種類　期限の種類　期限の利益
　　　とその喪失
(5) 権利行使の時間的制限（時効制度）
　　　時効の存在意義　時効の援用　時効の
　　　中断　取得時効　消滅時効　除斥期間
3. 物権・担保物権
(1) 物権の変動
　　　物権法定主義　物権の変動と対抗要件
　　　登記制度
(2) 占有権・所有権
　　　占有権の意義　即時取得　占有訴権
　　　所有権の内容　所有権の効力（物権的請
　　　求権）　所有権の取得　共有
(3) 用益物権
　　　地上権　地役権
(4) 法定担保物権
　　　留置権　先取特権（一般の先取特権、動
　　　産の先取特権、不動産の先取特権）
(5) 約定担保物権
　　　質権（不動産質、動産質、債権質）　抵
　　　当権・根抵当権
(6) 非典型担保
　　　譲渡担保　仮登記担保
4. 債権
(1) 債権の種類
　　　特定物債権　種類債権　金銭債権　選
　　　択債権
(2) 債権の効力（債務不履行責任等）
　　　債務不履行の種類（履行遅滞、履行不能、
　　　不完全履行）　受領遅滞　履行の強制
　　　債務不履行による損害賠償　損害賠償
　　　の範囲　過失相殺　金銭債務の特則
　　　賠償額の予定
(3) 債権者代位権・詐害行為取消権
　　　債権者代位権　詐害行為取消権
5. 多数当事者の債権・債務

(1) 分割債権・分割債務
(2) 不可分債権・不可分債務
(3) 連帯債務
　　　連帯債務の意義　連帯債務における絶
　　　対的効力と相対的効力
(4) 保証・連帯保証
　　　保証契約　連帯保証契約　貸金等根保
　　　証契約
(5) 債権譲渡
6. 債権の消滅
(1) 弁済・代物弁済
(2) 弁済による代位
(3) 相殺
(4) 更改・免除
7. 契約
(1) 契約の成立
(2) 契約の効力
　　　同時履行の抗弁権　危険負担　第三者
　　　のためにする契約
(3) 契約の解除
　　　履行遅滞と解除　履行不能と解除　不
　　　完全履行と解除　継続的契約の解除（告
　　　知）　解除の効果
(4) 典型契約
　　　贈与　売買　交換　消費貸借　使用貸
　　　借　賃貸借　雇用　請負　委任　寄託
　　　組合　終身定期金　和解
8. 法定債権関係
(1) 事務管理
(2) 不当利得
(3) 不法行為
　　　故意過失　権利法益侵害　因果関係
　　　損害の発生　損害賠償の範囲　責任無
　　　能力者の監督義務者の責任　使用者責
　　　任　工作物責任　共同不法行為　過失
　　　相殺　不法行為に基づく損害賠償請求
　　　権の期間制限

統　計　学

統計学の分野には、記述統計とデータ解析、確率、推測統計、相関・回帰分析の基礎が含まれる。

Ⅰ　記述統計と確率
　1. 記述統計
　　(1) 度数分布表とヒストグラム
　　(2) 平均、中央値、最頻値などの位置の尺
　　　　度
　　(3) 分散、標準偏差、変動係数、分位点
　　(4) 散布図、共分散、相関係数
　　(5) ローレンツ曲線、ジニ係数
　　(6) 時系列データと移動平均
　　(7) 価格指数、数量指数
　2. 確率

　　(1) 事象と確率空間
　　(2) 同時確率、周辺確率、条件付確率
　　(3) 事象の独立性
　　(4) ベイズの定理
　　(5) 基本的な確率の計算
　3. 確率分布と期待値
　　(1) 離散型確率変数と連続型確率変数
　　(2) 確率関数、確率密度関数、分布関数
　　(3) 同時分布、周辺分布、条件付分布
　　(4) 期待値と積率（モーメント）
　　(5) 確率変数の独立性

(6) 分散、標準偏差、歪度、尖度
  (7) 共分散と相関係数
  (8) 条件付期待値、条件付分散・共分散
  (9) 事前分布と事後分布
 4．さまざまな確率分布
  (1) 二項分布
  (2) 超幾何分布、ポアソン分布などの離散分布
  (3) 正規分布
  (4) カイ二乗分布、t 分布、F 分布
  (5) 指数分布、ガンマ分布、ベータ分布
  (6) 対数正規分布など、その他の連続分布

II 推測統計・変数間の関係
 1．母集団と標本
  (1) 有限母集団と無限母集団
  (2) 復元抽出と非復元抽出
  (3) 層別抽出、多段抽出などの抽出法
  (4) 標本誤差と非標本誤差
  (5) 大数の法則
  (6) 中心極限定理
  (7) 実験計画の考え方
 2．推定
  (1) 統計量、推定量
  (2) 不偏性、一致性
  (3) 漸近正規性
  (4) 最良（線形）不偏推定量
  (5) 頑健な推定量

  (6) ベイズ決定理論
 3．区間推定
  (1) 信頼係数と信頼区間
  (2) 平均に関する区間推定
  (3) 比率に関する区間推定
  (4) 分散に関する区間推定
 4．仮説検定
  (1) 帰無仮説と対立仮説、二種類の過誤
  (2) 有意水準、P 値
  (3) 片側検定と両側検定
  (4) 平均に関する検定
  (5) 比率に関する検定
  (6) 分散の検定
  (7) 分散比の検定
  (8) 分割表におけるカイ二乗検定
 5．相関係数と回帰分析
  (1) 無相関性の検定
  (2) 回帰モデル（単回帰と重回帰）
  (3) 最小二乗法とガウス・マルコフの定理
  (4) 外れ値と頑健な推定法
  (5) 回帰係数の有意性検定（t 検定、F 検定）
  (6) 決定係数、重相関係数、共線性
  (7) 1 元・2 元配置分散分析と F 検定
  (8) 共分散分析とダミー変数
  (9) 誤差項の系列相関、ダービン・ワトソン検定
  (10) 時系列モデル、ランダム・ウォーク

索　引

あ

意見表明拒否 …………………………… 202
意思決定有用性アプローチ …………… 30
委託受託関係 …………………………… 24
委託販売 ………………………………… 89
一年基準 ………………………………… 43
一般に公正妥当と認められた会計基準 … 29

英米式決算法 …………………………… 143
営利性 …………………………………… 209
エージェンシーコスト ………………… 25

か

会計監査人 ……………………………… 198
会計期間 ………………………………… 24
会計期間の公準 ………………………… 56
会計業務 ………………………………… 268
会計公準 ………………………………… 54
会計参与 ………………………………… 249
会計情報の質的特性 …………………… 61
会計責任 ………………………………… 190
会計専門職 ………… 268, 271, 278, 296
会社 ……………………………… 208, 209
会社分割 ………………………………… 262
会社法 …………………………… 195, 196
会社法監査制度 ………………………… 199
概念フレームワーク …………………… 60
確定納付 ………………………………… 124
加工進捗度 ……………………………… 168
加工費 …………………………………… 167
割賦販売 ………………………………… 96
株式移転 ………………………………… 263
株式会社 ………………………………… 213
株式交換 ………………………………… 263
株式譲渡自由の原則 …………………… 225
株式制度 ………………………………… 214

株式の譲渡方法 ………………………… 228
株主総会 ………………………………… 238
株主代表訴訟 …………………………… 256
株主による違法行為差止め請求権 …… 257
株主平等の原則 ………………………… 224
株主名簿 ………………………………… 229
株主有限責任の原則 …………………… 214
貨幣的測定の公準 ……………………… 55
貨幣的評価の公準 ……………………… 55
監査委員会 ……………………………… 252
監査意見 ………………………………… 201
監査証明業務 …………………………… 268
監査法人 ………………………………… 198
監査役 …………………………………… 197
勘定記入のルール ……………………… 74
完成品換算量 …………………………… 168
管理会計 ………………………………… 26, 157

機関 ……………………………………… 235
期間原価 ………………………………… 182
機関設計 ………………………………… 236
期間損益計算 …………………………… 43, 53
期間的対応 ……………………………… 35, 43
企業実体の公準 ………………………… 54
吸収合併 ………………………………… 260
吸収分割 ………………………………… 262
共益権 …………………………………… 223
競業避止義務 …………………………… 245
業務監査 ………………………………… 198
金商法監査 ……………………………… 196
金商法監査制度 ………………………… 198
金融商品取引法 ………………………… 195

偶発債務 ………………………………… 102, 104
繰越試算表 ……………………………… 145
繰延資産 ………………………………… 42

経営判断の原則	253
計算書類	202
継続企業の公準	56
継続性の原則	59
決算書	191
決算振替仕訳	140
決算本手続	127
決算予備手続	127
原価	44
原価計算	157
原価差異	173
減価償却	39, 42, 117
原価標準	172
原価法	45
現金主義	34
減損	50
限定事項	202
限定付適正意見	201
公開会社	232
合計残高試算表	128
合資会社	212
合同会社	213
公認会計士	197, 268, 269
公認会計士試験の出題範囲の要旨	15
合名会社	212
子会社株式	46
国際会計事務所	199
固定資産	42, 115
固定負債	42
個別原価計算	160
個別的対応	35, 43

さ

財務会計	26
財務諸表	24, 193
財務諸表における認識と測定	61
財務諸表の構成要素	61
財務報告の目的	61
残存価額	38
自益権	223
時価	45

時価法	45, 111
事業投資	49
事業の譲渡	259
自己株式の取得	227
資産	48
実現主義	34
執行役	252
実際原価計算	159
自発的開示	27
資本制度	214, 215
資本取引・損益取引区分の原則	58
指名委員会	252
社外監査役	200, 249
社債	233
収益	31, 32, 34, 36, 51
収益の繰延	106
収益の見越	106
重要性の原則	60
受託責任	24, 189, 190
取得原価	44, 49
純資産	48
償却原価法	113
上場企業	193
少数株主権	223
譲渡制限株式	226
試用販売	91
情報開示	27
情報の非対称性	193
剰余金区分の原則, 資本・利益区分の原則	58
仕訳	66
仕訳ルール	70
真実性の原則	57
新設合併	260
新設分割	262
正規の簿記の原則	58
精算表	131
正常営業循環期間	42
正常営業循環基準	42
制度会計	28, 30
制度開示	27
製品別計算	163

索引

税務業務	269
税務相談	270
税務代理	269
税理士	269, 270
責任の免除	254
設立登記	222
善管注意義務	245
全部原価計算	159
全部純資産直入法	112
操業度	180
総合原価計算	160
損益計算書	24

た

大会社	237
貸借一致（貸借平均）の原則	69
貸借対照表	24
代表執行役	252
代表取締役	244
耐用年数	39
単一性の原則	59
単独株主権	223
中間納付	124
忠実義務	245
直課	164
通貨代用証券	77
低価法	45
定款	217, 218
ディスクロージャー	27
手形の裏書譲渡	103
手形の不渡り	103
適格性	200
適正性	201
適正な期間損益計算	32, 105
転記	66, 71
投資家	26
投資者	26
投資その他の資産	115

投資の成果	48
投資のポジション	48, 53
特殊決議	241
特別決議	240
独立性	199
取締役	242
取締役会	243
取締役の報酬	246

な

任意開示	27
任務懈怠責任	253

は

売買目的有価証券	46
配賦	164
発生主義	34, 37
発生主義会計	43, 107
引当金	40
引当損（引当金繰入）	40
備忘記録	93, 97, 102, 104
費目別計算	163
費用	31, 36, 37
評価損益	45
費用収益対応の原則	32, 43
標準原価計算	159
費用と収益の対応	104
費用の繰延	106
費用の見越	106
費用配分の原則	37, 43
複式簿記	68
負債	48
普通決議	240
不適正意見	201
部分原価計算	159
部分純資産直入法	112
不利差異	174
報酬委員会	252
法人税等	124
募集株式	231

315

保守主義の原則 …………………… 59
発起人 ……………………………… 218

ま

マネージメント・コンサルティング・
　サービス ………………………… 269
満期保有目的の債券 ……………… 46

未着品販売 ………………………… 86

無形固定資産 ……………………… 115
無限定適正意見 …………………… 201

明瞭性の原則 ……………………… 58

持株会社 …………………………… 263

や

役員等の第三者に対する責任 …… 254
約束手形 …………………………… 102

有価証券 …………………………… 108
有形固定資産 ……………………… 115
有利差異 …………………………… 174

ら

利益 ………………………… 31, 32, 51
利益相反取引 ………………… 245, 246
利害関係者 …………………… 27, 29
利害対立関係 ……………………… 190
利害調整機能 ……………………… 28
リスクからの解放 …………… 51, 53
流動資産 ……………………… 42, 115
流動負債 …………………………… 42

わ

ワン・イヤー・ルール …………… 43

欧文

EDINET …………………………… 203
GAAP ……………………………… 29

《編著者紹介》

柴　健次（しば・けんじ）関西大学大学院会計研究科教授

〔略歴〕　昭和57年神戸商科大学大学院経営学研究科博士後期課程中退，大阪府立大学経済学部助手（平成7年教授），平成8年関西大学商学部教授，平成18年関西大学大学院会計研究科教授（現在に至る）。平成15年博士（商学）（関西大学）。現在，日本会計研究学会評議員，国際会計研究学会理事，ディスクロージャー研究学会会長，日本学術会議連携委員，公認会計士試験委員，会計大学院協会副理事長などを務める。

〔主要著書など〕　『外貨換算会計論』（大阪府立大学経済学部，昭和62年），『テキスト金融情報会計』（中央経済社，平成11年），『自己株式とストック・オプションの会計』（新世社，平成11年），『市場化の会計学―市場経済における制度設計の諸相』（中央経済社，平成14年）その他著書論文多数。

平成20年10月1日　初版発行　　　　　　　　《検印省略》
　　　　　　　　　　　　　　　　　　略称：会計専門職

会計専門職のための基礎講座

　　　　　　編著者　　Ⓒ柴　　健　次
　　　　　　発行者　　　中　島　治　久

発行所　**同　文　舘　出　版　株　式　会　社**
　　　　東京都千代田区神田神保町1-41　　〒101-0051
　　　　営業 (03) 3294-1801　　編集 (03) 3294-1803
　　　　振替 00100-8-42935　http://www.dobunkan.co.jp

Printed in Japan 2008　　　　　　製版：一企画
　　　　　　　　　　　　　　　　印刷・製本：KMS

ISBN978-4-495-19271-6